全国旅游职业教育教学指导委员会旅游职业教育系列教材
教育部全国现代学徒制工作专家指导委员会指导教材
校企双元育人之酒店实训系列教材

U0872616

"十四五"职业教育国家规划教材

酒店实训之餐饮服务

曾小力　杨结　主编

旅游教育出版社
·北京·

责任编辑：郭珍宏

图书在版编目（CIP）数据

酒店实训之餐饮服务 / 曾小力，杨结主编. -- 北京 ：旅游教育出版社，2021.6（2024.7 重印）

全国旅游职业教育教学指导委员会旅游职业教育系列教材

ISBN 978-7-5637-4216-5

Ⅰ. ①酒… Ⅱ. ①曾… ②杨… Ⅲ. ①饮食业－商业服务－职业教育－教材 Ⅳ. ①F719.3

中国版本图书馆CIP数据核字(2021)第000883号

全国旅游职业教育教学指导委员会

旅游职业教育系列教材

酒店实训之餐饮服务

曾小力　杨结　主编

出版单位	旅游教育出版社
地　　址	北京市朝阳区定福庄南里 1 号
邮　　编	100024
发行电话	（010）65778403　65728372　65767462（传真）
本社网址	www.tepcb.com
E - mail	tepfx@163.com
排版单位	北京旅教文化传播有限公司
印刷单位	唐山玺诚印务有限公司
经销单位	新华书店
开　　本	787 毫米 × 1092 毫米　1/16
印　　张	23.25
字　　数	388 千字
版　　次	2021 年 6 月第 1 版
印　　次	2024 年 7 月第 3 次印刷
定　　价	68.00 元

（图书如有装订差错请与发行部联系）

全国旅游职业教育教学指导委员会
旅游职业教育系列教材
编委会

总 序

教材是规范课程教学体系、体现教学内容和教学方法的知识载体，是进行教学、实现课程教学目标的基本保证，是学生课程学习的重要依据和指南，也是课程教学质量的一种反映。教材建设是专业教学基础建设的重要组成部分，是深化教学改革、全面推进素质教育和创新创业教育、提高教学质量、培养高素质技术技能型人才的重要保证。加强教材建设是实现人才培养、促进教学研究、提升教学水平、推动团队建设、扩大专业影响力的有效途径。

为积极推进我国旅游职业教育专业教学改革，建设优质教学资源，促进教学质量和人才培养质量的不断提高，使全国旅游职业教育教材建设工作更好地服务于现代旅游职教体系，更好地服务行业发展和人才培养的需要，在文化和旅游部科技教育司领导下，在全国旅游职业教育教学指导委员会（以下简称“旅游行指委”）组织下，坚持以立德树人为根本标准，遵循旅游接待业知识素质与技术技能传承规律、旅游人才成长规律和旅游职业教育教学规律，开展专业课程体系和课程标准研究，科学规划旅游各专业教材体系，按照“强素质，重应用，有创新”的教材建设基本要求，实施“规范化、品牌化、数字化”教材建设战略，以开发和建设一批体现我国旅游职业教育特色、反映行业最新科技发展、覆盖中高职相关专业主要课程、为国内职业教育领域广泛认可的精品系列教材为目标。

本系列教材主要依托旅游行指委的专业委员会组织团队进行编写，共出版5本教材：饭店运营与管理专业委员会编写的酒店实训系列教材（3本）、景区服务与管理专业委员会编写的《景区服务与管理》、旅游管理专业委员会编写的

《中国旅游客源国与目的地国概况》。每一本教材都由专业的团队成员共同编著，既包含了以往教材的精华部分，又增加了与时俱进的内容，并且利用现代化教学手段，对书本中的知识点进行数字化处理，既方便了教师教学，也利于学生对知识的消化和吸收，所以这是同时具备前瞻性和实用性双重属性的教材，是为旅游职业教育工作者量身打造的。

本系列教材的顺利出版，离不开所有编委和专家的倾情付出，在此感谢浙江旅游职业学院原党委书记王昆欣教授、浙江旅游职业学院旅游规划系主任郎富平副教授、郑州旅游职业学院原院长樊豫陇教授、郑州旅游职业学院办公室主任胡华教授、广东省旅游职业技术学校校长曾小力高级讲师、广州南沙大酒店总经理杨结专家等，他们对本教材的编写作出了巨大的贡献。

本教材的编写时间处于承接“十三五”、启动“十四五”的关键时期，加上旅游行业发展飞速，新生业态较多，很多的概念、理论、观点迭代更新很快，本教材在编写过程中尽力保证内容的全面性、前瞻性，但难免有考虑不周之处，还请广大读者不吝赐教，以臻完善。

全国旅游职业教育教学指导委员会

2021 年 1 月

《酒店实训之餐饮服务》
编委会

前　言

旅游行指委根据教育部、文化和旅游部的要求，委托旅游行指委所属的高星级饭店运营与管理专业委员会组织编写用于职业院校教学的《酒店实训》教材。根据国家对职业院校的教育与培训的要求，这套教材需要适应课堂教学与企业培训，因此，参编人员需要来自学校与行业两个方面。

2018 年，广东省旅游协会联合广东省旅游职业技术学校、南沙大酒店与英东培训中心开展首批全国现代学徒制试点。全国现代学徒制工作专家委员会指导此项工作，特别是主任委员赵鹏飞教授对相应教材开发给予了具体的意见。

2019 年底，旅游行指委组织了专门的教材论证答辩会。会上由主要编写人员向专家组提交了包括编写思路、内容构成、适应范围等内容的材料。经专家审核及答辩，初步通过了编写方案。

英东培训中心、广东省旅游职业技术学校作为旅游行指委成员单位参与其中主要的工作。2020 年 1 月，参与编写的学校、酒店召开了教材编写研讨会。广东省教育研究院杜怡萍研究员作了关于开发教材思路的讲座，与会人员进行讨论，形成初步的编写大纲，决定先编写酒店实训教材的前厅、客房与餐饮服务，且酒店实训教材的前厅与客房部分由南沙大酒店负责组织编写团队，《酒店实训之餐饮服务》的教材由广东省旅游职业技术学校负责组织编写团队。

广东省旅游职业技术学校负责组织编写《酒店实训之餐饮服务》教材。该教材由曾小力、杨结为主编，刘彩凤、郭伟强为执行副主编，参编人员主要有南沙大酒店西餐部经理田开津、中餐部经理周晓红，广东省旅游职业技术学校邓敏、郝 臻、张鹏鹂，北京市外事学校汪珊珊、刘畅、郑春英、索扬，沈阳市旅游学校刘彧、周雪莲，海口旅游职业学校潘雪梅、黄蕾，重庆市旅游学校邹薇、韦江佳，四川省旅游学校曾璐，中山市建斌中等职业技术学校铁玲，珠海市第一中等职业学校李迪，韶关市中等职业技术学校何素玲，江门市第一职业高级中学覃时胜，珠海市理工职业技术学校赵淑华，广东省环境保护职业技术学校蔡冬燕，广东省轻工职业技术学院文黎晖等。全书由邓敏确定框架体例并定稿。

在中国旅游人才研究院的指导下，参加策划并审编三本实训教材的学校及教师包括山东旅游职业学院副院长魏凯教授，刘正华老师；广东省旅游职业技术学校校长曾小力、酒店专业部主任邓敏；湖南工商大学旅游系谌文副教授；韩山师范学院旅游系教师吴雁彬博士，旅游系副主任佘思琳；广州铁路职业技术学院外语外贸学院副院长刘雨涛副教授；四川省旅游学校副校长吴越强，酒店与航空旅游系主任杨晓琳；广州市旅游商贸职业学校校企合作办主任黄国庭，旅游与文化系教师李伟慰；沈阳市外事服务学校旅游系主任戴侠男、副主任张翠、王战鹰，酒店教研室主任姚倩梅。

企业方参加审稿的酒店业界专家包括广州市南沙区英东教育培训中心主任、南沙大酒店总经理杨结；白天鹅宾馆首席运营官、广东省旅游协会副会长张添；白天鹅宾馆品牌总监、白天鹅学校副校长陈晞；洲际集团深圳国际会展中心人力资源总监柯璇，深圳国际会展中心皇冠假日酒店房务总监高伟杰；深圳国际会展中心皇冠假日酒店行政管家潘有文；香港新鸿基集团香港帝逸酒店总经理林思明；总经理助理刘显婷。另外，原白云机场温泉度假村总经理吕建忠也对前期策划提供意见。

这本教材的特点是双元、基于工作过程、立体化。双元，即编写双元，由校企两方参与编写、策划和审定；使用也双元，校企双方皆使用，学校用于教育、企业用于培训。这本教材基于实际的工作过程，以工作页形式呈现，中职、高职、本科均可从中选取合适的内容开展教学。同时，书中配有二维码，链接线上内容，包括习题、案例、PPT，直观立体，可以进行线上学习。

但因编者水平与视域所限，且为创新尝试，教材难免有错漏之处，敬请不吝指正。

编　者

2021 年 1 月

目 录

第一部分 中餐厅与西餐厅岗位培训要点汇总

第二部分 中餐厅岗位培训要点的模块分解

第三部分　西餐厅岗位培训要点的模块分解

第一部分

中餐厅与西餐厅岗位培训要点汇总

一、说明

餐饮部是酒店的主要业务部门之一，其中中餐厅与西餐厅是旅游院校实习生的重要实习部门。《酒店实训教材》之餐饮实训是酒店专业学生的必修内容，这门课程的主要内容包括：餐厅各岗位基本知识、餐厅服务技能操作、中餐厅服务、西餐厅服务及宴会服务等。学生在校学习期间，主要学习餐厅应知应会、餐厅服务技能操作、中餐厅服务和西餐厅服务的基本知识和基本技能，通过课堂教学、校内实训、企业实践等途径，系统、全面地学习餐饮部的知识技能，奠定饭店餐饮部职业生涯的进阶基础。

在《中餐厅岗位实践学习要点细目表》中，中餐厅服务岗位所需的知识与技能分为三级，其中一级目录按中餐厅工作岗位分别为："各岗位基本知识与技能""值台服务员""备餐间服务员""迎送员""酒水员""茶水员""收银员"七大模块。三级目录则具体到中餐厅各岗位工作和学习任务要点，共136个，所有要点均注明适用职位、要点适应性、实训执行者、实训方式、评价方式、学时。

在《西餐厅岗位实践学习要点细目表》中，西餐厅服务岗位所需的知识与技能分为三级，其中一级目录按西餐厅工作岗位分别为："各岗位基本知识与技能""值台服务员""备餐间服务员""客房送餐服务员"四大模块。三级目录则具体到西餐厅各岗位工作和学习任务要点，共108个，所有要点均注明适用职位、要点适应性、实训执行者、实训方式、评价方式和学时。

从第二部分开始，从中餐厅、西餐厅各岗位工作及学习任务要点中，抽取一部分有代表性和共通性的内容进行讲解与培训，其余部分则由各饭店按需及针对本饭店具体情况作培训安排。

二、中餐厅岗位培训要点细目表

表 1-1　岗位实践学习要点细目表

岗位实践学习目录					适用职位						要点适用性		实训执行者		实训方式			评价方式		学时/分钟
模块	一级目录	二级目录	任务项	要点编号	值台服务员	迎送员	酒水员	茶水员	备餐间服务员	收银员	通用性	个性化	校内导师	企业导师	课堂教学	校内实训	岗位实践	理论	实操	
1	各岗位基本知识与技能	基本知识	中餐部组织结构	1.1.1	√	√	√	√	√	√	√	√	√		√			√		30
			中餐厅环境与布局	1.1.2	√	√	√	√	√	√	√	√	√		√			√		30
			中餐菜肴体系	1.1.3	√	√	√	√	√	√	√		√		√			√		30
			中餐点心知识	1.1.4	√	√	√	√	√	√	√		√		√			√		30
			中餐常用烹制技法	1.1.5	√	√	√	√	√	√	√		√		√			√		30
			中餐菜单程式	1.1.6	√	√	√	√	√	√	√	√	√		√			√		30
			中式早餐种类	1.1.7	√	√	√	√	√	√	√	√	√		√			√		30
			中餐早茶服务流程	1.1.8	√	√	√	√	√	√	√	√	√		√			√		30
			中餐宴会知识	1.1.9	√	√	√	√	√	√	√		√		√			√		30
			宴会预订程序	1.1.10	√	√	√	√	√	√	√		√		√			√		30
			中餐宴会场景设计的规则与标准	1.1.11	√	√	√	√	√	√	√	√	√		√			√		30
			中餐宴会菜单设计的规则与标准	1.1.12	√	√	√	√	√	√	√	√	√		√			√		30
			中餐宴会台型布置规则与标准	1.1.13	√	√	√	√	√	√	√	√	√		√			√		30
			中餐宴会台面布置规则与标准	1.1.14	√	√	√	√	√	√	√	√	√		√			√		30
			中餐宴会服务及活动的设计与标准	1.1.15	√	√	√	√	√	√	√	√	√		√			√		30

续表

岗位实践学习目录					适用职位						要点适用性		实训执行者		实训方式			评价方式		学时/分钟
模块	一级目录	二级目录	任务项	要点编号	值台服务员	迎送员	酒水员	茶水员	备餐间服务员	收银员	通用性	个性化	校内导师	企业导师	课堂教学	校内实训	岗位实践	理论	实操	
1	各岗位基本知识与技能	基本技能	托盘	1.2.1	√	√	√	√	√	√	√		√			√	√		√	30
			餐巾折花	1.2.2	√	√	√	√	√	√	√	√	√	√		√	√		√	30
			台布铺设	1.2.3	√	√	√	√	√	√	√		√			√			√	30
			中餐摆台	1.2.4	√	√	√	√	√	√	√	√	√	√		√	√		√	30
			酒水斟倒	1.2.5	√	√	√	√	√	√	√		√	√		√	√		√	30
			茶水服务	1.2.6	√	√	√	√	√	√	√		√	√		√	√		√	30
			小毛巾服务	1.2.7	√	√	√	√	√	√	√		√	√		√	√		√	30
			洗手盅服务	1.2.8	√	√	√	√	√	√	√		√	√		√	√		√	30
			撤换骨碟服务	1.2.9	√	√	√	√	√	√	√		√	√		√	√		√	30
		服务礼仪	仪表仪容要求	1.3.1	√	√	√	√	√	√	√	√	√	√	√	√	√	√	√	30
			日常服务用语	1.3.2	√	√	√	√	√	√	√	√	√	√	√	√	√	√	√	30
			员工行为标准	1.3.3	√	√	√	√	√	√	√	√	√	√	√	√	√	√	√	30
		基本设施设备的使用	酒精炉、卡式炉的使用	1.4.1	√	√	√	√	√	√		√		√			√		√	30
			煤气炉的使用	1.4.2	√	√	√	√	√	√		√		√			√		√	30
			电磁炉的使用	1.4.3	√	√	√	√	√	√		√		√			√		√	30
			微波炉的使用	1.4.4	√	√	√	√	√	√		√		√			√		√	30
			消毒柜的使用	1.4.5	√	√	√	√	√	√		√		√			√		√	30
			吸尘器的使用	1.4.6	√	√	√	√	√	√		√		√			√		√	30
			活动屏风的使用	1.4.7	√	√	√	√	√	√		√		√			√		√	30

续表

岗位实践学习目录					适用职位						要点适用性		实训执行者		实训方式			评价方式		学时/分钟
模块	一级目录	二级目录	任务项	要点编号	值台服务员	迎送员	酒水员	茶水员	备餐间服务员	收银员	通用性	个性化	校内导师	企业导师	课堂教学	校内实训	岗位实践	理论	实操	
2	值台服务员	散餐服务	开餐前准备	2.1.1	√						√	√	√	√	√	√	√	√	√	30
			餐前检查	2.1.2	√						√	√	√	√	√	√	√	√	√	30
			餐前服务	2.1.3	√						√	√	√	√	√	√	√	√	√	30
			点菜服务	2.1.4	√						√	√	√	√	√	√	√	√	√	30
			菜点推销	2.1.5	√						√	√	√	√	√	√	√	√	√	30
			斟酒服务	2.1.6	√						√	√	√	√	√	√	√	√	√	30
			上菜服务	2.1.7	√						√	√	√	√	√	√	√	√	√	30
			特殊菜式服务	2.1.8	√							√		√			√		√	30
			巡台服务	2.1.9	√						√	√	√	√	√	√	√	√	√	30
			结账收台工作	2.1.10	√						√	√	√	√	√	√	√	√	√	30
		宴会服务	台凳摆放	2.2.1	√						√	√	√	√	√		√	√	√	30
			布草摆放	2.2.2	√						√	√	√	√	√		√	√	√	30
			餐具摆放	2.2.3	√						√	√	√	√	√		√	√	√	30
			杯具摆放	2.2.4	√						√	√	√	√	√		√	√	√	30
			餐前服务准备	2.2.5	√						√	√	√	√	√		√	√	√	30
			茶水服务	2.2.6	√						√	√	√	√	√		√	√	√	30
			斟酒服务	2.2.7	√						√	√	√	√	√		√	√	√	30
			上菜服务	2.2.8	√						√	√	√	√	√		√	√	√	30
			分菜服务	2.2.9	√						√	√	√	√	√		√	√	√	30
			巡台服务	2.2.10	√						√	√	√	√	√		√	√	√	30
			收尾工作	2.2.11	√						√	√	√	√	√		√	√	√	30

续表

岗位实践学习目录					适用职位						要点适用性		实训执行者		实训方式			评价方式		学时 / 分钟
模块	一级目录	二级目录	任务项	要点编号	值台服务员	迎送员	酒水员	茶水员	备餐间服务员	收银员	通用性	个性化	校内导师	企业导师	课堂教学	校内实训	岗位实践	理论	实操	
2	值台服务员	会议服务	会议台型	2.3.1	√						√		√		√			√		30
			会议服务基本流程	2.3.2	√						√		√		√			√		30
			台凳摆放	2.3.3	√						√	√	√	√	√		√	√	√	30
			布草摆放	2.3.4	√						√	√	√	√	√		√	√	√	30
			台面布置	2.3.5	√						√	√	√	√	√		√	√	√	30
			绿化布置	2.3.6	√						√	√	√	√	√		√	√	√	30
			指示牌摆放	2.3.7	√						√	√	√	√	√		√	√	√	30
			茶水服务	2.3.8	√						√	√	√	√	√		√	√	√	30
			会中服务	2.3.9	√						√	√	√	√	√		√	√	√	30
			签字仪式服务	2.3.10	√						√	√	√	√	√		√	√	√	30
			茶歇服务	2.3.11	√						√	√	√	√	√		√	√	√	30
			收尾工作	2.3.12	√						√	√	√	√	√		√	√	√	30
		茶话会服务	台凳摆放	2.4.1	√						√	√	√	√	√		√	√	√	30
			布草摆放	2.4.2	√						√	√	√	√	√		√	√	√	30
			台面布置	2.4.3	√						√	√	√	√	√		√	√	√	30
			绿化布置	2.4.4	√						√	√	√	√	√		√	√	√	30
			指示牌摆放	2.4.5	√						√	√	√	√	√		√	√	√	30
			茶具准备	2.4.6	√						√	√	√	√	√		√	√	√	30
			茶水服务	2.4.7	√						√	√	√	√	√		√	√	√	30
			茶点服务	2.4.8	√						√	√	√	√	√		√	√	√	30
			收尾工作	2.4.9	√						√	√	√	√	√		√	√	√	30

续表

岗位实践学习目录					适用职位						要点适用性		实训执行者		实训方式			评价方式		学时／分钟
模块	一级目录	二级目录	任务项	要点编号	值台服务员	迎送员	酒水员	茶水员	备餐间服务员	收银员	通用性	个性化	校内导师	企业导师	课堂教学	校内实训	岗位实践	理论	实操	
2	值台服务员	宴会外卖服务	场地勘察	2.5.1	√						√	√	√	√	√		√	√	√	30
			物资准备	2.5.2	√						√	√	√	√	√		√	√	√	30
			人员物资运送	2.5.3	√						√	√	√	√	√		√	√	√	30
			场地布置	2.5.4	√						√	√	√	√	√		√	√	√	30
			宴会前服务	2.5.5	√						√	√	√	√	√		√	√	√	30
			宴会中服务	2.5.6	√						√	√	√	√	√		√	√	√	30
			收尾撤场工作	2.5.7	√						√	√	√	√	√		√	√	√	30
3	迎送员	营业前准备	营业前的准备流程	3.1.1		√					√	√	√	√	√	√	√	√	√	30
			预订服务	3.1.2		√					√	√	√	√	√	√	√	√	√	30
			电话接听	3.1.3		√					√	√	√	√	√	√	√	√	√	30
		迎送服务	迎宾服务	3.2.1		√					√	√	√	√	√	√	√	√	√	30
			领位服务	3.2.2		√					√	√	√	√	√	√	√	√	√	30
		营业检查	营业结束流程	3.3.1		√					√	√	√	√	√	√	√	√	√	30
			填写客史档案	3.3.2		√					√	√	√	√	√	√	√	√	√	30
4	酒水员	服务准备	营业前的准备流程	4.1.1			√				√	√	√	√	√		√	√	√	30
			玻璃器皿的清洁	4.1.2			√				√		√	√	√		√	√	√	30
			酒具用品的清洁	4.1.3			√				√		√	√	√		√	√	√	30
		酒水服务	准确接单	4.2.1			√				√	√	√	√	√	√	√	√	√	30
			酒水提供	4.2.2			√				√	√	√	√	√	√	√	√	√	30
			红葡萄酒服务	4.2.3			√				√	√	√	√	√	√	√	√	√	30

续表

岗位实践学习目录					适用职位						要点适用性		实训执行者		实训方式			评价方式		学时 / 分钟
模块	一级目录	二级目录	任务项	要点编号	值台服务员	迎送员	酒水员	茶水员	备餐间服务员	收银员	通用性	个性化	校内导师	企业导师	课堂教学	校内实训	岗位实践	理论	实操	
4	酒水员	酒水服务	白葡萄酒服务	4.2.4			√				√	√	√	√	√	√	√	√	√	30
			烈性酒服务	4.2.5			√				√	√	√	√	√	√	√	√	√	30
			黄酒服务	4.2.6			√				√	√	√	√	√	√	√	√	√	30
			香槟酒服务	4.2.7			√				√	√	√	√	√	√	√	√	√	30
			现代饮品知识	4.2.8			√				√	√	√	√	√	√	√	√	√	30
		营业检查	酒水盘点	4.3.1			√				√	√	√	√	√		√	√	√	30
			营业结束流程	4.3.2			√				√	√	√	√	√		√	√	√	30
5	茶水员	茶叶认知	茶叶品种	5.1.1				√			√		√		√			√		30
			中外名茶	5.1.2				√			√		√		√			√		30
			茶叶推销	5.1.3				√			√	√	√	√	√		√	√	√	30
		服务准备	仪容仪表标准	5.2.1				√			√	√	√	√	√		√	√	√	30
			营业前的准备	5.2.2				√			√	√	√	√	√		√	√	√	30
			茶具用品清洁	5.2.3				√			√	√	√	√	√		√	√	√	30
		茶艺服务	准确接单	5.3.1				√			√	√	√	√	√		√	√	√	30
			茶具摆放	5.3.2				√			√	√	√	√	√	√	√	√	√	30
			冲茶技巧	5.3.3				√			√	√	√	√		√	√		√	30
			茶水提供	5.3.4				√			√	√	√	√	√	√	√	√	√	30
		营业检查	茶叶盘点	5.4.1				√			√	√	√	√	√		√	√	√	30
			营业结束流程	5.4.2				√			√	√	√	√	√		√	√	√	30

续表

岗位实践学习目录					适用职位						要点适用性		实训执行者		实训方式			评价方式		学时 / 分钟
模块	一级目录	二级目录	任务项	要点编号	值台服务员	迎送员	酒水员	茶水员	备餐间服务员	收银员	通用性	个性化	校内导师	企业导师	课堂教学	校内实训	岗位实践	理论	实操	
6	备餐间服务员	备餐间服务基本知识	中餐厨房组织结构	6.1.1					√		√	√	√		√			√		30
			中餐菜点生产流程	6.1.2					√		√	√	√		√			√		30
			中餐厨房设计与布置要求	6.1.3					√		√	√	√		√			√		30
			中餐菜肴与酱汁的搭配	6.1.4					√		√	√	√	√	√		√	√	√	30
		散餐服务	开餐准备	6.2.1					√		√	√	√	√	√		√	√	√	30
			划单传菜	6.2.2					√		√	√	√	√	√		√	√	√	30
			餐后收尾	6.2.3					√		√	√	√	√	√		√	√	√	30
		宴会服务	熟悉菜单	6.3.1					√		√	√	√	√	√		√	√	√	30
			餐前准备	6.3.2					√		√	√	√	√	√		√	√	√	30
			传菜服务	6.3.3					√		√	√	√	√	√		√	√	√	30
7	收银员	营业准备	营业前准备	7.1.1						√	√	√	√	√	√		√	√	√	30
			收银工具的使用	7.1.2						√		√		√			√		√	30
		结账服务	核对账单	7.2.1						√	√	√	√	√	√		√	√	√	30
			签单结账	7.2.2						√	√	√	√	√	√		√	√	√	30
			现金结账	7.2.3						√	√	√	√	√	√		√	√	√	30
			银行卡结账	7.2.4						√	√	√	√	√	√		√	√	√	30
			支票结账	7.2.5						√	√	√	√	√	√		√	√	√	30
			网络结账	7.2.6																
		营业结束	清点账单	7.3.1						√	√	√	√	√	√		√	√	√	30
			编制营业报表	7.3.2						√	√	√	√	√	√		√	√	√	30
			营业结束的流程	7.3.3						√	√	√	√	√	√		√	√	√	30

三、西餐厅岗位培训要点细目表

表 1–2　岗位实践学习要点细目表

岗位实践学习目录					适用职位						要点适用性		实训执行者		实训方式			评价方式		学时 / 分钟
模块	一级目录	二级目录	任务项	要点编号	咖啡厅服务员	自助餐厅服务员	扒房服务员	酒吧服务员	备餐间服务员	客房送餐员	通用性	个性化	校内导师	企业导师	课堂教学	校内实训	岗位实践	理论	实操	
1	各岗位基本知识与技能	基本知识	西餐厅环境与布局	1.1.1	√	√	√	√	√	√	√	√	√		√			√		30
			西餐部组织结构	1.1.2	√	√	√	√	√	√	√	√	√		√			√		30
			西餐餐用具	1.1.3	√	√	√	√	√	√	√	√	√		√			√		30
			西餐菜肴特点	1.1.4	√	√	√	√	√	√	√		√		√			√		30
			西方主要国家菜肴知识	1.1.5	√	√	√	√	√	√	√		√		√			√		30
			西餐主要烹制技法	1.1.6	√	√	√	√	√	√	√		√		√			√		30
			西餐正餐上菜顺序	1.1.7	√	√	√	√	√	√	√		√		√			√		30
			西餐酒水与菜肴的搭配	1.1.8	√	√	√	√	√	√	√		√		√			√		30
			西餐菜单程式	1.1.9	√	√	√	√	√	√	√		√		√			√		30
			西餐服务方式	1.1.10	√	√	√	√	√	√	√		√		√	√		√	√	30
			西餐早餐种类	1.1.11	√	√	√	√	√	√	√		√		√			√		30
			自助餐菜肴分区与布置常识	1.1.12	√	√	√	√	√	√	√		√		√			√		30
			西餐宴会知识	1.1.13	√	√	√	√	√	√	√		√		√			√		30
			西餐酒会知识	1.1.14	√	√	√	√	√	√	√		√		√			√		30
			西餐宴会场景设计的规则与标准	1.1.15	√	√	√	√	√	√	√	√	√		√			√		30
			西餐宴会菜单设计的规则与标准	1.1.16	√	√	√	√	√	√	√	√	√		√			√		30

续表

岗位实践学习目录					适用职位						要点适用性		实训执行者		实训方式			评价方式		学时/分钟
模块	一级目录	二级目录	任务项	要点编号	咖啡厅服务员	自助餐厅服务员	扒房服务员	酒吧服务员	备餐间服务员	客房送餐员	通用性	个性化	校内导师	企业导师	课堂教学	校内实训	岗位实践	理论	实操	
1	各岗位基本知识与技能	基本知识	西餐宴会台型布置规则与标准	1.1.17	√	√	√	√	√	√	√	√	√		√			√		30
			西餐宴会台面布置规则与标准	1.1.18	√	√	√	√	√	√	√	√	√		√			√		30
			西餐宴会服务与活动的设计与标准	1.1.19	√	√	√	√	√	√	√	√	√		√			√		30
		基本技能	西餐常用餐巾花折叠	1.2.1	√	√	√	√	√	√	√	√	√	√		√	√		√	30
			西餐摆台	1.2.2	√	√	√	√	√	√	√	√	√	√		√	√		√	30
			西餐银器清洁保养	1.2.3	√	√	√	√	√	√	√		√	√	√	√	√	√	√	30
			玻璃杯清洁	1.2.4	√	√	√	√	√	√	√		√	√	√	√	√	√	√	30
			冰水服务	1.2.5	√	√	√	√	√	√	√		√	√	√	√	√	√	√	30
		西餐服务礼仪	仪表仪容要求	1.3.1	√	√	√	√	√	√	√	√	√	√	√	√	√	√	√	30
			西餐服务用语	1.3.2	√	√	√	√	√	√	√	√	√	√		√	√		√	30
			西餐服务举止	1.3.3	√	√	√	√	√	√	√	√	√	√		√	√		√	30
2	值台服务员	咖啡厅正餐服务	准备物品	2.1.1	√						√	√	√	√	√	√	√	√	√	30
			布置餐桌	2.1.2	√						√	√	√	√	√	√	√	√	√	30
			推销酒水	2.1.3	√						√	√	√	√	√	√	√	√	√	30
			点菜服务	2.1.4	√						√	√	√	√	√	√	√	√	√	30
			酒水服务	2.1.5	√						√	√	√	√	√	√	√	√	√	30
			菜肴服务	2.1.6	√						√	√	√	√	√	√	√	√	√	30
			巡台服务	2.1.7	√						√	√	√	√	√	√	√	√	√	30
			收台工作	2.1.8	√						√	√	√	√	√	√	√	√	√	30

续表

岗位实践学习目录					适用职位						要点适用性		实训执行者		实训方式			评价方式		学时 / 分钟
模块	一级目录	二级目录	任务项	要点编号	咖啡厅服务员	自助餐厅服务员	扒房服务员	酒吧服务员	备餐间服务员	客房送餐员	通用性	个性化	校内导师	企业导师	课堂教学	校内实训	岗位实践	理论	实操	
2	值台服务员	自助餐服务	物品准备	2.2.1	√	√					√	√	√	√	√	√	√	√	√	30
			布置餐桌	2.2.2	√	√					√	√	√	√	√	√	√	√	√	30
			餐中菜肴补充与餐台整理	2.2.3	√	√					√	√	√	√	√	√	√	√	√	30
			开单服务	2.2.4	√	√					√	√	√	√	√	√	√	√	√	30
			餐中服务	2.2.5	√	√					√	√	√	√	√	√	√	√	√	30
			收台与收撤自助餐	2.2.6	√	√					√	√	√	√	√	√	√	√	√	30
		扒房服务	物品准备	2.3.1			√				√	√	√	√	√	√	√	√	√	30
			布置餐桌	2.3.2			√				√	√	√	√	√	√	√	√	√	30
			餐前酒推介与服务	2.3.3			√				√	√	√	√	√	√	√	√	√	30
			点菜及佐餐酒	2.3.4			√				√	√	√	√	√	√	√	√	√	30
			重新安排餐具	2.3.5			√				√	√	√	√	√	√	√	√	√	30
			面包服务	2.3.6			√				√	√	√	√	√	√	√	√	√	30
			佐餐酒服务	2.3.7			√				√	√	√	√	√	√	√	√	√	30
			客前烹制	2.3.8			√				√	√	√	√	√	√	√	√	√	30
			菜肴服务	2.3.9			√				√	√	√	√	√	√	√	√	√	30
			桌面整理服务	2.3.10			√				√	√	√	√	√	√	√	√	√	30
			奶酪和甜品服务	2.3.11			√				√	√	√	√	√	√	√	√	√	30
			餐后酒推销及服务	2.3.12			√				√	√	√	√	√	√	√	√	√	30
			结账收尾工作	2.3.13			√				√	√	√	√	√	√	√	√	√	30

续表

岗位实践学习目录					适用职位						要点适用性		实训执行者		实训方式			评价方式		学时/分钟
模块	一级目录	二级目录	任务项	要点编号	咖啡厅服务员	自助餐厅服务员	扒房服务员	酒吧服务员	备餐间服务员	客房送餐员	通用性	个性化	校内导师	企业导师	课堂教学	校内实训	岗位实践	理论	实操	
2	值台服务员	西餐宴会服务	物品准备	2.4.1	√	√	√	√	√	√	√	√	√	√	√		√	√	√	30
			台凳摆放	2.4.2	√	√	√	√	√	√	√	√	√	√	√		√	√	√	30
			布草摆放	2.4.3	√	√	√	√	√	√	√	√	√	√	√		√	√	√	30
			餐具摆放	2.4.4	√	√	√	√	√	√	√	√	√	√	√		√	√	√	30
			杯具摆放	2.4.5	√	√	√	√	√	√	√	√	√	√	√		√	√	√	30
			餐前鸡尾酒服务	2.4.6	√	√	√	√	√	√	√	√	√	√	√		√	√	√	30
			餐中服务	2.4.7	√	√	√	√	√	√	√	√	√	√	√		√	√	√	30
			收尾工作	2.4.8	√	√	√	√	√	√	√	√	√	√	√		√	√	√	30
		酒吧服务	物品准备	2.5.1				√			√	√	√	√	√	√	√	√	√	30
			酒水及佐酒小吃推销	2.5.2				√			√	√	√	√	√	√	√	√	√	30
			酒水服务	2.5.3				√			√	√	√	√	√	√	√	√	√	30
			巡台收台服务	2.5.4				√			√	√	√	√	√	√	√	√	√	30
		鸡尾酒调制	鸡尾酒构成识别	2.6.1				√			√		√		√			√		30
			鸡尾酒调制器具识别	2.6.2				√			√		√		√			√		30
			调和法调制鸡尾酒	2.6.3				√			√	√	√	√		√	√		√	30
			摇和法调制鸡尾酒	2.6.4				√			√	√	√	√		√	√		√	30
			兑和法调制鸡尾酒	2.6.5				√			√	√	√	√		√	√		√	30
			漂浮法调制鸡尾酒	2.6.6				√			√	√	√	√		√	√		√	30
			搅和法调制鸡尾酒	2.6.7				√			√	√	√	√		√	√		√	30
			鸡尾酒装饰制作	2.6.8				√			√	√	√	√		√	√		√	30

续表

岗位实践学习目录					适用职位						要点适用性		实训执行者		实训方式			评价方式		学时 / 分钟
模块	一级目录	二级目录	任务项	要点编号	咖啡厅服务员	自助餐厅服务员	扒房服务员	酒吧服务员	备餐间服务员	客房送餐员	通用性	个性化	校内导师	企业导师	课堂教学	校内实训	岗位实践	理论	实操	
2	值台服务员	葡萄酒品鉴服务	葡萄酒基本品种介绍	2.7.1				√			√		√		√			√		30
			葡萄酒产区介绍	2.7.2				√			√		√		√			√		30
			葡萄酒品鉴前的服务	2.7.3				√			√	√	√	√		√	√		√	30
			葡萄酒品鉴过程	2.7.4				√			√	√	√	√		√	√		√	30
			葡萄酒储藏	2.7.5				√			√	√	√	√		√	√		√	30
		咖啡制作	咖啡基础	2.8.1	√						√			√		√	√	√		30
			单品咖啡制作	2.8.2	√						√	√	√	√	√	√	√	√	√	30
			意式咖啡制作	2.8.3	√						√	√	√	√	√	√	√	√	√	30
			咖啡器具清洁与保养	2.8.4	√						√	√		√			√		√	30
			咖啡服务技巧	2.8.5	√						√	√		√			√	√	√	30
3	备餐间服务员	基本知识	西餐厨房组织结构	3.1.1					√		√	√	√	√	√			√		30
			西餐生产流程	3.1.2					√		√	√	√	√	√			√		30
			西厨房设计与布置要求	3.1.3					√		√	√	√	√	√			√		30
		营业准备	准备餐具	3.2.1					√		√	√	√	√	√		√	√	√	30
			准备汁酱	3.2.2					√		√	√	√	√	√		√	√	√	30
			准备布草	3.2.3					√		√	√	√	√	√		√	√	√	30
			了解食品、酒水售罄品种	3.2.4					√		√	√	√	√	√		√	√	√	30
		营业中备餐	核单、划单	3.3.1					√		√	√	√	√	√		√	√	√	30
			跟酱料、传菜	3.3.2					√		√	√	√	√	√		√	√	√	30
			物品归位、整理	3.3.3					√		√	√	√	√	√		√	√	√	30
		营业检查	营业结束的流程	3.4.1					√		√	√	√	√	√		√	√	√	30
			备餐用具盘点	3.4.2					√		√	√	√	√	√		√	√	√	30

续表

岗位实践学习目录					适用职位						要点适用性		实训执行者		实训方式			评价方式		学时/分钟
模块	一级目录	二级目录	任务项	要点编号	咖啡厅服务员	自助餐厅服务员	扒房服务员	酒吧服务员	备餐间服务员	客房送餐员	通用性	个性化	校内导师	企业导师	课堂教学	校内实训	岗位实践	理论	实操	
4	客房送餐员	营业准备	客房送餐种类	4.1.1						√	√		√		√			√		30
			电话订餐服务	4.1.2						√	√	√	√	√	√	√	√	√	√	30
			门把手早餐订餐服务	4.1.3						√	√	√	√	√	√	√	√	√	√	30
			客情登记	4.1.4						√	√	√	√	√	√	√	√	√	√	30
			账单处理	4.1.5						√	√	√	√	√	√	√	√	√	√	30
		送餐服务	送餐准备	4.2.1						√	√	√	√	√	√	√	√	√	√	30
			送餐入房	4.2.2						√	√	√	√	√	√	√	√	√	√	30
			房内用餐服务	4.2.3						√	√	√	√	√	√	√	√	√	√	30
			结账服务	4.2.4						√	√	√	√	√	√	√	√	√	√	30
			收撤餐具	4.2.5						√	√	√	√	√	√	√	√	√	√	30
		营业检查	餐车保养	4.3.1						√	√	√	√	√	√	√	√	√	√	30
			更换布草	4.3.2						√	√	√	√	√	√	√	√	√	√	30

第二部分

中餐厅岗位培训要点的模块分解

模块 1 各岗位基本知识与技能

作为酒店中承担着满足客人饮食及相关需求的餐饮部门，其经营水准已成为评价饭店经营管理和服务水平高低的标志。因此，餐厅服务员须具备足够的餐厅服务基本知识，了解服务礼仪，熟练掌握餐厅服务基本技能，熟练使用基本设施设备，并发挥个人的积极性和创造性，把现代服务意识融入到服务过程中去，充分体现服务的价值，为客人带来完美体验，真正感到满意。

项目 1–1 基本知识

思维导图

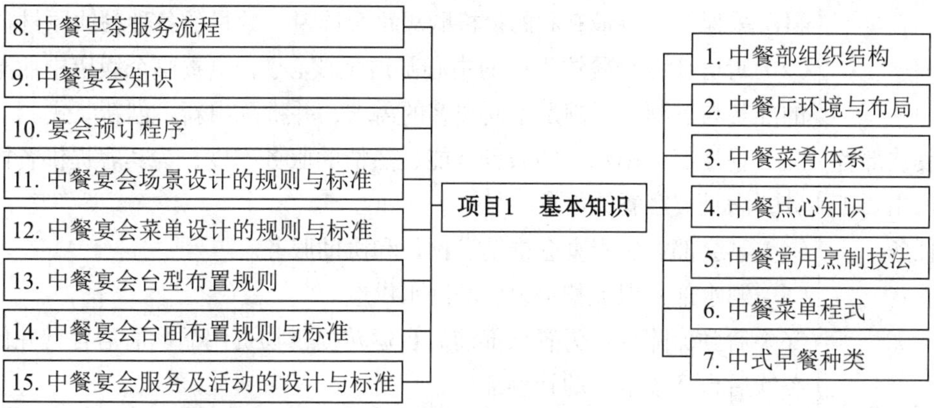

线上学习

各岗位基本知识

课前自测	电子教案

任务 1-1-1　中餐部组织结构

要点编码	1.1.1	实训要点	中餐部组织结构
要点适用性	通用性、个性化	实训方式	课堂教学
实训执行者	学校导师	评价方式	理论
实训步骤	实训主要内容		
1. 知悉餐饮部组织结构	（1）纵向结构：一般分为经理、副经理、主管 / 领班、服务员。 （2）餐饮部规模越大，组织结构越复杂，层次越多，分工越细，功能越全面，但总体呈扁平化、复合型趋势。		
2. 认识餐饮部生产运行过程	（1）餐饮生产运行过程通常包括：餐饮原料采购、餐饮原料检验、仓库存储、厨房加工、备餐间整理、餐厅销售等环节。 （2）餐饮部运行主要有采保部、厨房部、餐厅服务部和后勤保障部等四大部门。		
3. 餐饮部各部门主要工作任务	（1）采保部：以最有利的价格购买符合质量、数量的各种餐饮原材料。 （2）厨房部：是餐饮生产的中心基地（核心），负责整个饭店中西菜点的准备与烹制，以满足不同宾客的需求，并推陈出新，创新菜式。 （3）餐厅部：用娴熟的服务技能、热情的服务态度，为宾客提供餐饮服务，满足宾客餐饮需求。 （4）宴会部：负责宴会推销、预订和协助服务。 （5）酒水部：保证整个饭店的酒水供应。 （6）后勤保障部：为餐饮部前后台运转提供物资用品、清洁餐具并保障餐饮后台环境卫生的管事部。		
4. 餐饮部与其他部门的协调合作	（1）与前厅部、客房部的协调合作。 （2）与公关营销部的协调合作。 （3）与财务部的协调合作。 （4）与其他部门（工程部、人力资源部）的协调合作。		
实训心得：			

任务 1–1–2　中餐厅环境与布局

要点编码	1.1.2	实训要点	中餐厅环境与布局
要点适用性	通用性、个性化	实训方式	课堂教学
实训执行者	学校导师	评价方式	理论
实训步骤	实训主要内容		
1. 中餐厅的空间布局	（1）餐厅在空间布局上要合理安排，客人活动线、服务员活动线、物资活动线三线不能交叉，更不能重叠。 （2）餐厅空间一般可分为就餐空间、公共空间和服务空间。		
2. 中餐厅的装饰与布置	（1）中餐厅的色调、采光和灯饰。 （2）家具及其陈设。 （3）中餐厅装饰品的布置艺术。		
3. 服务人员的着装及服务方式	（1）中餐厅服务人员的服装要根据中餐厅的特点选用中国传统民族服装，服饰注重庄重而不失活泼、典雅但不媚俗、热烈亦含蓄。 （2）中餐厅常见的服务方式有共餐式服务、转盘式服务和分餐式服务。		
4. 音乐佐餐	（1）背景音乐：以播放适合中餐氛围的中国民乐等古典名曲为主。 （2）民族乐器演奏：以现场演奏古典乐器等为主。 （3）歌舞表演：歌手演唱中国民歌，或表演民族舞蹈、杂技、魔术等。		
实训心得：			

任务 1-1-3　中餐菜肴体系

要点编码	1.1.3	实训要点	中餐菜肴体系
要点适用性	通用性	实训方式	课堂教学
实训执行者	学校导师	评价方式	理论
实训步骤	实训主要内容		
1. 中国菜的特点	（1）历史悠久。（2）原料丰富，菜品繁多。（3）选料讲究，配料巧妙。 （4）刀功精湛，善于调味。（5）技法多样，注重火候。 （6）盛器考究，艺术性强。		
2. 地方菜	地方菜有“四大菜系”“八大菜系”“十二大流派”之说。 （1）川菜：以成、渝两地菜为代表，口味麻辣，有“七滋八味”之说。 （2）粤菜：选料广博奇杂，讲究清鲜爽滑，烹调方法独特，用量精细，装饰美艳，善于模仿创新。一般由广州菜、潮州菜和东江菜组成。 （3）鲁菜：以济南菜为典型，鲜醇脆嫩，善以葱香调味，讲究丰满实惠。 （4）苏菜：以淮扬菜为代表，以“清淡味雅”著称，用料以水鲜为主，刀工精细，注重火候，色泽鲜艳，讲究造型，讲究原汁原味。		
3. 宫廷菜	宫廷菜的特色可以用“稀贵、奇珍、古雅、怪异”八个字概括。		
4. 官府菜	（1）孔府菜取料广泛，做工精细，讲究盛器，技法全面，注重造型，菜形完美。 （2）谭家菜是官府菜的典型代表，取材广，用料精，火候足，下料狠。 （3）随园菜集江南官府菜之大成，选料讲究，加工精细，精于烹调，注重卫生，善用火候。 （4）红楼菜选料考究，加工精细，善用炸、煎、炖、蒸、糟等技法。		
5. 素菜	（1）素菜用料独特、技艺精湛、菜肴口味清鲜、营养丰富。 （2）寺院素菜的用料最为严格。		
6. 少数民族菜	回族菜、朝鲜族菜、维吾尔族菜、满族菜、藏族菜和蒙古族菜影响较广。		
实训心得：			

任务 1–1–4　中餐点心知识

要点编码	1.1.4	实训要点	中餐点心知识
要点适用性	通用性	实训方式	课堂教学
实训执行者	学校导师	评价方式	理论
实训步骤	实训主要内容		
1. 中式点心特点	（1）中式面点有取材广泛、制作考究，品种繁多、风格各异，应时应典、寓情于典，重视馅心、讲究口味，技法多样、造型讲究生动逼真等特点。 （2）面点制作主要有以下几道工序：下粉→掺水→和面→揉面→醒面→搓条→下剂→制皮→上馅→各种方式成型→成熟等。		
2. 中式点心流派	（1）京式点心：分布在黄河以北的大部分地区，以北京为代表。以面粉制品为主，制作精细，肉馅鲜咸而香，柔软松嫩。 （2）苏式点心：分布在长江下游、江浙一带地区，以江苏为代表。应时迭出，制作精巧，讲究造型，馅心汁多肥腻，味多鲜美。 （3）广式点心：分布在珠江流域及南部沿海地区，以广东为代表。中西合璧，馅心口味趋于清淡。 （4）川式点心：分布在长江中上游的川、滇、贵一带，以四川为代表。制法多样，面食、米点并举，口味注重咸、甜、麻、辣、酸等。 （5）晋式点心：分布在三晋地区，以山西为代表。取材广泛，风味各异，制作考究。 （6）秦式点心：分布在黄河中上游西北部广大地区，以陕西为代表。以油酥制品、面食制作为主，口味注重咸辣鲜香，民族风味浓。		
实训心得：			

任务 1–1–5 中餐常用烹制技法

要点编码	1.1.5	实训要点	中餐常用烹调法
要点适用性	通用性	实训方式	课堂教学
实训执行者	学校导师	评价方式	理论
实训步骤	实训主要内容		
1. 中餐烹调法	（1）烹调是将经过加工整理的烹调原料运用加热和调味等基本方法，制成不同风味菜肴的操作过程，是挂糊、上浆、勾芡、加热、调味等技法的综合运用。 （2）中式烹调技法繁多，仅《中国烹饪》一书，就记载了热菜技法 94 种，冷菜常用技法 15 种，甜菜技法 5 种。		
2. 中餐常用烹调法	（1）中餐常用烹调法：炒、烧、蒸、炸、煎、烤、腌、卤、熏、冻、烩、氽、熘、烫、炖、煮、焖、焗、涮、泡、醉、滚、烘、煨、煸、风、酥、糟、甜、扣、拼、羹、酱。 （2）粤菜尤以炒、煎、焖、炸、煲、炖、扣等见长。 （3）川菜尤以炒、煎、干烧、炸、熏、泡、炖、焖、烩、贴、爆等见长。 （4）鲁菜尤以爆、扒技法独特而专长。爆法讲究急火快炒；扒技法为鲁菜独创，原料腌渍粘粉，油煎黄两面，慢火尽收汁；扒法成品整齐成型，味浓质烂，汁紧稠浓。 （5）苏菜尤以炖、焖、蒸、炒等技法见长。		
实训心得：			

任务 1–1–6　中餐菜单程式

要点编码	1.1.6	实训要点	中餐菜单程式
要点适用性	通用性、个性化	实训方式	课堂教学
实训执行者	学校导师	评价方式	理论
实训步骤	实训主要内容		
1. 菜单程式	（1）菜单程式是指菜单上各类菜肴的排列次序。 （2）菜单编排必须考虑进餐次序及客人的阅读习惯，并尽可能使菜单上的价格参差不齐，同时要把主要菜式安排在菜单最显眼的地方。		
2. 中餐菜单程式	（1）中餐一般菜单程式：凉菜—热炒—大菜—甜菜—时蔬—点心—酒水—甜品。 （2）现行中餐粤菜按本餐厅促销重点、招牌菜品、顾客关注程度进行菜肴编排。一般为：鲍参翅肚类、餐前小吃、烧卤类、汤羹类、日式刺身及东南亚菜类、小炒类、褒仔类、时蔬、饮料类、甜品类。 （3）中餐粤港澳早茶菜单程式一般为：茶、开胃菜、荤蒸、小笼蒸、大笼蒸、甜点、煎炸类、粥粉面。		
实训心得：			

任务 1-1-7　中式早餐种类

要点编码	1.1.7	实训要点	中式早餐种类
要点适用性	通用性	实训方式	课堂教学
实训执行者	学校导师	评价方式	理论
实训步骤	实训主要内容		
1. 中式早餐种类	（1）中式早餐主要由茶水类、面食点心类、谷物类、蔬菜类、肉类等组成。 （2）大致可分为北方早餐、南方早餐和粤港早茶等。		
2. 北方早餐	北方早餐主要包括：热豆浆、热粥、各式热汤包、热包子、馒头、大饼、油煎饼和油条等。		
3. 南方早餐	南方早餐主要包括：鲜牛奶或豆浆、热粥、热包子、馒头、饺子、小笼、油条和大饼、各类热汤面、各类咸菜、咸鸭蛋、腌制或卤制的肉食小菜等。		
4. 粤港早茶	（1）粤港早茶：指粤港两地特有的中式早餐，一般用餐时间长，内容丰盛，并已成为人们社交聚会的重要方式。 （2）主要包括：热茶、各式带馅的面点和特色点心、热汤面、各类热粥、各种卤制肉食小菜（如猪肚、牛肉、排骨等）及开胃菜（如蒜头、花生米、酱菜等）。		
实训心得：			

任务 1–1–8　中餐早茶服务流程

要点编码	1.1.8	实训要点	中餐早茶服务流程
要点适用性	通用性、个性化	实训方式	课堂教学
实训执行者	学校导师	评价方式	理论、实操
实训步骤	实训主要内容		
1. 开餐准备	（1）按早餐摆台标准摆台，桌椅对齐。 （2）补充工作台备用品，如餐具（骨碟、翅碗、小汤匙等）、用具品、布草（餐巾、台布等）和调味品（酱油、醋、辣椒酱等），并保持整洁美观和完好。 （3）准备好各种早餐所需餐用具和物品，包括调味品、开水、茶叶、洗手盅、小毛巾、菜谱、托盘、点心单、笔、收款夹、打火机、抹布等，摆放整齐以便取用。 （4）了解预订情况及 VIP 用餐准备。		
2. 餐前检查	（1）检查餐饮环境卫生、设备设施卫生、服务用品卫生及服务员的个人卫生。 （2）检查台面及桌椅安排，检查工作台、背景音乐、设施设备状况。 （3）检查预订落实情况。		
3. 餐前服务	（1）敬语迎宾：准备好点心卡，微笑问好。 （2）拉椅让座：迅速拉椅，协助宾客入座。 （3）递送小毛巾：待客人坐定后，用巾碟或巾夹为客人送上小毛巾。 （4）铺餐巾、揭开茶杯、去筷套：按先宾后主原则站在客人右侧为客人服务，将餐巾铺在客人的双膝上。 （5）增减餐位：根据客人的人数增加餐位或撤走多余的餐位。 （6）问茶斟茶：介绍餐厅供应的茶叶种类，客人点茶后，将台号、人数、茶类、日期、时间、开卡人姓名等逐项填在点心卡上。服务员应迅速沏茶，并按顺序站在客人右侧为客人斟茶。		

续表

4. 点菜服务	（1）若为点心车早茶服务，则点心推销员应将餐车推至客人桌旁，向客人介绍本车当天供应的各式点心。 （2）若为点菜式早茶服务，则服务员应先将客人所点的点心种类及数量准确记录在点心卡上。 （3）若为自助扫码点菜，应注意二维码的使用，介绍指引客人点菜。
5. 就餐服务	（1）协助客人将选定的点心送上餐桌，然后将所上点心的品种、数量在点心卡上准确记录。 （2）及时收撤脏餐具及空笼、续加茶水（注意茶水的颜色，适当添加茶叶）、勤换骨碟、清理台面，主动征询客人的意见。
6. 结账服务	（1）客人示意结账，服务员迅速将点心卡送至收银台，收银员核实汇总成账后交还服务员。 （2）服务员用收款夹将账单放好，站在结账客人右侧打开收款夹，客人付款后连同找回余额、回单、发票交还客人，并礼貌道谢。 （3）若为自动扫码结账，留意客人二维码使用，需要时及时指引客人结账。 （4）客人结账时若餐台上还有点心，应主动询问客人是否需要打包带走。 （5）征得客人同意后撤走所有餐具，留下茶杯。结账的同时送上热毛巾。
7. 送客服务	（1）宾客结账毕，服务员一见宾客起身离座，需立即上前拉椅。 （2）提醒宾客携带随身物品及打包食品。 （3）向宾客致谢，道再见。
8. 收尾工作	（1）当桌宾客全部离开后，服务员才能清台，检查是否有遗留物品。 （2）整理好餐椅后，按照“一餐巾及小毛巾，二茶壶及茶杯，三其他餐具”的顺序清理餐桌。 （3）收拾所有餐具，送至工作台或洗碗间。 （4）按餐厅规定和时间情况摆当餐餐台（翻台），准备迎接下批客人或午餐客人。
实训心得：	

任务 1-1-9　中餐宴会知识

要点编码	1.1.9	实训要点	中餐宴会知识
要点适用性	通用性	实训方式	课堂教学
实训执行者	学校导师	评价方式	理论
实训步骤	实训主要内容		
1. 宴会的分类	（1）按菜式风格可分为：中餐宴会和西餐宴会。 （2）按进餐形式可划分为：中西餐宴会、冷餐酒会、鸡尾酒会和茶话会等。 （3）按外交礼仪可分为：国宴、正式宴会、便宴和家宴。 （4）按宴会的主办目的可分为：庆贺宴会、迎宾宴和商务宴。 （5）按经营活动的内容可分为：以宴会为主的宴会活动，以会议为主的宴会活动，以娱乐为主的宴会活动。		
2. 中餐宴会的特点	（1）中餐宴会是中国传统的聚餐形式。宴会遵循中国的餐饮习惯，以饮中国酒、吃中国菜肴、摆中式餐台、用中式餐具、行中国传统礼仪为主，采用共餐制。历代著名的宴会有乡饮酒礼、百官宴、大婚宴、千叟宴、定鼎宴等。 （2）宴会场地装饰布局、台面布置及服务等均体现中国的餐饮文化特色。		
实训心得：			

任务 1–1–10　宴会预订程序

要点编码	1.1.10	实训要点	宴会预订程序
要点适用性	通用性	实训方式	课堂教学
实训执行者	学校导师	评价方式	理论
实训步骤	实训主要内容		
1. 选择合适的宴会预订方式	（1）电话预订：这是饭店与客户联络的主要方式。常用于小型宴会的预订、查询和细节核实。 （2）面谈预订：这是一种比较理想有效的预订方式。宴会预订员与客户当面洽谈讨论宴会所有的细节安排，解决客户提出的特别要求。 （3）书面预订：包括信函、传真等，适用于远距离、提前较长时间预订的客户。书面预订一般需结合电话或面谈，最终达成协议。 （4）网络预订：这种方式手续简便，且不受时空限制。		
2. 接受预订	（1）了解客人需求，了解客人用餐的人数、标准、具体时间及特殊要求。 （2）了解每日宴会预订表，掌握预订信息。 （3）条件许可，引领客人参观宴会厅，确定台位。		
3. 填写宴会预订单	（1）将商洽事项、细节要求等填写在预订单上，组织实施。 （2）宴会预订单内容包括：宴会活动的日期和时间；计划安排的宴会厅名称；预订人姓名、联络电话、地址、单位名称；宴请活动的类型；出席人数；菜单项目、酒水要求；收费标准及付款方式；上述事宜暂定或确认的程度；注意事项；接受预订的日期、经办人姓名等。		
4. 填写宴会安排日记簿	（1）及时填写在宴会安排日记簿上，确保不出现重订现象。 （2）按日期标明活动地点、时间、人数等事项，注上是否确认标记。		
5. 签订宴会合同	（1）迅速送交顾客以确认信息。 （2）客人如需要更改事项，也应体现在合同书上，须客人签字确认。		
6. 收取订金	（1）为了保证宴会预订的成功率，预订员应要求客人预付订金。一般为总价的 10%~20%。 （2）将收据单交给客人，并提醒客人妥善保管。		

续表

7. 跟进预订	（1）较长时间的预订，应主动联系客户，并进一步确定日期及相关细节。 （2）暂定的预订，应进行密切的跟踪查询，与宴会预订中心和餐饮部保持联系，以保证宴会顺利进行。
8. 正式确认	（1）在宴会活动前两天，再次与客人联系，确定已谈妥的全部事项。 （2）任何与宴会有关的变动都应及时填写《宴会变更通知单》，并送往各有关部门。变更通知单上需写明原来的预订单编号。
9. 督促检查	（1）宴会预订人员到场督促检查当天宴会活动的准备工作情况，发现问题要及时纠正。 （2）宴会开场前要确认会场的布置情况，检查物品和设施设备，看是否可以正常使用。 （3）主题宴会需要事前确认相关的布置工作是否到位。
10. 发布宴会通知单	（1）注意核对相关事项。 （2）发送到有关部门。 （3）跟进各部门宴会准备工作，确保如期顺利举行宴会。
11. 宴会的取消和变更	（1）客人预订后又因故取消，应提前 24 小时通知宴会预订中心并得到确认，预订员应填写《宴会预订取消通知单》并加盖取消章。 （2）当客人修改预订中的某一项时，预订员应填写《宴会更改通知单》，并在此单上盖更正章。 （3）当我方提出修改预订某些项目时，应以电话、传真等方式告知客人，双方协商解决。如客人不同意，应报上级部门，妥善解决。 （4）当宴会变更或取消，都要部门主管签字确认后及时通知到相关部门。
12. 建立宴会预订档案	（1）宴会结束，一周内应主动征询客人的意见反馈并致谢。 （2）将宴会信息和情况记录及所有资料保管存档。将与订单分为“待确定”和“已确定”两类存放，按时间顺序排列。将宴会信息输入宴会档案，由专人负责宴会档案管理。
实训心得：	

任务 1-1-11 中餐宴会场景设计的规则与标准

要点编码	1.1.11	实训要点	中餐宴会场景设计的规则与标准
要点适用性	通用性、个性化	实训方式	课堂教学
实训执行者	学校导师	评价方式	理论
实训步骤	实训主要内容		
1. 树立宾客导向意识	（1）宴会的场景设计首先要满足主办者的要求，并协助主办者考虑主宾的需求。 （2）使客人舒适愉悦：眼观美、耳听乐、鼻闻香、体触适。		
2. 突出宴会主题	（1）根据宴会主办者的设宴意图，设计符合要求的宴会主题。 （2）宴会厅的主墙面应是整个场景的重心，也是突出主题的重要手段。		
3. 科学选择场景	（1）周边环境：注意宴会举办场地的周边环境，每一个餐厅或饭店都应融于特定的自然环境之中。 （2）建筑风格：宫殿式、园林式、民族式、现代式、乡村式、西洋式、综合式、特殊式。 （3）宴会场地：固定不变部分、临时布置部分。		
4. 合理布置场地	（1）宴会场地布置要根据宴会的性质、形式、主办单位的具体要求、参加活动的人数、宴会厅的形状和面积等情况，进行科学设计和安排。 （2）宴会现场装饰包括主席（舞）台的装饰、周围环境的装饰、墙面装饰、地面绿化装饰、台面装饰、灯光渲染等。 （3）场地布置应安全清洁、便捷合理。		
5. 注意环境点缀	（1）放置切合主题的花木、盆景鲜花、工艺品等。 （2）墙面装饰。 （3）利用色彩与灯光来渲染宴会主题，营造宴会的意境。		
实训心得：			

任务 1–1–12　中餐宴会菜单设计的规则与标准

要点编码	1.1.12	实训要点	中餐宴会菜单设计的规则与标准
要点适用性	通用性、个性化	实训方式	课堂教学
实训执行者	学校导师	评价方式	理论
实训步骤	实训主要内容		
1. 宴会菜单设计内容	（1）菜点设计：需考虑宴会的主题、性质、收费标准、参宴宾客的口味、餐饮习惯、餐饮禁忌、心理需求及特殊要求。 （2）菜名设计：需考虑宴会的性质、主题，采用有寓意的命名方法，使菜名主题鲜明、寓意深刻。 （3）菜单装帧设计：需考虑制作材料的选择、菜单内容的安排、菜单形状的设计以及菜单的大小、色彩、款式、字体和印刷等内容。		
2. 宴会菜单设计程序	（1）掌握办宴信息：饭店信息、客人信息。 （2）明确宴会性质：宴会主题、筵席规格。 （3）确定菜品构成：筵席风味、选择核心菜点、配备辅助菜点。 （4）规定菜肴原料：保证原料质量、控制原料数量。 （5）核算菜肴成本。 （6）统筹兼顾各方需求。 （7）菜点命名：菜点命名的内容、文字、艺术要求；菜点命名方法有写实性命名方法与寓意性命名方法。 （8）编撰图文样式：宴会销售菜单的文字、照片。 （9）选择陈列方式：平放式、竖立式、卷筒式。 （10）销售菜单外观装帧：菜单封面、菜单规格、菜单色彩。		
3. 中餐宴会菜单结构	一般由冷菜（餐前冷碟）、气氛菜（拼盘、特色菜）、热荤菜（2~4 碟）、汤菜、大菜、河海鲜、斋菜、单尾（主食、甜品、水果）等组成。		
实训心得：			

任务 1–1–13　中餐宴会台型布置规则

要点编码	1.1.13	实训要点	中餐宴会台型布置的规则
要点适用性	通用性、个性化	实训方式	课堂教学
实训执行者	学校导师	评价方式	理论
实训步骤	实训主要内容		
1. 合理划分空间区域	宴会空间划分：客人用餐区域；讲话致辞区域；席间演出区域；绿化装饰区域和服务辅助区域：签名台、礼品台、备餐台、临时酒水台。		
2. 遵循中餐宴会台型布局原则	（1）突出主桌、中心第一、先右后左、高近低远。 （2）餐桌的排列应根据餐厅的形状和大小及参宴人数的多少来安排，桌与桌之间的距离以方便穿行、上菜、斟酒、撤盘为宜。 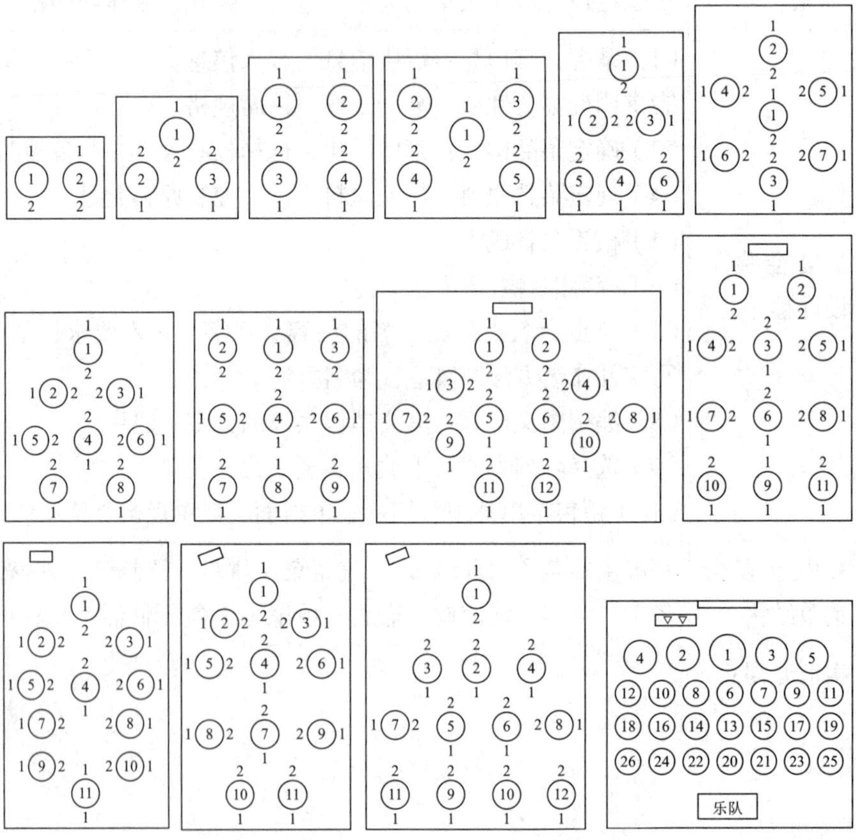 		

续表

2. 遵循中餐宴会台型布局原则	（3）以主桌主人位为基准点，各桌主人位的安排有“顺向”和“相向”两种方法。 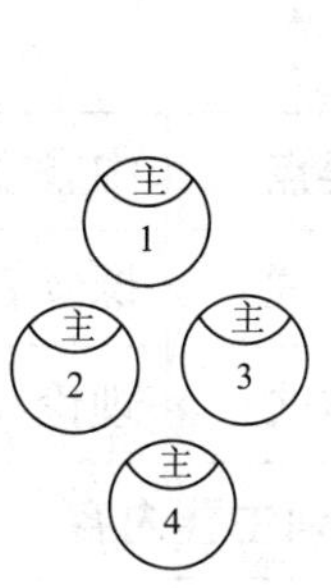 顺向 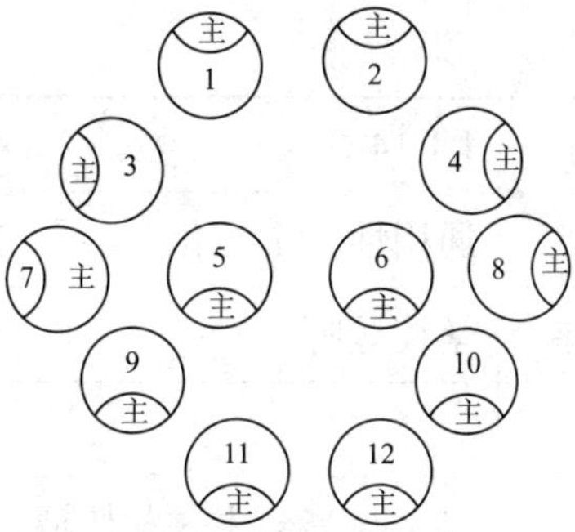 相向
3. 中餐宴会座次安排	（1）一般原则：高位自上而下、自右而左、男左女右。 （2）先定上座，上座位置：面门为上、居中为上、以右为上。 （3）座位数一般为双数，好事成双。 商务宴会 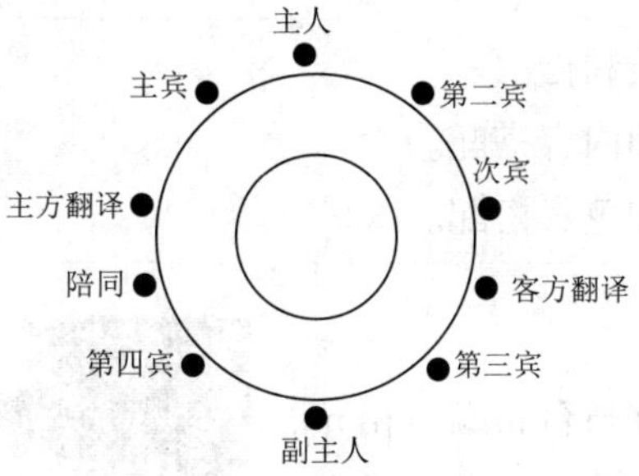 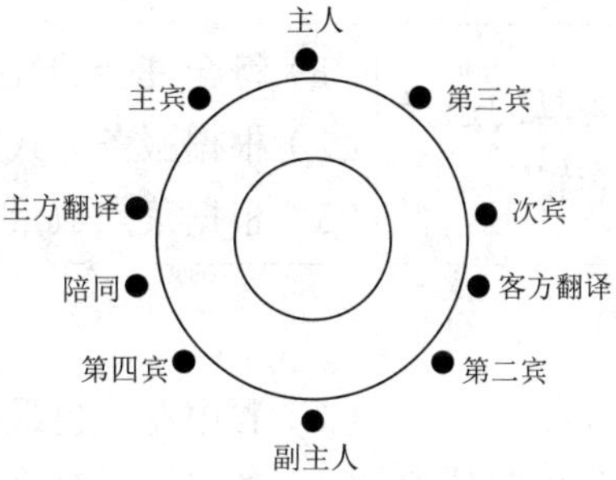 家庭宴会 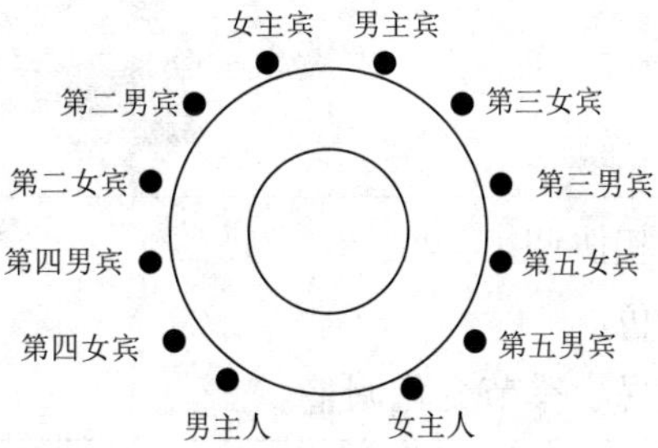 注：男女主人并肩坐末座，男女成双成对，自右而左，男左女右 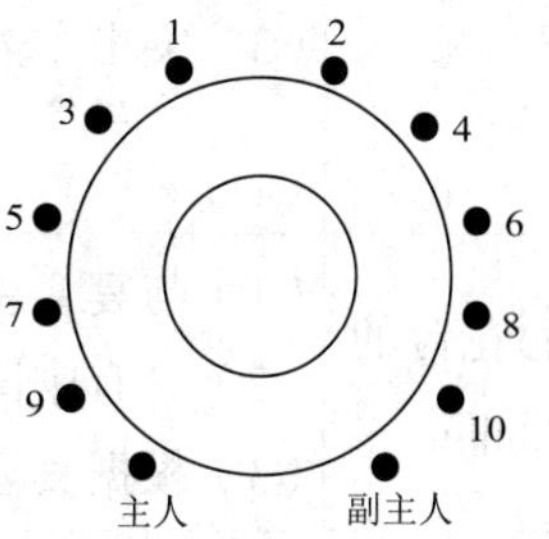 注：主人、副主人并肩坐末座，高位自上面下，自右而左
实训心得：	

任务 1-1-14　中餐宴会台面布置规则与标准

<table>
<tr><td>要点编码</td><td>1.1.14</td><td>实训要点</td><td>中餐宴会台面布置规则与标准</td></tr>
<tr><td>要点适用性</td><td>通用性、个性化</td><td>实训方式</td><td>课堂教学</td></tr>
<tr><td>实训执行者</td><td>学校导师</td><td>评价方式</td><td>理论</td></tr>
<tr><td>实训步骤</td><td colspan="3">实训主要内容</td></tr>
<tr><td>1. 遵循宴会台面布置的原则</td><td colspan="3">（1）与宴会主题相协调，对称和谐、美观大方，既方便宾客就餐，又利于服务操作。
（2）体现宴会氛围及整个宴会的服务质量。</td></tr>
<tr><td>2. 台布的选用</td><td colspan="3">（1）与宴会主题相协调。
（2）利用台布、装饰布、转台、台裙等配件的颜色、形状、组合，衬托台面效果，体现台面主题。</td></tr>
<tr><td>3. 餐具的选择与布置</td><td colspan="3">（1）符合宴会的性质和档次。
（2）根据服务方式和内容搭配。
（3）根据菜点数量和色彩搭配。</td></tr>
<tr><td>4. 餐巾花的选择与造型</td><td colspan="3">（1）餐巾花颜色最好与台布颜色相异。
（2）选择适合宴会性质、主题、规模、时令季节的花形，还应考虑其功用。
（3）突出主人位。
</td></tr>
<tr><td>5. 中心花台的选择与布置</td><td colspan="3">（1）与宴会主题相协调。
（2）具有中国特色。
（3）根据宾客禁忌、季节变化调整。</td></tr>
<tr><td colspan="4">实训心得：</td></tr>
</table>

任务 1–1–15　中餐宴会服务及活动的设计与标准

要点编码	1.1.15	实训要点	中餐宴会服务及活动的设计与标准
要点适用性	通用性、个性化	实训方式	课堂教学
实训执行者	学校导师	评价方式	理论
实训步骤	实训主要内容		
1. 服务程序与标准设计	（1）宴会服务的先后顺序及时间安排，确认每一环节的服务要求。 （2）宴请性质、规格档次不同，服务标准也不同。 （3）结合饭店特色，进行潮流时尚创新设计。		
2. 服务方式设计	（1）取决于宴请的性质和规格档次。 （2）服务人员的站姿、走姿、手势动作。 （3）上菜方式。 （4）服务的具体动作。		
3. 席间乐和活动设计	（1）席间音乐 （2）表演活动 （3）自娱自乐		
实训心得：			

线上学习		
各岗位基础知识		
拓展知识	案例分析	课后习题
学习心得		

项目 1-2　基本技能

思维导图

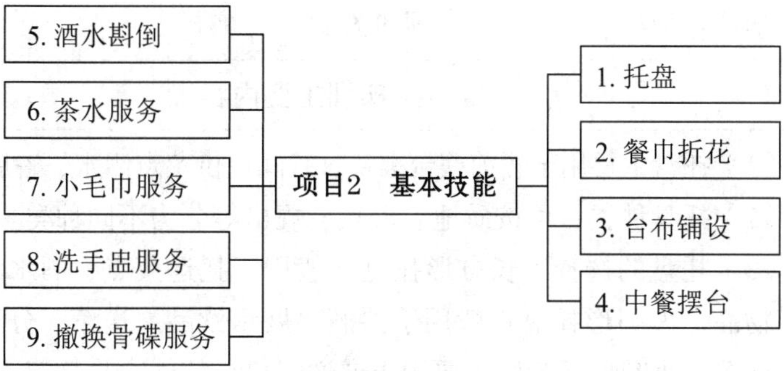

线上学习

各岗位基本知识

课前自测	电子教案

任务 1–2–1　托盘

要点编码	1.2.1	实训要点	托盘
要点适用性	通用性	实训方式	校内实训
实训执行者	学校导师	评价方式	实操
实训步骤	实训主要内容		
1. 托盘知识	（1）托盘主要用于餐前摆台准备、餐间提供菜点酒水、餐后收台整理等。 （2）托盘种类：可按质地、形状、规格等分为不同种类。 （3）托盘的选择：长方形托盘一般用于托运菜点、酒水和盘碟等较重物品；大圆形托盘一般用于斟酒、展示饮品、送菜、分菜、送咖啡冷饮等；小圆形托盘则主要用于递送账单、信件、收款等。		
2. 轻托步骤	（1）理盘。洗净擦干、托盘垫布。 （2）装盘。原则：重物、高物放在托盘的里档；轻物、低物放在外档；先上桌的物品在上、在前；后上桌的物品在下、在后。 （3）起托。左脚朝前，屈膝微弯腰，左手和左肘放到与托盘同一平面，右手沿桌面拉托盘边缘起托，将托盘托于胸前，待托盘平稳，再放开右手。 （4）卸盘。右手扶住托盘边缘，左脚前右脚后，身体下蹲到使托盘与台面呈水平线时，用右手将托盘轻轻推到台面上，并适时放开左手。		
3. 托盘站立	（1）掌心向上，五指分开，形成凹形，掌心不与盘底接触。 （2）托盘站立时，左手臂自然弯曲呈 90° 角，平托于胸前，略低于胸部。 （3）托盘平稳后，右手自然背在后腰部位。		
4. 托盘行走	（1）头正肩平，上身挺直，目视前方，脚步轻快。 （2）常有步法：常步、快步、碎步和垫步。		
5. 托盘拾物	（1）走到目标物品的左侧，右脚前左脚后，身体缓缓下蹲，重心在后。 （2）双目平视前方，用眼角余光掌握物品的具体位置，下蹲，用右手拾起物品，注意始终保持托盘平稳。		
实训心得：			

任务 1-2-2　餐巾折花

要点编码	1.2.2	实训要点	餐巾折花
要点适用性	通用性、个性化	实训方式	校内实训、岗位实践
实训执行者	学校导师、企业导师	评价方式	实操
实训步骤	实训主要内容		
1. 餐巾及餐巾花作用	（1）餐巾又称为口布，它是宴会及家庭餐桌上使用的一种卫生保洁用品。 （2）餐巾花能美化席面。 （3）餐巾花的不同造型及摆设可以突出宴会的主题。 （4）餐巾花能标志宾主的席位。		
2. 餐巾的种类	（1）从质地上分，餐巾有全棉制品、亚麻制品和纸餐巾三种。 （2）从颜色上分，餐巾有白色和彩色两大类。		
3. 餐巾花的种类	（1）按折叠方法和摆设工具的不同，餐巾花可分为杯花、盘花和环花三类。 （2）按造型的不同，餐巾花可分为植物造型、动物造型和实物造型三类。		
4. 餐巾花的选择	（1）根据宴会的性质、主题、规模选择餐巾花型。 （2）根据菜式选用与之相配的餐巾花型。 （3）根据宾客的身份、宗教信仰、风俗习惯和爱好来选择花型。 （4）根据宾主的座位安排选择餐巾花型，突出主人位。		
5. 餐巾折花的基本技法	（1）基本折法：叠、折、卷、穿、翻、拉、捏、掰、攥。 （2）卫生要求：操作前要洗手消毒，剪短指甲，穿着干净工作服；在干净托盘或餐盘中操作；操作时不允许用嘴叼、口咬；放入杯时，要注意卫生，手指不允许接触杯口，杯身不允许留下指纹。 （3）技术要求：选好花型，掌握要领，一次成型。		
6. 十种常见餐巾花折叠	（1）迎宾天鹅的折叠。（2）瑶池仙桃的折叠。（3）大鹏展翅的折叠。 （4）友谊花篮的折叠。（5）湘妃扇的折叠。（6）皇冠的折叠。 （7）裙裾式的折叠。（8）主教帽的折叠。（9）三明治的折叠。 （10）餐具插架的折叠。		
实训心得：			

任务 1-2-3　台布铺设

要点编码	1.2.3	实训要点	台布铺设
要点适用性	通用性	实训方式	校内实训
实训执行者	学校导师	评价方式	实操
实训步骤	实训主要内容		
1. 台布的种类	台布：也称桌布，主要起保洁、装饰和方便服务的作用。 （1）质地：提花台布、织棉台布、工艺绣花台布、布质台布。 （2）颜色：选择台布的颜色要与餐厅的风格、装饰、环境相协调。 （3）形状：圆形台布、正方形和异形台布。		
2. 台布的规格	餐桌的大小及合适的桌布规格（见下表）		
3. 铺台布程序	（1）摆放好餐椅。 （2）选择合适的台布，不合规格、有污渍、有残破的不予使用。 （3）服务员拉开餐椅正身站于主人位，使用合适的方法铺设台布。 （4）调整台布，铺好的台布正面向上，台布平整，中心线对准正副主位，十字居中，四角下垂均匀。 （5）将拉出的餐椅送回原位。		
4. 铺台布方法	（1）推拉式：服务员站于主人位，右脚上前，双手拿住台布一边距中线相等处，将台布正面朝上打开，用两手的大拇指与食指分别夹住台布一边，其余三指抓住台布，一边抖平台布，一边沿桌面向自己胸前收拢，双手拇指和食指、小手指捏住台布的一边，将台布的其他边沿桌面向前推出，拉回，铺好，放手。		

餐桌的大小及合适的桌布规格

适合用餐人数	餐桌形状	餐桌大小	桌布大小
2 人	方桌	90cm × 90cm	140cm × 140cm
2~4 人	方桌	110cm × 110cm	160cm × 160cm
4~6 人	圆桌	直径为 150cm~160cm	180cm × 180cm
6~8 人	圆桌	直径为 170cm 左右	200cm × 200cm
8~10 人	圆桌	直径为 180cm~200cm	220cm × 220cm
12 人	圆桌	直径为 220cm 左右	240cm × 240cm
14~16 人	圆桌	直径为 240cm 左右	260cm × 260cm

续表

4. 铺台布方法	（2）抖铺式：站于主人位，双手打开台布，平行对折后将台布提拿在双手中，利用双腕的力量，将台布向前一次性抛抖开，回拉，调整好。 （3）撒网式：将台布打开，用大拇指和食指抓住台布靠近身体的一边，其余三指快速抓住台布其余部分，平行打折，双手将打开的台布提拿至胸前，利用身体回转将台布斜向前撒出，在台面拉回，调整好。
实训心得：	

任务 1-2-4　中餐摆台

要点编码	1.2.4	**实训要点**	中餐摆台
要点适用性	通用性、个性化	**实训方式**	校内实训、岗位实践
实训执行者	学校导师、企业导师	**评价方式**	实操
实训步骤	**实训主要内容**		
1. 摆台准备	（1）洗净双手。 （2）领取各类餐具、台布、桌裙等。 （3）用干净的布将餐具和各种玻璃器皿擦亮，确保无任何破损、污渍等。 （4）检查台布、桌裙是否干净，是否有褶皱或破洞，不符合要求的应进行调换。 （5）折餐巾花。		
2. 摆台一般顺序及台面要求	（1）摆台顺序：台布（或加转盘）—餐具—玻璃器皿—餐巾花—中心装饰物及其他。 （2）个人餐位顺序：自下而上，自左而右。 （3）各席位的餐具相对集中，整齐一致，席位之间有明显空隙。		

续表

3. 不同餐别的个人餐位摆台顺序	（1）早餐：铺台布→放转盘（据需）→骨碟定位→摆翅碗、小汤匙→摆筷子架、筷子及牙签→摆茶杯及杯碟→摆餐巾花→摆台号牌→摆花瓶。 （2）午晚餐：铺台布→放转盘（据需）→骨碟定位→摆翅碗、小汤匙和味碟→摆筷子架、筷子及牙签→摆水杯→摆餐巾花→摆桌号牌→摆花瓶。 （3）宴会：铺台布→放转盘→围桌裙、配餐椅→骨碟定位→摆翅碗、小汤匙和味碟→摆筷座、取菜勺、筷子及牙签→摆三杯→摆公用餐具（分菜勺、分筷和汤勺）→摆餐巾花→摆花瓶或插花。
4. 早餐摆台要求	（1）骨碟摆在餐位正中，距离桌边 1.5 厘米；翅碗放骨碟的正上方，距离骨碟 1 厘米。 （2）小汤匙放在翅碗里，勺柄朝左；筷子架、筷子放在翅碗右侧，筷子套底部距离桌边 1.5 厘米，并与骨碟纵向直径线平行。 （3）杯碟摆在筷子右侧距桌边 1.5 厘米处，茶杯反扣在杯碟里，杯耳朝右下侧并与水平线呈 45° 角。 （4）牙签摆在骨碟与筷子中间适当位置。 （5）餐巾花折好后放在骨碟内或插入水杯里；若是圆桌，则将花瓶放在中间；若是靠墙的桌子，则将花瓶放在靠墙一侧的中间。
5. 午晚餐摆台要求	（1）骨碟摆在座位正中，距离桌边 1.5 厘米； （2）翅碗放骨碟的左上方，距离骨碟 1 厘米； （3）小汤匙放在翅碗里，勺柄朝左；味碟摆在骨碟右上方与翅碗并排。 （4）筷子架、筷子放在翅碗右侧，筷子套底部距离桌边 1.5 厘米，并与骨碟纵向直径线平行。 （5）杯碟摆在筷子右侧距桌边 1.5 厘米处，茶杯反扣在杯碟里，杯耳朝右下侧并与水平线呈 45° 角； （6）牙签摆在骨碟与筷子中间适当位置；玻璃水杯摆在翅碗与味碟的上方中线上，距翅碗 1 厘米； （7）餐巾花摆放在骨碟上，若是杯花则插摆在水杯里；若是圆桌，则将花瓶放在中间；若是靠墙的桌子，则将花瓶放在靠墙一侧的中间。

续表

6. 宴会摆台要求	（1）铺台布、放转盘、围桌裙、配餐椅。 （2）准备餐具。 （3）根据午晚餐摆台要求，从主人位开始按顺时针方向依次摆放骨碟，摆翅碗、小汤匙和味碟，摆筷座、取菜勺、筷子及牙签。 （4）摆三杯：水杯、红酒杯和烈性酒杯。在翅碗和味碟之间的中线上方适当位置摆放红酒杯，红酒杯左侧摆水杯，红酒杯右侧摆烈性酒杯，三杯杯肚之间的距离为 1 厘米，杯心成一条直线，与翅碗、味碟、小汤匙构成的直线平行。或三杯杯肚间距 1.5 厘米，杯心成一条直线，与水平线呈 30° 角。 （5）摆公用餐具（分菜勺、分筷和汤勺）。一般在副主人位右边第一位客人（即第三客人）的右侧摆放公用餐具。放好公用座后，依次摆放汤勺、分菜勺（一般 2 个）和筷子。汤勺柄端距离桌边 1.5 厘米。或在正、副主人位杯具的前方，各横向摆放一副公用筷和汤勺。 （6）摆餐巾花。按规定要求，沿顺时针方向依次摆放已叠好的餐巾花。 （7）摆宴会菜单、台号卡。一般 10 人餐台放 2 张菜单（放在正、副主人位的左侧），10 人以上餐台放 4 张菜单（除正、副主人位左侧放的菜单外，还在与正、副主人位呈 90° 角的两侧客人骨碟的左侧各放 1 张菜单，菜单也可竖立摆放在水杯或翅碗的左侧）。高档宴会，可以每人 1 张菜单。台号卡放在花瓶左边或右边，并朝向餐厅正门入口处。 （8）摆花瓶或插花。在转盘正中摆放花瓶或插花，以示摆台结束。
7. 中餐早餐、午晚餐、宴会摆台示意图	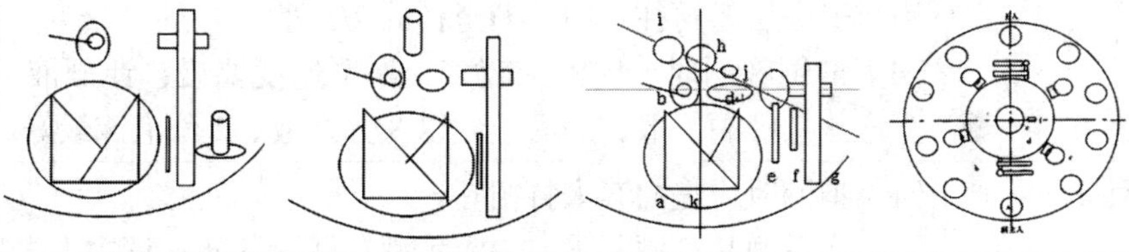
实训心得：	

任务 1–2–5　酒水斟倒

要点编码	1.2.5	实训要点	酒水斟倒
要点适用性	通用性	实训方式	校内实训、岗位实践
实训执行者	学校导师、企业导师	评价方式	实操
实训步骤	实训主要内容		
1. 斟酒前准备	（1）根据客人所点酒水品种及数量从酒吧领取。 （2）检查酒水质量，确保商标完整、无不应有的沉淀物，酒瓶完好。 （3）将酒水瓶擦拭干净，尤其要将瓶口部位擦净。 （4）熟悉各种酒水的最佳饮用温度，熟悉为酒水升温或降温的方法。 （5）根据客人所点的酒水配以相应的干净酒杯。确保酒杯无裂痕、缺口。		
2. 斟酒顺序	（1）一般从主宾位置开始，按照顺时针方向依次斟酒。 （2）有时也从年长者或女士位置开始斟倒。		
3. 斟酒姿势与位置	（1）站在客人右后侧，身体微微前倾，右脚伸入两张餐椅之间，侧身站立，右手握酒瓶中上部，商标朝向客人，将右臂伸出进行斟酒。 （2）在一杯即将斟完时停一下，瓶口稍微上提，同时旋转瓶身 45 度，抬起瓶口，使最后一滴酒随着瓶身的转动均匀分布在瓶口边沿上。		
4. 斟酒量	（1）一般中餐酒水一律八分满，以示对客人的尊重。 （2）红葡萄酒斟至杯身的 1/2 处，白葡萄酒 2/3 处，香槟酒 2/3 处，白兰地 1/5 处。 （3）斟香槟酒时，应将瓶身用服务巾包好，先向杯中斟倒 1/3 的酒液；待泡沫退去后，再往杯中续斟至杯的 2/3 处。 （4）斟倒啤酒时，因泡沫较多，斟倒速度要慢，让酒液沿杯壁流下以减少泡沫。啤酒一般倒满为止，以 8 分酒液、2 分泡沫最好。		
5. 斟酒注意事项	（1）斟酒时应先向客人打招呼。 （2）贵重酒品斟酒前须向主人示酒、展示瓶塞，请主人先品酒。 （3）托盘斟酒时，托盘要平稳，不越过客人肩、头顶，手臂不横越客人。 （4）徒手斟酒时，左手持一块干净餐巾背在身后，斟完每一杯酒后擦去瓶口的酒液。 （5）捧杯斟酒时，应右手握瓶，左手将酒杯捧在手中，站在客人的右后侧向杯内斟酒。 （6）当客人杯中的酒水少于 1/3 时，应及时斟添，但不能斟错酒水。 （7）宾主讲话祝酒时，所有服务员应停止一切活动，肃立在僻静的位置上，待祝酒结束再重新开始工作。		
实训心得：			

任务 1-2-6　茶水服务

要点编码	1.2.6	**实训要点**	茶水服务
要点适用性	通用性	**实训方式**	校内实训、岗位实践
实训执行者	学校导师、企业导师	**评价方式**	实操
实训步骤	**实训主要内容**		
1. 推荐茶的品种	（1）客人入座后，服务员要介绍餐厅所提供的茶的种类，并问清客人需要饮茶的品种记录在点菜单上。 （2）茶的种类：绿茶、红茶、青茶、白茶、黄茶、黑茶、花茶。		
2. 沏茶	（1）根据不同茶类的特性和对温度的要求分别沏茶。沏茶可分为工夫茶、大壶茶。 （2）若为大壶茶，通常 6 位客人以下沏一壶茶，7 位客人以上沏两壶茶。 （3）若为工夫茶，则由茶艺师进行茶艺表演、冲泡及服务。		
3. 斟茶要领	（1）为客人斟倒第一杯茶应按先宾后主、女士优先的顺序用托盘斟。 （2）若是早茶，应将客人的茶杯连同底碟先放上托盘，斟好茶后，再递回给客人，并请客人用茶，并将茶壶放在餐桌适当位置。 （3）若是午晚餐，则在沏茶后，根据客人人数备好茶杯碟，与茶壶一道托盘送到桌边，为客人斟好茶后，再上到客人餐位的右侧。 （4）若是宴会，则一般提前 5 分钟泡好茶胆，待客人入座后，再冲茶、备好茶杯碟，与茶壶一道托盘送到桌边，为客人斟好茶后，再上到客人餐位的右侧，并根据情况将茶壶放在转盘上或撤回工作台。		
4. 斟茶注意事项	（1）为客人续加茶水则无需用托盘，而是右手持壶把、左手轻按壶盖，为客人斟倒。 （2）斟茶一律从客人的右边，按顺时针方向逐位进行。 （3）当茶壶内的水只剩下 1/3 时，要随时添加开水。 （4）斟茶时七八成即可；斟完茶放茶壶时不要把壶嘴对着客人。 （5）同一桌客人所用的茶壶、茶杯及碟必须配套使用，大小一致。		
实训心得：			

任务 1–2–7　小毛巾服务

要点编码	1.2.7	实训要点	小毛巾服务
要点适用性	通用性	实训方式	校内实训、岗位实践
实训执行者	学校导师、企业导师	评价方式	实操
实训步骤	实训主要内容		
1. 服务准备	（1）准备巾碟、巾夹、托盘。 （2）用巾夹按人数将小毛巾从保温箱内取出、折好，放入巾碟里，摆放在托盘上。		
2. 服务顺序	从客人的右侧，按女士优先、先宾后主的原则，按顺序进行服务。		
3. 服务次数	在客人进餐过程中，一般为客人提供 4 次小毛巾服务，分别在客人入座时、喝完汤羹后、吃完海鲜类菜肴和吃完水果后送上。		
4. 服务小毛巾	（1）将巾碟摆放在餐盘右侧，并对客人说打扰了，先生 / 女士，这是您的毛巾。 （2）在西餐中，则一般将卷好的毛巾放在一个服务碟中，配上巾夹或分餐叉勺，用左手托住服务碟，右手持巾夹夹住毛巾的边角，从客人右侧按逆时针方向（最后是主人）依次为客人递送毛巾。		
5. 撤小毛巾	（1）留意客人使用毛巾情况，及时撤下使用过的毛巾。 （2）从客人右侧撤下小毛巾，每次递送前须将用过的毛巾先撤下。		
实训心得：			

任务 1–2–8　洗手盅服务

要点编码	1.2.8	实训要点	洗手盅服务
要点适用性	通用性	实训方式	校内实训、岗位实践
实训执行者	学校导师、企业导师	评价方式	实操
实训步骤	实训主要内容		
1. 服务洗手盅的时机	（1）当客人点需要用手的食品时，要主动服务洗手盅。 （2）在提供贝类、野味、龙虾、鸽子类菜肴时，服务员需同时跟上洗手盅。		
2. 准备洗手盅	（1）将 2/3 的淡茶水倒入洗手盅，并加上半片柠檬。 （2）洗手盅要配上底碟。		
3. 服务洗手盅	（1）“打扰一下，××× 先生 / 女士，这是洗手用的洗手盅”。 （2）放在客人的右手边。 （3）每位客人都要配洗手盅。 （4）及时撤下已用的洗手盅。		
实训心得：			

任务 1–2–9 撤换骨碟服务

要点编码	1.2.9	实训要点	撤换骨碟服务
要点适用性	通用性	实训方式	校内实训、岗位实践
实训执行者	学校导师、企业导师	评价方式	实操
实训步骤	实训主要内容		
1. 撤换时机	（1）中餐零点餐厅根据客人所点菜肴情况决定撤换骨碟的次数。在吃带壳、带骨的菜肴后；吃带糖醋、浓味汁的菜肴后；上名贵菜肴前，一般要撤换骨碟，弄脏的餐具应立即撤换，若上菜不及时也可撤换餐具。 （2）中餐宴会撤换骨碟一般不少于 3 次，高档宴会要求每吃一道菜都应撤换骨碟。		
2. 撤换骨碟准备	（1）按照用餐人数及用餐规格准备充足的干净餐碟。 （2）准备托盘、小镊子。		
3. 撤换骨碟位置	（1）撤换骨碟应从主宾开始，按顺时针方向在每位客人的右边操作。 （2）撤换时，服务员左手托盘、右手先撤下脏骨碟，再送上干净的骨碟。		
4. 撤换骨碟注意事项	（1）手法卫生，撤换时手不要触及干净餐具的入口部位。 （2）尊重客人习惯。有的客人会将筷子放在骨碟上，在撤换后应将筷子按原样放在干净的骨碟上。 （3）客人未用完的餐具不宜撤换。可先送上一只干净的骨碟，再根据客人意见撤走脏骨碟。 （4）撤换过程中，托盘要稳，物品堆放要合理。		
实训心得：			

线上学习		
基本技能		
拓展知识	案例分析	课后习题
学习心得		

项目 1–3　服务礼仪

思维导图

项目3　服务礼仪
- 1. 仪表仪容要求
- 2. 日常服务用语
- 3. 员工行为标准

线上学习

各岗位基本知识

课前自测	电子教案

任务 1–3–1 仪表仪容要求

要点编码	1.3.1	实训要点	仪容仪表要求
要点适用性	通用性、个性化	实训方式	课堂教学、校内实训、岗位实践
实训执行者	学校导师、企业导师	评价方式	理论、实操
实训步骤	实训主要内容		
1. 仪容	（1）头发整齐、清洁，不擦重味发油。 （2）常修指甲，不涂有色指甲油。 （3）男士常剃须，剪短鼻毛，不留鬓角。 （4）女士化淡妆，保持淡雅自然的外观。		
2. 服饰	（1）上班时间穿着规定的制服，并保持整洁、挺括。 （2）制服的所有纽扣扣好，拉链拉好。 （3）皮鞋光亮，以黑色为宜。 （4）上班不宜佩戴项链、戒指及其他饰物（结婚戒指和手表除外）。 （5）工作时按规定佩戴名牌。		
3. 仪态、举止	（1）立态：不可叉腰、弯腿、靠墙等。 （2）坐态：腿合拢。 （3）步态：轻盈平稳，自然大方。 （4）谈吐举止：精神饱满，表情自然，举止优雅，音量适中，忌谈隐私。		
4. 个人卫生	（1）勤洗澡、勤理发、勤剪指甲、勤更衣袜。 （2）鼻毛不外露，身体无异味。 （3）当班前不喝酒，不吃葱、蒜、韭菜等带有刺激性的异味食品。		
实训心得：			

任务 1–3–2 日常服务用语

要点编码	1.3.2	实训要点	日常服务用语
要点适用性	通用性、个性化	实训方式	课堂教学、校内实训、岗位实践
实训执行者	学校导师、企业导师	评价方式	理论、实操
实训步骤	实训主要内容		
1. 基本要求	（1）说话要使用尊称，态度平稳。 （2）说话要文雅、简练、明确，婉转热情，讲究语言艺术。 （3）与宾客讲话要注意举止表情。		
2. 礼貌用语	（1）四不讲：不讲粗话，不讲脏话，不讲讽刺话，不讲与服务无关的话。 （2）五声：客来有迎声，客问有答声，工作失误道歉声，受到帮助致谢声，客人走时有送声。 （3）六种礼貌用语：问候用语，征求用语，致歉用语，致谢用语，尊称用语，道别用语。 （4）文明礼貌用语十一字：请，您，您好，谢谢，对不起，再见。 （5）四种服务忌语：蔑视语、否定语、顶撞语、烦躁语。		
3. 日常服务用语	（1）当客人进入餐厅时：早上好，先生（女士）您一共几位？请往这边走。先生（女士），您喜欢坐在这里吗？请您先看一下菜单。 （2）为客人点菜时：先生（女士）现在可以为您点菜吗？您喜欢用什么饮料，我们餐厅有……请问，您还需要什么？我们这里有新鲜可口的凉菜。 （3）为客人上菜时：让您久等了，这道菜是…… （4）席间为客人服务时：先生（女士），您的菜上齐了，请慢用。小姐，打扰您了，我可以清理一下桌面吗？ （5）餐后结账并送客时：先生您的账单。再见，欢迎您再次光临。		
实训心得：			

任务 1–3–3　员工行为标准

要点编码	1.3.3	实训要点	员工行为标准
要点适用性	通用性、个性化	实训方式	课堂教学、校内实训、岗位实践
实训执行者	学校导师、企业导师	评价方式	理论、实操
实训步骤	实训主要内容		
1. 卫生操作标准	（1）使用干净清洁的托盘为客人服务，运送餐用具要使用托盘。 （2）拿餐具、杯具的手法要正确。拿餐盘时，四个手指托住盘底，大拇指呈斜状，拇指指肚朝向盘子的中央，不要将拇指直伸入盘内。如有些大菜盘过重时，可用双手端捧上台。拿杯时要拿杯的下半部，高脚杯要拿杯柱，不要拿杯口的部位。拿小件餐具如筷子、勺、刀叉时，筷子要带筷子套放在托盘里送给客人，小勺要拿勺把，刀叉要拿柄部。 （3）餐用具有破损的，如餐盘有裂缝、破边的，玻璃杯有破口等，要立即挑拣出来，不可继续使用，以保证安全。 （4）服务操作三轻：说话轻、走路轻、操作轻。 （5）餐厅内销售的各种食品，服务人员要从感观上检查其质量，如发现有不符合卫生要求的，应立即调换。 （6）有传染病的客人使用过的餐具、用具，不要与其他客人的餐具混在一起，要单独存放、清洗，及时单独做好消毒工作。		
2. 工作标准	（1）语言、行动合乎情理，保持个人清洁卫生，注意个人形象，工作守时，服从管理。 （2）按实际营业需要做好餐前准备工作，做好餐厅的卫生清理工作和餐具保洁工作，使其符合卫生规定标准。 （3）对餐厅食物及饮品应熟悉了解，根据餐厅的营业计划，按照服务标准为顾客服务，做好服务工作。 （4）热情接待新旧顾客，满足顾客的合理需求，热情主动为顾客点菜，并准确无误地把顾客所需要的食物、饮料送到顾客的台面上。 （5）遇到客人有意见或投诉时，如不能解决，应该立即报告给餐厅的管理人员。		
实训心得：			

线上学习		
服务礼仪		
拓展知识	案例分析	课后习题
学习心得		

项目 1–4　基本设施设备的使用

思维导图

基本设施设备的使用

- 1. 卡式炉、酒精炉的使用
- 2. 煤气炉的使用
- 3. 电磁炉的使用
- 4. 微波炉的使用
- 5. 消毒柜的使用
- 6. 吸尘器的使用
- 7. 活动屏风的使用

线上学习

基本设施设备的使用

课前自测

任务 1-4-1　卡式炉、酒精炉的使用

要点编码	1.4.1	实训要点	卡式炉、酒精炉的使用
要点适用性	个性化	实训方式	岗位实践
实训执行者	企业导师	评价方式	实操
实训步骤	实训主要内容		
1. 卡式炉使用说明	（1）使用流程：安装瓦斯罐；检查开关等零件使用是否正常；将炉具摆平放正；旋转开关打开炉具；调整火力大小；使用完毕后关闭炉具。 （2）清洁维护：每次使用完后用干抹布擦拭瓦斯炉表面，确保炉具本身不会发霉或生锈，保持干燥和干净。定期检查瓦斯炉按钮、接口、零部件，确保瓦斯炉正常运行。 （3）注意事项：卡式炉不用时，必须取出瓦斯罐。不得擅自分解零件再组装。		
2. 酒精炉使用说明	（1）使用流程：使用酒精炉前，检查炉内有无酒精；用打火枪点火；随时观察火焰，若火力不足，要及时更换酒精盒；使用完毕用灭火帽熄灭；待火焰熄灭后，将灭火帽打开，再盖好；必须熄灭炉芯后再撤离餐台。 （2）清洁维护：酒精炉不用时，必须盖帽；及时清理并检查酒精灯各种零件；保持干燥。 （3）注意事项：a. 向炉内添加酒精要使用漏斗或者小口壶，不可使用酒精桶直接注入。炉内的酒精量以加至约 80% 为度，不可太满。 b. 绝对禁止拿酒精炉到另一已经燃着的酒精炉上去点火，也坚决禁止锅还未上桌就先点燃酒精炉。 c. 酒精炉不可用嘴吹灭。 d. 使用酒精炉时要随时小心，不要碰倒，万一洒出的酒精在桌上燃烧起来，应该立刻用湿抹布扑盖，不可用干抹布抽打，容易将火势扩大。		
实训心得：			

任务 1-4-2　煤气炉的使用

要点编码	1.4.2	实训要点	煤气炉的使用
要点适用性	个性化	实训方式	岗位实践
实训执行者	企业导师	评价方式	实操
实训步骤	实训主要内容		
1. 使用流程	（1）将煤气炉放平。 （2）打开气源开关，完全按下旋钮，并逆时针旋转至 90° 点火。 （3）将锅具放在煤气炉上，调整火势大小。 （4）使用后务必关火，不可空烧锅具。		
2. 清洁维护	（1）定期清洗火盖。清洗火盖前先断开气源，将火盖取下，使用清洁剂在温水中洗净，晾干后再安装。 （2）定期检查胶管，如胶管老化需请专业人士更换。		
3. 注意事项	（1）燃气灶具下不得铺垫报纸、木板、塑料等助燃物。 （2）使用煤气炉时，应人走火灭，随手关闭炉具开关和管道阀门。 （3）使用煤气炉时，要防止沸汤、沸水溢出扑灭灶火或被风吹灭灶火。 （4）营业结束前应检查厨房灶具开关、煤气灶前阀是否关好。长时间不使用时，应将煤气炉阀关闭，防止意外事故。		
实训心得：			

任务 1–4–3　电磁炉的使用

要点编码	1.4.3	实训要点	电磁炉的使用
要点适用性	个性化	实训方式	岗位实践
实训执行者	企业导师	评价方式	实操
实训步骤	实训主要内容		
1. 使用流程	（1）选择合适的电源、插座，将电磁炉平放。 （2）选择电磁炉专用锅具。 （3）选择合适的烹饪模式进行烹制。 （4）使用后及时关闭电源。		
2. 清洁维护	（1）电磁炉使用后要及时使用软布或软刷清洁，保证炉面的干净。 （2）电磁炉长时间不使用时，要擦洗干净、晾干机体存放在干燥处。		
3. 注意事项	（1）应使用质量好的插座。 （2）不锈钢汤锅、不锈钢炒锅等铁质锅具可以加热，陶瓷等非金属锅具是不能加热的，含铁分子低的锅具也是不能被加热的。 （3）电磁炉使用时应远离热气、蒸汽、火焰，出风口要离墙和其他物品 10 厘米以上。		
实训心得：			

任务 1-4-4　微波炉的使用

要点编码	1.4.4	实训要点	微波炉的使用
要点适用性	个性化	实训方式	岗位实践
实训执行者	企业导师	评价方式	实操
实训步骤	实训主要内容		
1. 使用流程	（1）了解食物加热时间、温度等信息，使用合适的器皿，用保鲜膜覆盖食物，食物不要装太满。 （2）将食物放入微波炉的转盘。 （3）将微波炉门关闭，选择合适的烹调时间和温度。 （4）食物加热好后，戴上隔热手套将食物取出。 （5）使用后及时关闭电源。		
2. 清洁维护	（1）每次使用完后，用湿毛巾将炉的内壁及转盘抹净，再用干毛巾抹去所有水分，并将炉门打开通风散热。 （2）如微波炉发生损坏，请勿继续使用，必须由专业维修人员检修后才可使用。		
3. 注意事项	（1）微波炉要平放在通风的地方，远离炉火及水龙头。 （2）盛装食品的容器一定要放在微波炉专用的盘子中，不能直接放在炉腔内。普通的塑料容器、金属器皿、封闭容器、不耐热的容器等均不宜在微波炉中使用。 （3）油炸食品不宜加热。 （4）如炉内起火时切忌开门，而应先关闭电源，待火熄灭后再开门降温。		
实训心得：			

任务 1–4–5 消毒柜的使用

要点编码	1.4.5	实训要点	消毒柜的使用
要点适用性	个性化	实训方式	岗位实践
实训执行者	企业导师	评价方式	实操
实训步骤	实训主要内容		
1. 使用流程	（1）使用前认真检查设备运转是否正常。 （2）把餐具、茶具洗净，抹净余水，倒放、斜放、竖放于柜内架层上。 （3）消毒结束后，过几分钟再打开柜门，效果更佳。 （4）消毒完成后及时关闭电源。		
2. 清洁维护	（1）消毒柜应水平放置在周围无杂物的干燥通风处。 （2）定期进行消毒清洁保养，将柜体下端集水盒中的水倒出并洗净。 （3）清洁消毒柜时，先拔下电源插头，用干净的湿布擦拭内外表面，禁止用水冲洗消毒柜。若太脏，可先用湿布蘸中性洗涤剂清洗，再用干净的湿布抹净洗涤剂，最后用干布擦干水。 （4）定期检查柜门封条是否密封良好，以免热量散失或臭氧溢出，影响消毒效果。		
3. 注意事项	（1）餐具需洗净沥干后再放入消毒柜。 （2）餐具应竖着放入消毒柜中，不可叠放。 （3）塑料餐具不可放入高温消毒柜。 （4）彩瓷餐具不可放入消毒柜。		
实训心得：			

任务 1–4–6　吸尘器的使用

要点编码	1.4.7	实训要点	吸尘器的使用
要点适用性	个性化	实训方式	岗位实践
实训执行者	企业导师	评价方式	实操
实训步骤	实训主要内容		
1. 使用流程	（1）使用前，应先检查电源线，查看有无破损，确保用电安全。 （2）将软管与外壳吸入口等零件连接妥当。 （3）根据所清洁的场合适当调节吸力。 （4）应由里向外依次吸尘。 （5）吸尘后应及时擦拭机器外表面、清理尘袋。		
2. 清洁维护	（1）吸尘时应确保清洁区域内无明显纸屑、铁钉玻璃等杂物，一旦发现有异物堵塞吸管，应马上关机检查。 （2）使用后应及时清理桶内杂物和各吸尘附件、尘袋。 （3）吸尘器收纳在通风干燥的场所。		
3. 注意事项	（1）使用前应先检查电源线，查看有无破损，确保用电安全。 （2）使用时轻拿轻放，避免撞击、拖曳吸尘器软管或用脚踢吸尘器。 （3）注意软管不要频繁、过度的拉伸和弯曲。		
实训心得：			

任务 1–4–7　活动屏风的使用

要点编码	1.4.8	实训要点	活动屏风的使用
要点适用性	个性化	实训方式	岗位实践
实训执行者	企业导师	评价方式	实操
实训步骤	实训主要内容		
1. 使用流程	（1）使用前注意检查活动屏风是否能正常使用。 （2）抓住屏风的两侧沿路轨方向轻拉屏风；当将屏风推到交叉口时，应注意路轨方向；将屏风沿路轨轻推至相应位置后将屏风固定。		
2. 清洁维护	（1）清洁屏风时可以采用清洁剂，根据不同的污渍使用不同清洁剂，避免使用强酸清洁剂，以免损伤边框表面。 （2）定期检查移门是否出现下坠或门与门之间的间隙不均匀，检查吊轮是否出现松动，检查移门四周边框的胶条是否已老化或破损，检查操作把手是否灵活正常，出现以上问题请联系工程部进行维修，切忌自行维修。		
3. 注意事项	（1）活动屏风需放在平坦地面使用。 （2）所有操作都应轻缓，并应注意安全，谨防夹到手指。 （3）避免过度倾斜，避免滑倒。		
实训心得：			

<table>
<tr><th colspan="3">线上学习</th></tr>
<tr><td colspan="3">基本设施设备的使用</td></tr>
<tr><td>拓展知识</td><td>案例分析</td><td>课后习题</td></tr>
<tr><td></td><td></td><td></td></tr>
<tr><th colspan="3">学习心得</th></tr>
<tr><td colspan="3"></td></tr>
</table>

模块 2 值台服务员

项目 2-1　散餐服务

零点餐厅，是指宾客自行安排，随吃随点，吃完自行结账的餐厅。零点餐厅的营业时间长，客流量大而且不稳定，服务员一般要服务多个餐台，每一餐台的宾客不全是一批来的（称为多台、多档），餐厅接待工作量很大。同时，由于宾客性格、口味爱好、就餐习惯、用餐需求、餐饮禁忌等方面的差异，他们对菜肴食品和服务细节的要求各异。因此，零点餐厅服务员须具备较全面的餐饮知识，具有敏锐、准确的察言观色能力，出色的推销能力，娴熟的服务技能，能预估客人的心理需求，并有针对性地予以满足。

思维导图

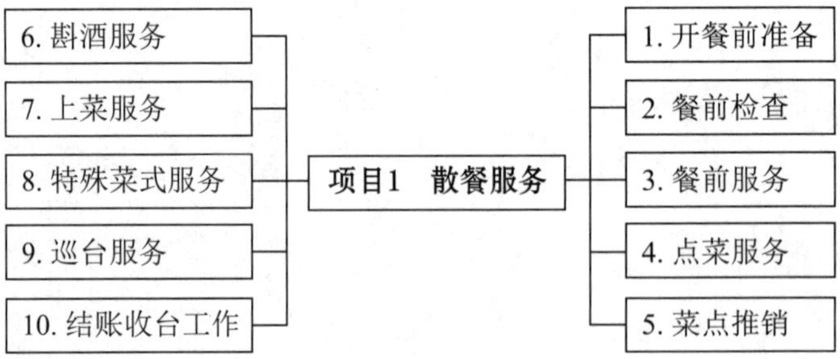

线上学习

散餐服务

课前自测	电子教案

任务 2-1-1　开餐前准备

要点编码	2.1.1	培训方式	开餐前准备
要点适用性	通用性、个性化	实训方式	课堂教学、校内实训、岗位实践
实训执行者	学校导师、企业导师	评价方式	理论、实操
实训步骤	实训主要内容		
1. 餐前卫生	（1）餐厅环境卫生：包括餐厅的地面、墙壁、窗帘、灯具及装饰品、家具、备餐间及餐厅公共区域的卫生。 （2）设备设施卫生。 （3）服务用品卫生：包括餐具器皿的光洁（无水迹、无污渍、无细菌）；瓷器、玻璃和布草无破损；金属餐具不变形；调味瓶整洁且出料口通畅、味料新鲜；布件整洁完好；更换花瓶中的水。 （4）服务员的个人卫生等。		
2. 工作台准备	（1）准备服务过程中必用或可能用到的各种用具，如餐具（骨碟、翅碗、小汤勺等等）、用具品、布草（餐巾、台布等）；和调味品，如酱油、醋等。 （2）确认物品数量、物品摆放及卫生清洁。		
3. 物品准备	（1）含餐用具、服务用具、开餐用品的准备等。 （2）数量充足的调味品、洗手盅、小毛巾、菜单酒单、开水冰水、开胃小吃及托盘、笔、点菜单、收款夹、开瓶器、抹布等服务用具和开餐用品。 （3）开餐必用的餐具要准备充足，常撤换的骨碟配备量一般应是餐位的 5~7 倍，用得较少的餐具可少配备些。		
4. 规范摆台	按早、午晚餐摆台规范摆台。餐桌的排列、铺台布、席位安排、餐具摆放、席面美化等环节。		
5. 参加餐前例会	（1）检查个人卫生、仪容仪表和精神风貌。 （2）了解任务分工、当日客情、VIP 接待注意事项。 （3）掌握缺菜品种、当日特别菜肴及其服务方式。 （4）了解昨日营业及服务经验和存在问题，及时向优秀服务员学习。		
实训心得：			

任务 2–1–2　餐前检查

要点编码	2.1.2	培训方式	餐前检查
要点适用性	通用性、个性化	实训方式	课堂教学、校内实训、岗位实践
实训执行者	学校导师、企业导师	评价方式	理论、实操
实训步骤	实训主要内容		
1. 桌椅及摆台检查	（1）圆桌主位面向玻璃窗，正主位和副主位在同一条线上。 （2）小方桌扶手椅横竖在同一条线上。 （3）检查摆台是否规范，餐具、布草是否有破损、缺失、污渍。 （4）鲜花新鲜，插制美观。		
2. 卫生检查	（1）圆桌上玻璃转盘干净且居于圆桌正中，转动底盘转动自如。 （2）沙发及桌椅上干净，无饭粒、牙签、纸巾等杂物。 （3）工作台干净，并铺有干净的台布。 （4）地毯干净。		
3. 工作台检查	（1）工作台备齐开餐所用的餐具。 （2）工作台内餐具分类摆放整齐。		
4. 检查灯光、空调及背景音乐	（1）开餐前 1 小时打开所有照明设备，如发现故障，立即通知工程部维修更换（电话通知后补请修单）保证开餐时所有照明设备工作正常。 （2）开餐前 1 小时，检查空调情况，保证餐厅合适的温度：夏天控制在 22℃ ~26℃，冬天控制在 18℃ ~20℃。 （3）开餐前半小时播放背景音乐。		
5. 检查预订落实情况	（1）检查预订餐桌是否放好预订卡。 （2）预订餐桌所摆餐位是否符合预订人数。 （3）若为宴会预订，则要检查客用宴会菜单中英文打印是否正确，复印应清楚、干净；宴会指示牌要干净，且内容正确。		
实训心得：			

任务 2–1–3　餐前服务

要点编码	2.1.3	培训方式	餐前服务
要点适用性	通用性、个性化	实训方式	课堂教学、校内实训、岗位实践
实训执行者	学校导师、企业导师	评价方式	理论、实操
实训步骤	实训主要内容		
1. 拉椅让座服务	（1）检查座椅：是否有破损或污渍。 （2）拉椅顺序：首先是主宾，其次是主人，然后其他客人。 （3）动作要领：在客人入座前站在椅后，双手扶住椅子两侧，将座椅轻轻拉开，搬起拖后约 30 厘米，当客人有下坐动作时，将椅子轻轻送上，以方便客人入座。 （4）如有小孩：要及时准备宝宝餐椅。		
2. 餐巾服务	（1）客人入座后，按女士优先、先宾后主的原则逆时针为客人铺开餐巾。 （2）用右手从客人的右边拿起餐巾，轻轻抖动使餐巾自然垂下，对角打开，将餐巾铺在客人膝上。 （3）注意抬手不要过高，以免胳膊肘碰触客人胸前。		
3. 小毛巾服务	（1）用巾夹将小毛巾从保温箱内取出，放入巾碟里，摆放在托盘上。 （2）从客人的右侧，按女士优先、先宾后主的原则按顺序进行服务。 （3）将巾碟摆放在餐盘右侧。		
4. 茶水服务	（1）可参照“任务 1–2–6 茶水服务”标准服务。 （2）两次热茶：迎客茶、送客茶。 （3）没有上菜前要勤加茶水，茶水浓度要一致。		
实训心得：			

任务 2–1–4　点菜服务

要点编码	2.1.4	培训方式	点菜服务
要点适用性	通用性、个性化	实训方式	课堂教学、校内实训、岗位实践
实训执行者	学校导师、企业导师	评价方式	理论、实操
实训步骤	实训主要内容		
1. 点菜前准备	（1）事先备好点菜用具，如点菜纸、笔或点菜机。 （2）熟悉菜单，了解当日特色菜品、厨师推荐、缺菜品种。 （3）了解自助扫码点菜的流程。		
2. 接受点菜	（1）点菜方式：纸质点菜单、点菜机、自助扫码点菜。 （2）若使用纸质点菜单或点菜机，宾客看完菜单或示意点菜后，紧步上前，询问点菜人，站在其身后右侧，为其点菜。若顾客仅有两位且为异性时，则先问女士以表示尊重，除非她的同伴另有安排。 （3）若为自助扫码点菜，则指引顾客自助点菜，提醒注意事项。		
3. 推介菜肴	（1）根据宾客的性别、年龄、国籍、口音、言谈举止等判断宾客的餐饮偏好、消费目的，结合用餐时间，用诚挚的语气、清晰的口齿，有针对性地向宾客推介特色菜肴。 （2）注意各类菜肴价格、原料、烹调法、营养及食量的平衡，也要注意菜单实际和缺菜品种。		
4. 记录内容	（1）将客人所点的菜品名称、分量及特殊要求（辣度、咸度、忌口等）及时准确全面地记录下来。 （2）可用点菜备忘单、便笺记录、服务员唱读点菜、计算机记录点菜等方法，记录客人的点菜。		
5. 复述确认	（1）立即复述一遍客人所点的菜肴以进行确认，以免错漏。 （2）据客人所点菜肴向其推荐佐餐酒，并确认所点酒水的品种和数量。		
6. 致谢收尾	（1）礼貌致谢，告知第一道菜的出菜时间，请客人稍等。 （2）收回菜单、酒水单，撤走鲜花。		

续表

7. 安排入厨单	（1）纸质点菜单点菜：按服务规范和顺序填写（或输入电脑）送入厨房的正式点菜单（入厨单），注意准确填写菜肴的分量、制作方法、口味要求等特殊要求，将厨部、味部、点心部分开填写。落实客人特殊要求。 （2）点菜机或扫码点菜：服务员要准确登录，开台、输入台号、菜品编码、菜品的数量、单位、制作的要求等，即时确认上传。扫码点菜，需随时留意客人点菜情况，及时处理客人的问题。
实训心得：	

任务 2-1-5　菜点推销

要点编码	2.1.5	**实训要点**	菜点推销
要点适用性	通用性、个性化	**实训方式**	课堂教学、校内实训、岗位实践
实训执行者	学校导师、企业导师	**评价方式**	理论、实操
实训步骤	**实训主要内容**		
1. 不同的餐厅产品推销	（1）牢记菜单的菜名、原材料、制作时间、价格、特色、功效等内容。 （2）回答客人疑问要准确、流利。		
2. 不同的餐厅顾客推销	（1）对小朋友：饮料，儿童餐。 （2）对老年人：注意菜肴的营养结构，重点推荐含糖量低、易消化的食品或者软嫩不伤牙齿的菜肴。 （3）对情侣：推荐有象征意义的菜，适当推销一些高档菜。 （4）对挑剔客人：体会客人的意思回答问题；推销饭菜和酒水时多征求客人的意见；始终面带微笑。 （5）对犹豫不决的客人：把握现场气氛，准确地为客人推荐饭店的招牌菜、特色菜，并对所推荐的菜品加以讲解。 （6）对消费水平一般的客人：把握价廉物美原则。		

续表

3. 不同的餐厅服务阶段推销	（1）餐前准备：从餐厅装饰与菜品产品的搭配到餐前餐桌摆台；菜牌上附专栏、夹上别的纸张或其他装置；将酒杯摆在桌上；熟记特价或促销活动。 （2）用餐中：推销为客人助兴的菜品和酒品。 （3）菜上齐后：菜上齐后，告知客人菜已上齐，询问是否有其他需要。
4. 推销语言技巧	（1）“加法”技巧：告知客人如果增加另一菜肴可以提升整体搭配。 （2）“减法”技巧：告知客人如果不点会有遗憾。 （3）“乘法”技巧：罗列菜肴的各种优点让客人觉得物超所值。 （4）“除法”技巧：将一份菜的价格分成若干份，让其看起来不贵。 （5）借用他人之口法：借有一定身份的消费者的话来证明和推销菜品。 （6）一卷芭蕉法：即“转折术”，先顺着客人的意见，然后再转折阐述。 （7）赞誉法：通过客人的赞誉来推销餐厅招牌菜。 （8）亲近法：提及客人的消费历史或者消费习惯，给予其个性化的推荐。
实训心得：	

任务 2-1-6　斟酒服务

要点编码	2.1.6	培训方式	斟酒服务
要点适用性	通用性、个性化	实训方式	校内实训、岗位实践
实训执行者	学校导师、企业导师	评价方式	实操
实训步骤	实训主要内容		
1. 斟酒前准备工作	（1）准备酒水：检查瓶口、商标、保质期、是否有沉淀物。 （2）准备酒杯：根据客人所点的酒水配以相应的酒杯，检查酒杯是否有裂痕、破口，擦拭酒杯保证杯子光亮无痕迹。 （3）示酒：斟酒前须示酒，以表示对客人的尊敬，避免差错。 （4）开酒瓶：酒瓶的封口常见的有瓶盖和瓶塞两种。开启瓶盖一般用启盖扳手（启子）或直接拧开；开瓶塞用专门的酒钻。		
2. 斟酒要领	（1）姿势与位置：服务员应站在客人右后侧，商标朝向客人，将右臂伸出进行斟酒。 （2）斟酒量：中餐各种酒水一律八分满，以示对客人的尊重。 （3）斟酒顺序：一般是从主宾位置开始，按照顺时针方向依次进行斟酒服务，有时也从年长者或女士位置开始斟倒。 （4）徒手斟倒：左手持一块服务巾，右手握酒瓶进行斟酒。 （5）托盘斟倒：左手持盛有酒水的托盘，右手执瓶斟酒。		
3. 斟酒注意事项	（1）斟酒时应先向客人打招呼，或示意客人选用酒水。 （2）不能站在客人左侧斟酒，不能左右开弓，禁止隔位或反手斟倒。 （3）托盘斟酒水时，要保持托盘平稳，注意不要越过客人的肩、头顶，手臂不能横越客人。 （4）开瓶盖或易拉罐时，不要向着客人，以免气体喷溅到客人。 （5）若碰翻酒杯，应用毛巾将酒吸干，同时更换酒杯，如污染面较大，可用干净餐巾盖在弄脏的台布上。 （6）零点客人的酒水在斟毕第一杯后，应将剩余的酒水全部放回客人餐桌上，若有空瓶、空罐则及时撤走。		
实训心得：			

任务 2–1–7　上菜服务

要点编码	2.1.7	实训要点	上菜服务
要点适用性	通用性、个性化	实训方式	课堂教学、校内实训、岗位实践
实训执行者	学校导师、企业导师	评价方式	理论、实操
实训步骤	实训主要内容		
1. 上菜方法	（1）当传菜员将菜肴送至餐桌旁，值台服务员应紧步上前，核对台号和菜肴名称，配上公筷或公勺，用双手将菜奉上餐桌，并清楚地报上菜名，必要时简单介绍菜肴的特色。 （2）有跟配调配料或洗手盅时，应先上调配料或洗手盅，再上正菜。		
2. 上菜位置	上菜位置比较灵活，但应以不打扰客人且方便操作为宜，严禁从主人和主宾之间、老人或儿童的旁边上菜。		
3. 上菜时机	（1）零点散餐的餐前小吃应在客人入座时迅速送上。 （2）冷菜应尽快送上。 （3）冷菜吃到 1/2 时上热菜，热菜一道一道上，一般在 30 分钟内上完，但可根据宾客的进餐速度灵活掌握。 （4）宾客在致辞、祝酒时不能上菜。		
4. 上菜顺序	（1）一般按“冷菜→热菜→汤菜→点心→水果”的顺序，并遵循“先冷后热，先咸后甜，先淡后浓，先荤后素，先菜后点”的总原则。 （2）中餐粤菜的上菜顺序为：拼盘（冷拼、象声拼盘）→虾类→热荤→汤羹→禽肉类→鱼类→蔬菜类→饭面类→甜品 / 点类→水果类。 （3）上带壳的菜肴须跟配热毛巾和洗手盅，有配料佐料的菜先上配料佐料，再上正菜。 （4）客人若点了虾、蟹类菜品，要用味碟盛装虾油、蟹油，按客人位数，先上在餐位味碟旁，后上用巾碟盛装的湿毛巾和洗手盅，摆放在餐位的右边，指向台心。若客人点了带子、原只鲍，应每位配备刀叉，按左叉右刀放置。 （5）上第一道菜时，主动询问客人是否需白饭，若需则依次送上。 （6）每上一道菜，需报菜名，并做“请”的手势。对名贵菜肴、特式菜肴还要介绍其主料、烹制过程和典故等。 （7）当餐桌上已摆满菜，又有新的菜要上时，应先征求客人意见，将先上的菜撤下或大盘换小盘，待上了新菜后，再将换了小盘的菜上桌，切忌菜盘上叠菜盘； （8）上最后一道菜时，主动告知客人菜已上齐，是否需要添加。		

续表

5. 菜碟摆放要求	(1) 第一碟菜摆在转盘的中央。 (2) 第二碟菜摆在转盘的一边，将第一碟菜调整位置后，两碟菜呈对称摆放。 (3) 第三碟菜与前两碟菜摆成品字形。 (4) 第四碟菜与前三碟菜摆成菱形。 (5) 第五碟菜与前四碟菜摆成梅花形。 (6) 有店徽的碟子应正对客人。
6. 上菜注意事项	(1) 上菜时要仔细核对台号与菜名。 (2) 上菜时需提醒客人注意，动作要轻、稳，避免从客人的肩上、头上越过。 (3) 上有图案的菜肴（如孔雀拼盘）时，应将菜肴的正面朝向主宾。 (4) 餐桌上严禁菜盘上叠菜盘，应随时清撤空盘，整理台面，留出空间以便上下一道菜。 (5) 逐位上的菜肴应从主宾右侧开始按顺时针方向绕台送上。
实训心得：	

任务 2-1-8　特殊菜式服务

要点编码	2.1.8	**实训要点**	菜式服务
要点适用性	个性化	**实训方式**	岗位实践
实训执行者	企业导师	**评价方式**	实操
实训步骤	**实训主要内容**		
1. 外加佐料的菜肴	(1) 开餐前，根据每日菜肴的品种提前备好所需的调料。 (2) 先上佐料再上菜。 (3) 烤飞禽（例如烤鸭）服务：上烤鸭前需先上佐料（大葱、海鲜酱、面饼、青瓜等），然后上烤鸭皮和鸭肉各一盘，以便客人将鸭片和葱、酱夹在面饼里一起食用。 (4) 油炸菜服务：吃油炸的菜需搭配番茄酱和花椒盐，上菜时要迅速，以免变软。		

续表

1. 外加佐料的菜肴	（5）清蒸海鲜（例如大闸蟹）服务：吃大闸蟹时需上姜醋并略加绵白糖，以利祛寒去腥，同时送上蟹钳；吃完大闸蟹后要为每位客人上一杯糖姜茶暖胃，并准备洗手盅和小毛巾，供客人洗手。 （6）清蒸鱼类服务：服务时应先剔鱼骨，再进行分菜；上菜、分菜速度要快，否则冷却后有腥味。
2. 拔丝类菜肴的服务	（1）准备工作：在拔丝菜出菜前应备好凉开水。 （2）上菜要迅速，并跟配凉开水。 （3）因拔丝菜肴温度高，食用时应提醒客人注意，防止烫伤。 （4）分菜时用公筷将菜夹起并迅速放入凉开水中浸一下，然后送至客人的餐盘中。
3. 火锅菜的服务	（1）在火锅菜出菜前应备好各种餐用具。 （2）当传菜员把火锅送出来时，服务员应将荤素生料相互搭配放在台上（或放在专用菜架上），并备好一双筷子、一只大汤勺、一块干净的小毛巾和一盒火柴。 （3）因火锅菜需用火加热，使用过程中需提醒客人注意使用安全。 （4）待汤煮沸后，按先荤后素的顺序将料逐一下锅，盖上锅盖。 （5）将每位客人的翅碗准备好，排列在火锅周围。待食物熟透后，按顺序分派食物在翅碗内，尽量做到荤素搭配，汤、料适中，每碗分量均匀。 （6）若火锅里的汤不够，应随时添加。
4. 有包装菜肴的服务	（1）有包装的菜肴出菜前应备好各种餐用具。 （2）先让客人观赏。 （3）待客人观赏完，再拿到服务台或直接在台面上当着客人的面去掉包装。 （4）按分菜要求分派给每位客人食用。
5. 分鱼	（1）备好餐碟、刀、叉、勺。 （2）左手拿叉、右手拿刀。 （3）由鱼颈开始在中间分开，一直到尾。 （4）用刀压着鱼颈部分，用叉把颈骨托断，分离鱼翅各部分。 （5）把鱼肉向两侧分开。 （6）用叉及刀，从鱼颈开始，把主骨取出后放在骨碟上。 （7）用勺把汁淋在鱼肉上面。 （8）用分菜叉及分菜勺把鱼肉分到碗里。 （9）按照服务程序上菜。 （10）用托盘把主骨、骨碟、刀叉撤走。 （11）分鱼装碟数量要均等。 （12）按照宾主顺序分送给客人。

续表

6. 分汤	（1）分汤的工具：汤碗、汤勺、餐刀、餐叉、大圆碟。 （2）当汤与原料有明显区分时：可将原料均匀分入客人汤碗，再将汤分入汤碗。 （3）当汤与原料没有明显区分时：一次性将汤分入汤碗即可。 （4）当原料为整体时：把汤料取出，用大圆碟暂放，待把汤分完之后用刀叉将汤料分切开，跟酱油上桌，让客人享用。 （5）分汤时先略微搅拌一下，使汤的浓度、配料相对均匀，然后再开始分。 （6）注意每一碗汤水及配料要均匀，以汤碗 8 分满为标准。 （7）按照宾主顺序分送给客人。 （8）剩下的汤等待客人喝完后，主动征询客人是否需要添加。
实训心得：	

任务 2–1–9　巡台服务

要点编码	2.1.9	**培训方式**	巡台服务
要点适用性	通用性	**实训方式**	课堂教学、校内实训、岗位实践
实训执行者	学校导师、企业导师	**评价方式**	理论、实操
实训步骤	**实训主要内容**		
1. 巡台服务基本要求	（1）"四勤"：眼勤、嘴勤、手勤、腿勤。 （2）"三轻一快"：操作轻、说话轻、走路轻、动作敏捷服务快。 （3）行走要求：客过要让路，同行不抢道，不要在客人中间穿行。 （4）服务要求：认真、细致、灵活、及时。		
2. 巡台时机	（1）在上菜过程中和上完菜后进行巡台服务。 （2）在客人就餐时，服务员走动观察客人用餐情况，把握客人需求。		
3. 巡台服务	（1）巡台服务贯穿于整个就餐服务过程。服务员须注意观察，及时为宾客撤换骨碟、添加酒水、撤盘、更换餐具、清理台面，提供席间离座服务、小毛巾服务等，力求在宾客开口前就享受到想得到的服务。 （2）宾客进餐过程中要保证宾客的物品安全。		
实训心得：			

任务 2–1–10　结账收台工作

要点编码	2.1.10	培训方式	结账收台工作
要点适用性	通用性、个性化	实训方式	课堂教学、校内实训、岗位实践
实训执行者	学校导师、企业导师	评价方式	理论、实操
实训步骤	实训主要内容		
1. 结账	（1）宾客示意结账后，服务员应迅速到收银台取出账单，用账单夹或将账单夹放入收银盘里呈递到宾客面前，礼貌请宾客结账。 （2）若是自助结账，则指引宾客结账，提醒注意事项。 （3）按规范为客人结账后，服务员应向宾客致意并欢迎再次光临。		
2. 送客	（1）宾客结账毕，服务员一见宾客起身离座，就需立即上前拉椅，协助宾客穿外套（若无衣帽间），提醒宾客携带随身物品或打包食品，然后向宾客致谢，道再见。 （2）必要时，送宾客到餐厅门口，与迎宾员一道恭送宾客："再见，希望您再次光临！"		
3. 收台	（1）首先检查是否有遗留物品，若有，应立即送还宾客或交餐厅值班经理处理。 （2）待当桌客人全部离开后，整理好餐椅后，按照"一餐巾，二银器，三玻璃，四瓷器及其他"的顺序清理餐桌，收拾所有餐具送至工作台或洗碗间，注意不要遗忘小件物品，玻璃器皿应轻拿轻放。 （3）收台后，须按餐厅规定摆当餐餐台（翻台）或下一餐餐台。		
实训心得：			

线上学习		
散餐服务		
拓展知识	案例分析	课后习题
学习心得		

项目 2-2　宴会服务

宴会是政府机关、社会团体、企事业单位或个人为了表示欢迎、答谢、祝贺等社交目的，庆贺重大节日而举行的一种隆重、正式的餐饮活动。中餐宴会是中国传统的聚餐形式。

中餐宴会遵循中国的餐饮习惯，以饮中国酒、吃中国菜肴、摆中式餐台、用中式餐具、行中国传统礼仪为主，采用共餐制。宴会场地装饰布局、台面布置及服务等都体现中国的餐饮文化特色。宴会服务员须根据“八知”“五了解”做好准备工作。

思维导图

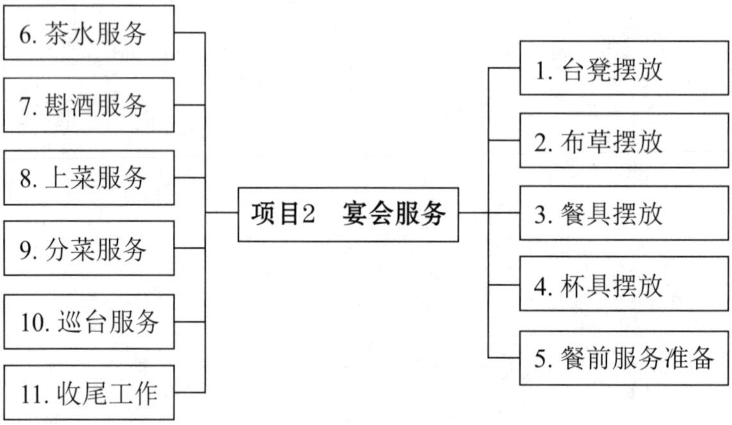

线上学习

宴会服务

课前自测	电子教案

任务 2-2-1　台凳摆放

要点编码	2.2.1	实训要点	台凳摆放
要点适用性	通用性、个性化	实训方式	课堂教学、岗位实践
实训执行者	学校导师、企业导师	评价方式	理论、实操
实训步骤	实训主要内容		
1. 摆放餐台	（1）按确定的宴会台型布局，调整宴会厅餐台摆放位置，或从储存间运送餐台到宴会厅摆放。 （2）圆台竖起，滚动运送；长台用双手提起，不得在地毯上拖拉。 （3）餐台摆放横竖对齐，桌腿朝向一致，正对大门方向，避免主人碰撞桌腿。 （4）确定台号。 		
2. 摆放工作台	（1）工作台一般为长方桌。普通宴会主桌专设一张工作台，其他桌可按宴会规模、场地大小和服务方式，2~4 桌共用一张工作台；高档宴会每桌单独设工作台。 （2）工作台一般在餐厅四周靠墙或靠近立柱摆放，大宴会厅应对称并靠墙摆放，要求方便服务、不影响宾客通行和整体效果。		
3. 摆放餐椅	（1）选择高靠背的中式餐椅。 （2）检查椅子是否完好稳固，椅背、椅面是否有立刺。 （3）按宴会规模，在开宴前 30~60 分钟，拉椅定位。每把餐椅正对着餐桌中心，椅间距离均等，餐椅与台布距离均等； （4）人数是双数，主人椅子与对面椅子相对成一条直线，直线两侧均匀摆上数量相等的椅子，相对的椅子也成一条直线；人数是单数，主人椅子与对面两把椅子的正中间成一条直线，在直线两侧均匀摆上数量相等的椅子。		
实训心得：			

任务 2–2–2　布草摆放

要点编码	2.2.2	实训要点	布草摆放
要点适用性	通用性、个性化	实训方式	课堂教学、岗位实践
实训执行者	学校导师、企业导师	评价方式	理论、实操
实训步骤	实训主要内容		
1. 铺台布	（1）根据宴会主题、整体色调选择台布的颜色和质地，根据餐台规格选择台布的尺寸，并检查台布是否洁净，有无破损，任意一项不合格都不予使用。 （2）铺台布方法和要求参照 1–2–3 台布铺设相关内容。		
2. 铺装饰布和围台裙	（1）可选择颜色、规格与台布协调的装饰布；铺设操作与铺台布方法一致，要求台布与装饰布中心点对齐、对折缝重叠、下垂均等。 （2）选择与台布颜色协调的台裙，台裙的折边与台面平行，使用台裙夹或大头针沿桌子边按顺时针方向固定在餐台或工作台边缘。		
3. 摆放餐巾花	（1）根据台布色、宴会主题和骨碟（或水杯口径）选择餐巾颜色和规格。 （2）检查餐巾是否洁净，有无破损，有一项不合格不使用。 （3）按宴会规模、档次选择摆放工具和花型。小型宴会（普通宴席）可选择杯花、盘花；小型宴会（高档宴席）可选择环花；中、大型宴会选择造型简单、折法快捷的盘花。宴会多选 2~3 种花型，个别高档宴会也可每个餐位选不同花型。 （4）餐巾花摆放要求：开宴前 1 小时摆放；主位的餐巾花最高，副主位花次之，其他席位花再次之；整体和谐对称，间距一致，不遮盖餐具。		
4. 摆放小毛巾	（1）检查毛巾是否干净、无异味，温度保持在 40℃左右，相对湿度在 50%。 （2）大型普通宴会可提前 10 分钟把小毛巾放置在毛巾碟；高档宴会在客人入席时，将第一道小毛巾直接递送至客人手上。		
5. 摆放服务巾	（1）检查服务巾是否洁净，有无破损，有一项不合格不使用。 （2）服务巾摆放：把服务巾折叠到合适尺寸，以备斟倒红酒时包住瓶颈，或用于斟酒时擦拭瓶口，开宴前 1 小时备好，摆放在工作台上。		
6. 套椅套	可选用与宴会主题色匹配的椅套，并装饰色彩鲜艳的条带、流苏、蝴蝶结等饰物。		
实训心得：			

任务 2–2–3　餐具摆放

<table>
<tr><td>要点编码</td><td>2.2.3</td><td>实训要点</td><td>餐具摆放</td></tr>
<tr><td>要点适用性</td><td>通用性、个性化</td><td>实训方式</td><td>课堂教学、岗位实践</td></tr>
<tr><td>实训执行者</td><td>学校导师、企业导师</td><td>评价方式</td><td>理论、实操</td></tr>
<tr><td>实训步骤</td><td colspan="3">实训主要内容</td></tr>
<tr><td>1. 准备餐具</td><td colspan="3">（1）数量充足，图案花纹和尺寸统一。
（2）洁净卫生、无破损，有一项不合格不使用。</td></tr>
<tr><td>2. 餐具摆放顺序</td><td colspan="3">（1）个人餐具摆放顺序：确定餐具台样→骨碟定位→先中心后两边→先左后右→先近后远。
（2）常见宴会餐具摆放顺序：参照“任务 1–2–4 中餐摆台”顺序。
（3）席面餐具摆放顺序：从主人位开始，按顺时针方向摆放。
（4）宴会可根据菜品、餐具规格等实际情况增减餐具。
</td></tr>
<tr><td>3. 餐具摆放要求</td><td colspan="3">（1）骨碟定位：一般宴会只需摆骨碟；高档宴会下摆装饰碟，上摆骨碟，两碟之间可用花纸隔垫。
（2）摆毛巾碟：在骨碟左边摆放毛巾碟，毛巾碟中心与餐碟中心对齐。
（3）茶杯茶碟的摆放：在筷子右边摆放茶杯茶碟，茶碟中心与骨碟中心在一条直线，茶碟与筷子距离均等。茶杯如有杯把，统一朝右。
（4）餐巾折花：按台样确定花型折叠。盘花和环花折好后直接摆放在骨碟上；杯花可在摆放饮料杯前折叠好插入杯中，一起摆放上桌。
（5）餐具摆放参照“任务 1–2–4 中餐摆台”相关摆放要求。</td></tr>
<tr><td colspan="4">实训心得：</td></tr>
</table>

任务 2-2-4　杯具摆放

要点编码	2.2.4	实训要点	杯具摆放
要点适用性	通用性、个性化	实训方式	课堂教学、岗位实践
实训执行者	学校导师、企业导师	评价方式	理论、实操
实训步骤	实训主要内容		
1. 选择杯具	（1）普通宴会摆放红酒杯、白酒杯和饮料杯。 （2）如果宴会有指定酒水，可选择配搭的酒杯，按每个餐位的酒杯数量和规格设计摆放位置。 		
2. 准备杯具	（1）数量充足，统一规格。 （2）洁净卫生、无破损、规格统一，有一项不合格不使用。		
3. 杯具摆放顺序	（1）个人杯具摆放顺序：红酒杯→白酒杯→饮料杯。 （2）席面餐具摆放顺序：从主人位开始，按顺时针方向进行。		
4. 杯具摆放要求	（1）杯具拿法：注意手法卫生，高脚杯拿杯脚，直身杯拿杯身 1/2 以下，切忌碰触杯口。 （2）摆放要求：参照“任务 1-2-4 中餐摆台”杯具摆放要求。		
实训心得：			

任务 2–2–5　餐前服务准备

<table>
<tr><td>要点编码</td><td>2.2.5</td><td>实训要点</td><td>餐前服务准备</td></tr>
<tr><td>要点适用性</td><td>通用性、个性化</td><td>实训方式</td><td>课堂教学、岗位实践</td></tr>
<tr><td>实训执行者</td><td>学校导师、企业导师</td><td>评价方式</td><td>理论、实操</td></tr>
<tr><td>实训步骤</td><td colspan="3">实训主要内容</td></tr>
<tr><td>1. 宴会任务准备</td><td colspan="3">（1）八知：知主人身份、客人身份、客人国籍、宴会标准、开餐时间、菜肴品种和酒水要求、主办单位或个人信息、付款方式。
（2）五了解：了解客人风俗习惯、客人生活忌讳、客人特殊要求、客人进餐方式、主人和主宾的特殊爱好。</td></tr>
<tr><td>2. 人员准备</td><td colspan="3">（1）服务员定岗、定责。
（2）个人形象：开宴前清洗双手、仪容仪表规范。</td></tr>
<tr><td>3. 服务要求准备</td><td colspan="3">（1）菜品及酒水服务要求：熟记菜名（如有外宾需掌握外语菜名）、原料、烹调方法、口味类型、数量、配搭调料及用具、菜品介绍、上菜顺序、上菜服务时间节点、摆放规格与分菜要求；宴会水果、茶的配备情况；宴会酒水饮料配备情况。
（2）席间服务要求：知晓席间服务流程和标准。
（3）结束要求：知晓餐具送洗、物品回收、卫生清理流程。
（4）准备欢迎辞：主题特色宴会可由服务员致欢迎辞。</td></tr>
<tr><td>4. 环境准备</td><td colspan="3">（1）场地准备：宴会场景、主席台布置、温控、消毒通风、灯光照明。
（2）环境卫生：宴会厅大门区域、客用通道、地面、墙面、卫生间、家具、餐台、工作台、绿色植物和鲜花、窗帘、装饰物等卫生打扫。
（3）卫生要求：无异味、无杂物（地毯平整，无凸起、翻角、裂缝）。</td></tr>
<tr><td>5. 物品准备</td><td colspan="3">（1）用具准备：托盘、分菜工具、茶壶、开水、分酒器、开瓶器、打火机（火柴）、餐巾纸、牙签等，用具按宴会规模和档次要求适量配备。
（2）备用餐具、杯具：按宾客人数和菜点需求配备备用餐具和杯具。普通宴会备用餐具、杯具数量不低于总数的 20%；高档宴会部分餐具如骨碟通常按宴会人数 1∶3（汤碗 1∶2）以上比例配备。
（3）调料、配料准备。
（4）酒品、饮料、茶叶准备。</td></tr>
</table>

续表

5. 物品准备	（5）布草类准备：台布、口布和小毛巾。 （6）收纳筐具（杯筐、餐具收纳筐、布草筐）及服务车准备。 （7）要求：洁净卫生、数量充足、方便服务、分类明确、摆放整齐。
实训心得：	

任务 2-2-6　茶水服务

要点编码	2.2.6	**实训要点**	茶水服务
要点适用性	通用性、个性化	**实训方式**	课堂教学、岗位实践
实训执行者	学校导师、企业导师	**评价方式**	理论、实操
实训步骤	**实训主要内容**		
1. 茶水准备	备好宴会指定茶叶或客人所点茶叶，按标准量提前放进茶壶，待客人落座后，冲泡茶水。		
2. 茶水斟倒	右手持壶把，左手轻按茶盖，站在客人右侧为宾客斟倒茶水。		
3. 倒茶顺序	从主宾开始，按顺时针方向斟倒。		
4. 倒茶量	茶水斟倒七八分满。		
5. 注意事项	（1）客人杯中茶水少于 1/3 时，及时为客人续斟。 （2）大型普通宴会，为客人斟倒完第一杯后，续满开水后，可把茶壶放于转盘上，壶嘴不要对着客人。 （3）注意及时续水，酌情添加茶叶。		
实训心得：			

任务 2–2–7　斟酒服务

要点编码	2.2.7	实训要点	斟酒服务
要点适用性	通用性、个性化	实训方式	课堂教学、岗位实践
实训执行者	学校导师、企业导师	评价方式	理论、实操
实训步骤	实训主要内容		
1. 斟酒前准备	（1）提前准备好宴会指定酒水或客人所点酒水，在工作台上分类摆放整齐，或摆放在餐桌转盘中间。 （2）按宴会指定或客人所点酒水，备好相应酒杯。 （3）参照“任务 1–2–5 酒水斟倒”标准检查酒水和酒杯。		
2. 斟酒顺序	（1）小型高档宴会：客人落座后，用托盘托上酒水和饮料，从主宾位开始按顺时针方向依次询问客人意见后再斟倒；白酒和葡萄酒可按客人要求均匀分倒分酒器。 （2）大型高档宴会：开宴前 15 分钟斟倒好葡萄酒，部分宴会按要求提前斟倒好指定酒水（葡萄酒或白酒）。 （3）普通宴会，询问宾主意见后，从转盘上撤下酒水饮料，摆放到工作台上，按葡萄酒→白酒→饮料（啤酒）顺序斟倒。		
3. 斟酒量	中餐宴会中，白酒、饮料斟倒八分满；葡萄酒根据酒具大小斟倒，斟酒量不多于 1/2 杯，一般按两三小口的量或按客人要求的量斟倒；啤酒斟倒八分满，两分泡沫。		
4. 注意事项	（1）及时撤掉宾客餐位上多余酒杯。 （2）客人杯中酒水少于 1/3 时，及时为客人续斟。 （3）主人或主宾离席敬酒时，服务员应托着酒水跟随其后，随时续斟。 （4）客人需要增添酒水时，应征得主办方联系人同意后再开单加酒。		
实训心得：			

任务 2–2–8 上菜服务

<table>
<tr><td>要点编码</td><td>2.2.8</td><td>实训要点</td><td>上菜服务</td></tr>
<tr><td>要点适用性</td><td>通用性、个性化</td><td>实训方式</td><td>课堂教学、岗位实践</td></tr>
<tr><td>实训执行者</td><td>学校导师、企业导师</td><td>评价方式</td><td>理论、实操</td></tr>
<tr><td>实训步骤</td><td colspan="3">实训主要内容</td></tr>
<tr><td>1. 上菜准备</td><td colspan="3">（1）熟悉宴会菜单及要求，严格按宴会菜单顺序上菜，核对菜品。
（2）检查菜品搭配调料和跟配用具是否备齐。</td></tr>
<tr><td>2. 上菜位置</td><td colspan="3">（1）严禁从主人和主宾之间上菜。
（2）一般在陪同与翻译之间或副主人右边，便于翻译或副主人向客人介绍菜肴；也可根据场地情况选在方便服务员操作的位置。</td></tr>
<tr><td>3. 上菜时机</td><td colspan="3">
（1）冷菜：大型宴会正式开始前 15 分钟摆放冷菜；各客式冷菜按规范摆放。
（2）其他菜：便宴——当冷菜吃到一半时开始上第一道热菜，其他热菜按客人用餐速度及热菜道数灵活确定；正式宴会和国宴——以主桌为准，先上主桌，再按桌号依次上菜。
（3）上完最后一道菜，要告知副主人“菜已上齐”，并询问是否还需加菜，以提醒客人注意掌握宴会的结束时间。</td></tr>
<tr><td>4. 菜点摆放</td><td colspan="3">（1）小盘菜品可单手端送至转盘，大盘或带汤羹汁菜品应双手端送，手法要卫生（端拿底部和盘碗边沿）、平稳准确、轻拿轻放。
（2）摆放菜品时注意席面荤素搭配、疏密适当，注意将观赏面朝向客人。整形菜品注意“鸡不献头、鸭不献掌、鱼不献脊”，头部向右，腹部朝向客人。</td></tr>
<tr><td>5. 菜品介绍</td><td colspan="3">（1）服务员右手按顺时针方向转动转盘，将新上菜品转至主宾面前。
（2）报菜名：上菜后，后退一步准确报菜名或介绍菜品。</td></tr>
<tr><td>6. 上菜注意事项</td><td colspan="3">（1）上菜前要核对菜品，避免错上、多上或漏上。
（2）以主桌进餐速度为标准，注意宴会整体的上菜节奏。
（3）随时整理台面，撤走空盘，保持台面整洁美观，严禁堆叠菜盘。
（4）如果菜品满桌，征求客人意见后，可大盘换小盘、合并或帮助分派。</td></tr>
<tr><td colspan="4">实训心得：</td></tr>
</table>

任务 2-2-9　分菜服务

要点编码	2.2.9	实训要点	巡台服务
要点适用性	通用性、个性化	实训方式	课堂教学、岗位实践
实训执行者	学校导师、企业导师	评价方式	理论、实操
实训步骤	实训主要内容		
1. 分菜方法	转台分菜法、旁桌分菜法、叉勺分菜法、各客分菜法。		
2. 分菜要求	手法卫生、动作利索、分量均匀、配上佐料。		
3. 分菜工具	叉、长柄汤勺、筷子、餐刀。		
4. 分菜顺序	站于客人右侧，从主宾位开始按顺时针方向依次进行。		
5. 转台分菜法操作要领	（1）将与客人人数相等的餐碟有序摆在转台边缘，菜品展示后用合适的分菜工具分派至餐碟。 （2）左手托盘，按顺序撤前一道菜的餐碟放上托盘，从转盘上取菜放在客人面前。		
6. 旁桌分菜法操作要领	（1）在餐桌旁准备服务车或工作台，准备好干净餐盘和分菜工具。 （2）菜品展示后，将菜品撤至服务车或工作台上分菜。 （3）用托盘盛放分好的菜品，按顺序上菜。 （4）分菜时，应面向客人，以便客人观赏。 （5）余菜经过整形换盘碟后重新摆上餐桌，以便客人自取。		
7. 叉勺分菜法操作要领	（1）菜品展示后，将菜品取下，左手用餐巾托垫菜盘，右手拿分菜叉、勺。 （2）站客人左侧，从主人位开始按逆时针方向依次进行。 （3）可一次性将菜肴分完，有些地区要求菜品略有剩余，则重新装小盘放置转盘上，客人自取。		
8. 各客分菜法操作要领	（1）部分高档汤羹、炖品类菜肴，由厨房以每人份分好。 （2）按顺序上菜。		
实训心得：			

任务 2–2–10　巡台服务

<table>
<tr><td>要点编码</td><td>2.2.10</td><td>实训要点</td><td>巡台服务</td></tr>
<tr><td>要点适用性</td><td>通用性、个性化</td><td>实训方式</td><td>课堂教学、岗位实践</td></tr>
<tr><td>实训执行者</td><td>学校导师、企业导师</td><td>评价方式</td><td>理论、实操</td></tr>
<tr><td>实训步骤</td><td colspan="3">实训主要内容</td></tr>
<tr><td>1. 巡台服务内容</td><td colspan="3">（1）勤巡视，保持桌面与转盘整洁。
（2）席间服务。斟与倒：及时为客人续斟酒水和茶水；撤与换：撤菜盘、撤换骨碟和汤碗、撤换小毛巾；上菜与分菜。
（3）加菜服务：客人有加菜需求时，征得宴会主办方负责人同意后开单分送。
（4）水果服务：上水果前，清理台面，撤掉除酒杯、茶杯和牙签以外的全部餐具；换上干净骨碟，摆上相应的水果叉；如果是分食，则从客人右侧上水果盘。
（5）处理突发事件：人数临时增减、客人用餐意外如打翻酒水等、客人突发疾病、客人过度醉酒、停电、火灾等突发事件处理。</td></tr>
<tr><td>2. 注意事项</td><td colspan="3">（1）以客人进餐速度为准，宴会服务需控制节奏。
（2）国宴演奏国歌时和重要客人席间讲话时，服务员需停止操作，退至工作台站立，姿势端正，排列整齐，保持现场肃静。</td></tr>
<tr><td colspan="4">实训心得：</td></tr>
</table>

任务 2-2-11　收尾工作

要点编码	2.2.11	实训要点	收尾工作
要点适用性	通用性、个性化	实训方式	课堂教学、岗位实践
实训执行者	学校导师、企业导师	评价方式	理论、实操
实训步骤	实训主要内容		
1. 结账服务	（1）上完水果后，服务员应清点所负责的桌台菜单外的各种消费（加点菜品、酒水等），保证无漏账和错账。 （2）按规范为客人结账。客人如有疑问，要认真核对，耐心解答。		
2. 打包服务	（1）宴会结束有余菜时，婉言提醒客人可以提供打包服务。 （2）客人同意或主动打包时，应提供相应的打包盒袋，按客人需求分类打包；若客人自行打包，应协助配合。 （3）打包后，应温馨提示客人食物保存方法、时限和食用注意事项。 （4）客人离开时，主动及时为客人递送打包食品。 （5）协助承办者清理剩余酒水装瓶装箱，方便客人带走。		
3. 倾听意见	主动（口头或书面）征求客人意见，整理并填写在宴会工作记录本上。		
4. 热情送客	（1）宴会结束，客人离席时，提醒客人带好随身物品。 （2）主动协助重要客人拉椅离座并提供衣帽服务。 （3）客人步出宴会厅时热情道谢和再见，按宴会规格决定送客方式：列队欢送、送至门口、目送客人。		
5. 现场检查	客人离席时，检查是否有客人遗漏物品。如有遗漏物品，要及时送还客人或上缴至相关部门存放。		
6. 撤台清理	（1）按顺序撤台：布草类（餐巾、小毛巾）→玻璃器皿、金银器、高档瓷器餐具→刀叉筷勺个人餐具→茶杯、茶碟、毛巾碟、汤碗、餐碟等个人餐具→公用大餐具（菜盘、汤盆等）。 （2）分类送洗：撤下餐具分类装在合适的筐具（杯具用杯筐，金银器用小筐或托盘，个人餐具、菜盘和汤盆等用大餐具收纳筐）送至洗碗间；装筐时轻拿轻放，易碎物品放上面，大的重的放下层，轻的小的放上层。		

续表

6. 撤台清理	（3）用专用抹布和清洁剂清理转台。 （4）收洗台布：撤掉桌裙，清理台布上的骨渣、垃圾，按要求折叠好脏台布放至布草筐待洗。 （5）工作台上的备用餐具复原归位。
7. 存放桌椅	（1）按要求收集运送桌椅回储存间。 （2）餐椅按一定数量保持方向一致叠放，餐桌收起桌腿，分类码放。
8. 清洁卫生	按要求做好台面、家具和环境清洁卫生。
实训心得：	

线上学习		
宴会服务		
拓展知识	案例分析	课后习题
学习心得		

项目 2–3　会议服务

当前饭店越来越重视会议客源，甚至把会议客源列为自己的主要目标市场去开发。要赢得会议组织者的青睐，饭店除了要具备功能齐全的会议设备设施、便利的交通设施和条件、优美安全的店内外环境、完善的娱乐设施等以外，严密的会议组织、优质的会议服务是必不可少的。

思维导图

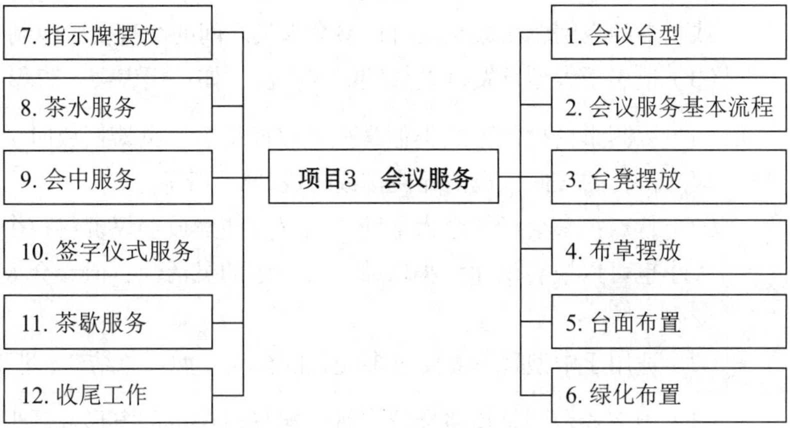

线上学习

会议服务

课前自测	电子教案

任务 2–3–1　会议台型

要点编码	2.3.1	实训要点	会议台型
要点适用性	通用性	实训方式	课堂教学
实训执行者	学校导师	评价方式	30 分钟
实训步骤	实训主要内容		
1. 剧院式	（1）因其桌椅摆放方式类似剧院或礼堂而得名。在会议厅内面向讲台的方向留出走道的前提下尽量多摆放一排排座椅。 （2）特点：最大限度利用空间容纳参会人员；参会人员用于摆放资料或物品的空间较小甚至没有；参会人员之间的交流受到限制。 （3）适用于大型且发言人数较少的会议，如：代表会、表彰会等。		
2. 教室式	（1）因其桌椅摆放方式类似学校教室而得名。桌椅摆放时全部面向会议厅讲台的方向，视情况横排或排成“V”字形。 （2）特点：参会者的个人空间变大，方便摆放会议资料；个人空间的大小也可以视会议厅大小增减，有一定的灵活性；但参会人员的交流受限。 （3）适用于中型且不需要过多交流的会议，如：总结会、汇报会等。		
3. 中空式	（1）中空式台型是指将会议桌视情况摆成中空的方形或圆形布局，四周不留缺口，椅子摆在桌子外围，桌子中空处摆放绿色植物，绿色植物的高度不得阻挡参会者视线，根据需要配备话筒。 （2）特点：通常一间会议室只摆放一张会议桌，故参会人员数量受限；话筒配备数量充足，方便每位参会者发言；桌椅摆放方式方便参会者面对面交流。 （3）适用于小型且需要频繁交流意见的会议，如：研讨会，交流会等。		
4. 马蹄式	（1）马蹄式台型是指将会议桌摆放成“U”形，在短边处留下一个缺口，椅子摆放在桌子的外围，也可以将椅子摆放在桌子内外两侧，会议桌中空部分适当摆放绿色植物，桌面根据需要配备话筒。 （2）特点：参会人数受限；但讨论与交流更便利。 （3）适用于小型且需要参会者积极发表意见的会议，如：协商会。		
实训心得：			

任务 2–3–2　会议服务基本流程

要点编码	2.3.2	实训要点	会议服务基本流程
要点适用性	通用性	实训方式	课堂教学
实训执行者	学校导师	评价方式	理论
实训步骤	实训主要内容		
1. 会议准备	（1）做好会议现场的检查与设备调试。 （2）如有需要，应到车站、机场迎接参会人员。 （3）会议现场的引领、签到，发放资料及礼品。		
2. 会议服务	（1）做好会场秩序维护与人员引领，工作人员在合适的位置待命。 （2）会议进行中及时进行茶水添加、更换茶杯服务。 （3）做好会议过程中的摄影、摄像工作。 （4）做好茶歇的组织与安排。		
3. 会议结束收尾	（1）巡视会场，检查是否有参会人员的遗留物品，若有则联系相关人员及时送还。 （2）会场整理，恢复会场原本状态，以备下次顺利使用。		
实训心得：			

任务 2–3–3　台凳摆放

要点编码	2.3.3	实训要点	台凳摆放
要点适用性	通用性、个性化	实训方式	课堂教学、岗位实践
实训执行者	学校导师、企业导师	评价方式	理论、实操
实训步骤	实训主要内容		
1. 台凳摆放考虑因素	（1）会议人数、台型要求。 （2）排数及每排座位数，若是圆桌则应考虑每桌座位数。 （3）前后排座位间距，若是圆桌则应考虑各桌间距。 （4）每个座位之间的间距。		
2. 方形桌摆放	（1）常见的会议桌宽度为 0.37 米、0.45 米、0.61 米，长度为 1.8 米或 2.4 米。 （2）0.61 米宽的桌子通常用来布置主席台，0.37 米、0.45 米宽的桌子通常用来组合成各种台型布置。 （3）1.8 米长的会议桌一般安排两张椅子，2.4 米长的会议桌一般安排三张椅子。		
3. 圆桌摆放	（1）常见的圆桌直径有 1.2 米、1.6 米、1.8 米。 （2）1.2 米的圆桌安排 4~6 人，1.6 米的圆桌安排 8~10 人，1.8 米的圆桌安排 10~12 人。		
4. 布置间距	（1）相邻椅子之间的横距为 5 厘米以上。 （2）前后排椅子中心距离为 70 厘米以上。 （3）若椅子有扶手则前后左右的距离适当加大。 （4）在剧院式会场内，参会人员占用面积一般为 0.9~1.2 平方米；教室式布局则至少保证有 1.6~2.1 平方米。		
实训心得：			

任务 2-3-4　布草摆放

要点编码	2.3.4	实训要点	布草摆放
要点适用性	通用性、个性化	实训方式	课堂教学、岗位实践
实训执行者	学校导师、企业导师	评价方式	理论、实操
实训步骤	实训主要内容		
1. 会议用布草的作用	（1）使用面积大，对会议气氛起到渲染和烘托的作用。 （2）布草的使用可以起到减少噪声、保持会场安静的作用。 （3）布草洗涤方便，可循环使用，同时保护桌椅延长桌椅使用寿命。		
2. 常见的会议用布草	（1）幕布、窗帘：在功能上起到遮蔽、调温和隔音等作用，一般采用同一色调的绸缎、天鹅绒等材质，目前普遍采用遥控技术实现其拉开和闭合功能。 （2）桌椅布草：常见的有台布、台裙、椅套等。若只铺台布，台布的尺寸以铺好后距地面 2 厘米为宜。台裙一般用圆钉、曲别针、塑料夹等固定在桌子边缘。常见椅套有弹力椅套、裙式椅套等。 （3）服务用布草：常见有小毛巾、托盘垫巾、揭幕红布等。小毛巾一般是边长为 30 厘米的正方形厚绒方巾；托盘垫巾用在斟水和颁奖两种场景，颁奖时的托盘垫巾多为红色且盖住托盘边缘；揭幕红布一般搭配绸缎红花一起使用。		
3. 会议用布草色彩搭配	（1）布草颜色以深红、紫、墨绿等深色调较为常见。 （2）时间较长的会议，可选用绿色、蓝色的布草，搭配一些绿色植物。 （3）表彰庆祝类型的会议，可选用红色、紫色的布草进行装饰会场。		
实训心得：			

任务 2–3–5　台面布置

要点编码	2.3.5	实训要点	台面布置
要点适用性	通用性、个性化	实训方式	课堂教学、岗位实践
实训执行者	学校导师、企业导师	评价方式	理论、实操
实训步骤	实训主要内容		
1. 台面布置物品准备	（1）招待饮品：通常为茶水，根据主办单位的要求，有时也准备其他饮品，如牛奶、咖啡、矿泉水等。 （2）茶具：茶杯、垫盘、茶壶、茶叶漏、保温壶等。 （3）文具：便笺、铅笔等。 （4）服务用具：大小毛巾、托盘、口布等。 （5）卫生用具：毛巾、洗手液、梳子、卫生纸等。		
2. 台面布置	（1）摆台前检查所有用品是否有破损。 （2）先摆便笺、铅笔等文具，放于位置正中间。便笺底边距桌边 1~3 厘米，铅笔摆在便笺右侧 1 厘米处，商标朝上。 （3）杯垫摆放在便笺右上角 3 厘米处，杯垫左边沿与内侧笔左边沿对齐，杯垫正面朝上，花纹或店徽要摆正。 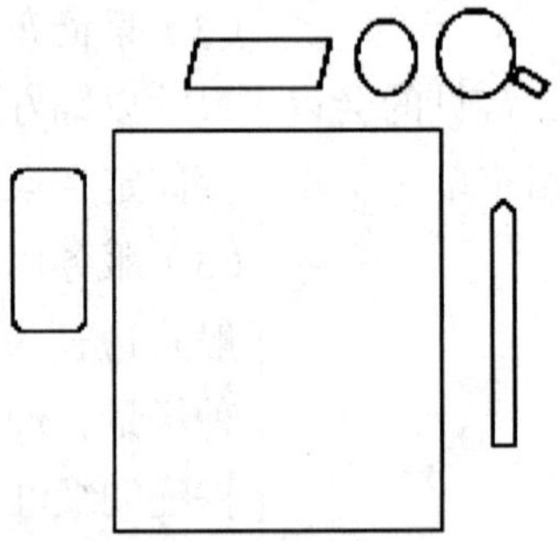 （4）茶杯摆放在杯垫中心部位，杯把朝向 4 点钟方向，方便取用。 （5）若另外配有矿泉水则摆放于茶杯左侧 1 厘米处。 （6）座位名卡摆放在便笺正上方。 （7）若配有小毛巾，则摆放在便笺左上角或左侧，不影响书写又方便拿取的位置。		
实训心得：			

任务 2–3–6　绿化布置

要点编码	2.3.6	实训要点	绿化布置
要点适用性	通用性、个性化	实训方式	课堂教学、岗位实践
实训执行者	学校导师、企业导师	评价方式	理论、实操
实训步骤	实训主要内容		
1. 花卉布置	（1）花篮：适用于场馆门口及主要通道等处。 （2）胸花：适用于贵宾出席开幕式、发言等。 （3）主席台桌面用花：适用于会议主席台中心摆设。 （4）讲台用花：适用于放在讲台前方盖住话筒。 （5）签到台桌面用花：适用于参会者签到或报到处的装饰。		
2. 绿植布置	（1）会场的靠墙角落可布置较高的观叶型植物，如巴西铁、蔓绿绒等。 （2）窗台或会场墙边可布置垂吊类植物，如悬崖菊、绿萝等。 （3）中空开进或马蹄型台型会议桌中空部分一般用观叶类盆栽植物来装饰，如南洋杉、鹅掌柴、苏铁等。 （4）大型会议的主席台与观众席往往分开排列，两个区域的通道两侧通常用绿植装饰，烘托会议气氛的同时强化区域的划分，如南洋杉、龙柏等。		
实训心得：			

任务 2–3–7　指示牌摆放

要点编码	2.3.7	实训要点	指示牌摆放
要点适用性	通用性、个性化	实训方式	课堂教学、岗位实践
实训执行者	学校导师、企业导师	评价方式	理论、实操
实训步骤	实训主要内容		
1. 指示牌种类	（1）大型指示牌：可悬挂也可落地摆放，占用面积较大，宣传辐射范围最广，使用时要注意安全措施保障，如：大型电子显示屏、条幅、桁架背景板等。 （2）中型指示牌：多为落地摆放，用于室内空间范围的宣传和指引，如：海报、KT 板、易拉宝、X 展架、拉网展架等。 （3）小型指示牌：主要针对给予参会者必要的指引，如：台卡、台号牌、墙贴等。		
2. 摆放位置	（1）大型指示牌：通常摆放于饭店大堂、建筑物外墙、会议厅背景墙或主席台上方。 （2）中型指示牌：通常摆放于会议签到桌旁、电梯门口、饭店大堂入口处、会议厅门口。 （3）小型指示牌：通常贴在通往会议厅走道的墙壁上、会议厅大门上，或者摆放于会议桌面上。		

实训心得：

任务 2–3–8　茶水服务

要点编码	2.3.8	实训要点	茶水服务
要点适用性	通用性、个性化	实训方式	课堂教学、岗位实践
实训执行者	学校导师、企业导师	评价方式	理论、实操
实训步骤	实训主要内容		
1. 服务的时机	（1）会议开始前 20 分钟，再次检查用具是否完好，并进行茶水的斟倒。 （2）会议开始后 15 分钟左右，进行第一次续水。 （3）会议进行中每隔 30 分钟进行一次续水服务。		
2. 服务的位置	（1）若会议桌椅布局前后排通道处预留了服务人员走道空间，可以进行桌前倒茶或斟水服务。 （2）当无法进行桌前服务时，需在每位参会人员右侧进行续水操作。		
3. 服务的姿势	（1）侧身右脚伸入两把椅子中间的空当，约半步距离。 （2）身体稍前倾，伸右手拿取需要续水的茶杯，注意拿取水杯时不要太高，在客人肩膀的高度即可。 （3）身体站直，上半身转身至远离客人身体位置进行续水，续水后按拿取的姿势将茶杯轻轻放回客人面前。 （4）拿有盖茶杯的手势：右手小拇指与无名指夹住杯盖，大拇指在上按住杯把，食指勾住杯把，中指在杯把下方顶住杯把拿起茶杯。		
4. 注意事项	（1）服务期间确保茶水供应充足，保证茶叶质量。 （2）斟倒茶水时斟至茶杯八分满即可。 （3）若客人掩杯口表示不需要续水，则不必勉强。 （4）服务动作轻稳熟练，视情况适当使用手势示意或轻声提醒。		
实训心得：			

任务 2-3-9　会中服务

要点编码	2.3.9	实训要点	会中服务
要点适用性	通用性、个性化	实训方式	课堂教学、岗位实践
实训执行者	学校导师、企业导师	评价方式	理论、实操
实训步骤	实训主要内容		
1. 场内秩序服务	（1）会议入场时，服务员统一着装，仪表整洁，站在门口接入各走道口的一侧，主动为参会者引座，主动帮助有需要者入座，动作符合服务员礼仪规范。 （2）会议开始后，在各自的岗位上安静待命并随时观察场内动静，以便随时提供帮助。无关人员及时劝其离场，保持会场秩序。 （3）会议中间休息时，及时开门通风，快速巡视整理会场，保持会场整洁。		
2. 摄影摄像服务	（1）主题突出的会景照必不可少。 （2）会场照片避免出现走道或过多其他杂乱场景。 （3）所拍摄人物要精神饱满，与背景和谐。		
3. 茶水服务	详见“任务 2-3-8 茶水服务”。		
4. 茶歇服务	详见“任务 2-3-11 茶歇服务”。		
5. 其他服务	（1）中控组工作人员需要保证会议期间多媒体、音响灯光及空调等设备正常运行。 （2）可以视需要提供会议同声传译服务。 （3）可以视需要向主办方提供会议记录服务，包括图像记录、声音记录及文字记录等。		
实训心得：			

任务 2-3-10　签字仪式服务

要点编码	2.3.10	实训要点	签字仪式服务
要点适用性	通用性、个性化	实训方式	课堂教学、岗位实践
实训执行者	学校导师、企业导师	评价方式	理论、实操
实训步骤	实训主要内容		
1. 签字仪式	签字仪式是国家、地区或企业、机构之间应某一重大事项达成协议时，双方互签互换文本而举行的仪式。		
2. 准备工作	（1）准备签字文本，文本一般一式两份，若涉及中外双方则需两种语言各准备两份。 （2）签字物品的准备，包括文具、旗帜等。 （3）签字厅准备，注意场地宽敞明亮、气氛庄严。 （4）签字桌准备，通常选择长方桌覆盖深绿色台呢，也可视风俗习惯选择其他颜色。		
3. 服务流程	（1）宾客到达后，服务员要主动上前为签字人员拉椅让座。 （2）开始签字时，两名服务员在后方等候，准备签字后快速撤掉椅子。后台服务员要迅速将香槟酒开启，倒入香槟杯内（六七分满），端入签字大厅，准备上酒。 （3）当双方签字完成并起身后，服务员迅速撤掉椅子，端香槟的服务员立即跟上，分别将酒端至双方签字人员面前，请其端取，接着从桌后站立者的中间处开始，向两边依次分送。 （4）在宾主举杯祝贺并干杯后，服务员要立即上前用托盘接收酒杯，引导签字代表退席。		
实训心得：			

任务 2–3–11　茶歇服务

<table>
<tr><td>要点编码</td><td>2.3.11</td><td>实训要点</td><td>茶歇服务</td></tr>
<tr><td>要点适用性</td><td>通用性、个性化</td><td>实训方式</td><td>课堂教学、岗位实践</td></tr>
<tr><td>实训执行者</td><td>学校导师、企业导师</td><td>评价方式</td><td>理论、实操</td></tr>
<tr><td>实训步骤</td><td colspan="3">实训主要内容</td></tr>
<tr><td>1. 茶歇</td><td colspan="3">（1）一般安排在会议进程的中途，为参会者准备一些小食、饮料。
（2）茶歇一般为鸡尾酒会的形式，不设或只设少量座位。
（3）茶歇按照食品种类不同大致可以分为中式茶歇和西式茶歇。
（4）食品以点心、水果、风味小吃为主；饮料以果汁、咖啡、无酒精或低酒精的鸡尾酒为主。
（5）茶歇食品以精致、创新为特色，分量少，方便入口。
（6）有时会安排一些小型表演烘托轻松的气氛。</td></tr>
<tr><td>2. 准备工作</td><td colspan="3">（1）了解会场名称、人数、茶点时间和次数及茶点品种，有无自带茶点。
（2）茶歇台应提前半天布置妥当，并遮盖相关用具做好防尘工作。
（3）核对出品时间、出品要求及出品份数。
（4）咖啡机需要在茶歇开始 20 分钟前插电，在茶歇开始前 3~5 分钟提前磨出几杯咖啡备用。
（5）准备物品：茶点碟、点心盘和水果盘、咖啡勺、奶盅、咖啡杯、咖啡糖、咖啡杯底碟、矿泉水、食物夹和相关装饰物、咖啡机、茶点台（要擦干净）、食物叉、垃圾桶、下栏盆、脏餐具台，同时检查相关物品的卫生和是否有破损，要确保用具卫生和食品安全。</td></tr>
<tr><td>3. 茶歇服务</td><td colspan="3">（1）服务员做好台面清理工作，及时添加茶歇饮品及用品。
（2）茶歇延续时间通常为 20~30 分钟，所有食品需提前 20 分钟准备好。
（3）为避免拥挤，将各个食品台分隔开来，并均匀摆放于茶歇场所。
（4）食物摆放错落有致，注意颜色搭配；食品标志醒目，方便客人取用。
（5）茶歇服务人员与客人的比例视接待规格而定，一般为 1∶100。服务员随时做好食品摆放整理与添加，确保部分现做食品的供应及台面清洁卫生。</td></tr>
<tr><td colspan="4">实训心得：

</td></tr>
</table>

任务 2–3–12　收尾工作

<table>
<tr><td>要点编码</td><td>2.3.12</td><td>实训要点</td><td>收尾工作</td></tr>
<tr><td>要点适用性</td><td>通用性、个性化</td><td>实训方式</td><td>课堂教学、岗位实践</td></tr>
<tr><td>实训执行者</td><td>学校导师、企业导师</td><td>评价方式</td><td>理论、实操</td></tr>
<tr><td>实训步骤</td><td colspan="3">实训主要内容</td></tr>
<tr><td>1. 清理会场</td><td colspan="3">（1）及时撤掉各类标志，恢复场地原有模样，以便会场下次使用。
（2）清理各类会议资料，尤其是废弃的纸张、草拟的文件、印发的报表等，需将资料分类再进行处理。
（3）如果发现有参会者的遗留物品，要妥善保管，及时与失主取得联系。
（4）离开会场前务必检查水电开关是否已关闭。</td></tr>
<tr><td>2. 物品归还</td><td colspan="3">（1）会场使用物品的来源有两类，即内部调用和外部租赁。
（2）归还前需检查是否损坏，完好的直接归还，并办理好交接手续。
（3）如有损坏，需按照约定进行赔偿或处理。
（4）外部租赁物品要及时归还，结算租金后要保留相关凭证。</td></tr>
<tr><td>3. 费用结算</td><td colspan="3">会议结束后及时与主办方进行费用结算，费用通常包括场地使用费、设备使用费、餐费及其他相关费用。</td></tr>
<tr><td>4. 电话回访与整理客史档案</td><td colspan="3">（1）选择在工作时间进行电话回访。
（2）征求顾客感受并收集建议。
（3）将顾客反馈情况整理并记入客史档案。</td></tr>
<tr><td colspan="4">实训心得：

</td></tr>
</table>

<table>
<tr><th colspan="3">线上学习</th></tr>
<tr><td colspan="3">会议服务</td></tr>
<tr><td>拓展知识</td><td>案例分析</td><td>课后习题</td></tr>
<tr><td></td><td></td><td></td></tr>
<tr><td colspan="3">学习心得</td></tr>
<tr><td colspan="3"></td></tr>
</table>

项目 2–4　茶话会服务

茶话会是通过茶和茶点招待客人，结合叙情联欢，以达到某种社交目的的集体餐饮活动，有宴请和会议二者的特点，是一种具有我国民族特色、既传统又时尚的宴会形式。茶话会一般安排在非正餐时间，如上午 10 点、下午 4 点的时段。茶话会规格高低不限、规模大小不一，主题明确但形式灵活多样。茶话会适用范围广泛，小如结婚典礼、迎宾送友、学术讨论、文艺座谈、商务联谊；大如商议国家大事、各级别政务接待，均可适用。茶话会既简单正规又轻松愉快，除了有宾主讲话，还可以安排文艺节目，起到活跃气氛、交流感情、增加友谊、密切关系的作用。

<table>
<tr><th colspan="2">思维导图</th></tr>
<tr><td colspan="2">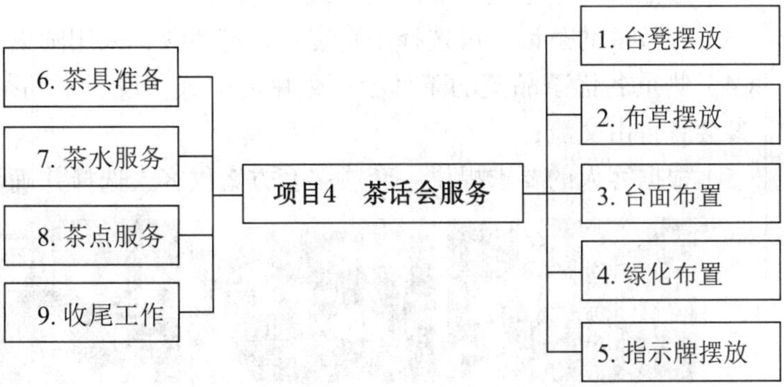
</td></tr>
<tr><th colspan="2">线上学习</th></tr>
<tr><td colspan="2">茶话会服务</td></tr>
<tr><td>课前自测</td><td>电子教案</td></tr>
<tr><td></td><td></td></tr>
</table>

任务 2-4-1 台凳摆放

<table>
<tr><td>要点编码</td><td>2.4.1</td><td>实训要点</td><td>台凳摆放</td></tr>
<tr><td>要点适用性</td><td>通用性、个性化</td><td>实训方式</td><td>课堂教学、岗位实践</td></tr>
<tr><td>实训执行者</td><td>学校导师、企业导师</td><td>评价方式</td><td>理论、实操</td></tr>
<tr><td>实训步骤</td><td colspan="3">实训主要内容</td></tr>
<tr><td>1. 场地布置</td><td colspan="3">（1）场地视茶话会规格、出席人数来安排，是否设置讲台、是否有文艺表演、是否设置主台、是否悬挂横额及茶水和茶点等。可选择的场地有贵宾厅、休息室、会议室、宴会厅或多功能厅。
（2）根据主办方要求落实横幅标语的悬挂和茶话会会场背景布置工作。</td></tr>
<tr><td>2. 台型设计</td><td colspan="3">（1）台型设计根据茶话会的举办目的、场地、宴会人数而定。
（2）人数少的茶话会可选择沙发茶几、长方桌、圆桌、U 字形摆放、回字形摆放（中空式）等不同形式。
（3）人数多的茶话会可选择中餐宴会台型布置，采用圆桌分开围坐。
（4）侧重名优茶品鉴的茶话会可采用岛屿式，设置不同茶品的茶席让参会者自由交流；
（5）根据客人的要求提供一套或多套方案供客人选择并确认。
</td></tr>
<tr><td>3. 台凳摆放</td><td colspan="3">（1）桌与桌拼接时横竖顺成一条直线且摆放整齐平稳，间距、宽窄适度。
（2）椅子正前边缘距台布垂边间距 1 厘米，椅子间间距一致方便客人出入，颜色统一，干净无破损。
（3）宴会式圆桌台型摆设与中餐宴会台凳摆设要求一致。
（4）台凳摆设突出主席位、主位。
（5）检查并确保会场的环境卫生、会议设备、灯光和空调符合要求。</td></tr>
<tr><td colspan="4">实训心得：</td></tr>
</table>

任务 2–4–2　布草摆放

要点编码	2.4.2	实训要点	布草摆放
要点适用性	通用性、个性化	实训方式	课堂教学、岗位实践
实训执行者	学校导师、企业导师	评价方式	理论、实操
实训步骤	实训主要内容		
1. 准备布草	（1）根据会议台型选择熨烫整洁、与餐桌大小相配套的台布 / 桌布、椅套、托盘垫、擦杯布、杯垫，要确保数量充足。 （2）布草的质地、色调、款式选择应与茶话会的设计风格、规格和季节相协调，与茶话会台凳的尺寸相适应，还应与茶具的选择搭配使用。 （3）检查布草的质量，有污渍、破损的布草不用。 （4）将双手洗净，并对准备铺用的每块桌布、每个椅套进行仔细的检查，发现有残破、油渍和皱褶的桌布马上进行更换并再次检查。 （5）根据餐厅的装饰布局确定席位，再进行操作。		
2. 铺设布草	（1）茶话会开始 1 小时前开始铺设桌布。 （2）根据餐桌的大小形状选用不同规格的桌布，若一块不够用可随意拼接，但在拼接时要注意将接口处接压整齐。位于座位正前方的台布边缘距离地面 1 厘米，左右边缘下垂距离相等。 （3）圆桌的桌布铺设方式与宴会桌布铺设一致，推、拉、抖、铺等动作要利落、大方、美观。 （4）高规格的茶话会可采用多层两种形状以上的台布。 （5）椅套应与台布统一风格。布草摆放完成后，台凳按设计恢复原位。		
实训心得：			

任务 2–4–3　台面布置

<table>
<tr><td>要点编码</td><td>2.4.3</td><td>实训要点</td><td>台面布置</td></tr>
<tr><td>要点适用性</td><td>通用性、个性化</td><td>实训方式</td><td>课堂教学、岗位实践</td></tr>
<tr><td>实训执行者</td><td>学校导师、企业导师</td><td>评价方式</td><td>理论、实操</td></tr>
<tr><td>实训步骤</td><td colspan="3">实训主要内容</td></tr>
<tr><td>1. 台面布置要求</td><td colspan="3">（1）台面干净整洁，物品齐全有序，方便客人使用。
（2）台面布置美观，给客人以美的享受。</td></tr>
<tr><td>2. 准备物品</td><td colspan="3">（1）服务用品：托盘、服务巾、茶壶等。
（2）台面物品：茶杯、杯垫、水杯、餐碟、餐具、毛巾碟、装饰盆花、桌号牌、席位牌、议程单（菜单）等。
（3）茶艺、茶点：准备茶点，如主办方有要求可备用除茶水外的咖啡、饮料等。</td></tr>
<tr><td>3. 简洁型茶话会台面布置</td><td colspan="3">不设茶点，以“会”为主的茶话会台面设计，台面按需摆放茶杯、茶包、香巾、席位牌、议程单等。
 </td></tr>
<tr><td>4. 宴会型茶话会台面布置</td><td colspan="3">“茶”“话”兼顾，设置茶点。按需摆放茶点、餐具、茶杯、茶包、香巾、席位牌、议程单等。
 </td></tr>
</table>

续表

5. 茶会式台面布置	以“茶”为主，设茶点、有专业茶艺师服务，按需进行茶席设计、摆放茶点、餐具、茶具、香巾等。  
6. 注意事项	以上物品的摆放除盆花、茶话会议程单外均托盘操作。
实训心得：	

任务 2-4-4　绿化布置

茶话会绿植根据宴会厅的色调、茶话会的目的、时令季节、提供的茶品等进行选择。

要点编码	2.4.4	**实训要点**	绿化布置
要点适用性	通用性、个性化	**实训方式**	课堂教学、岗位实践
实训执行者	学校导师、企业导师	**评价方式**	理论、实操
实训步骤	**实训主要内容**		
1. 绿化布置的要求	（1）茶话会的绿化布置是茶话会环境的一部分，也是茶空间美的延伸，摆放合理，搭配和谐，能够烘托茶话会气氛，起到画龙点睛的效果。 （2）茶话会绿植根据宴会厅的色调、茶话会目的、时令季节、提供的茶品等进行选择。		
2. 主席台的绿化布置	（1）主席台前，通常布置一行低矮（高度约30厘米左右）的观叶植物。 （2）主席台后，一般摆放较高大的观叶植物以规则的方式排列，密度不宜过大，使墙壁或帷幕稍露为宜。		

续表

2. 主席台的绿化布置	（3）独立讲台上，可用弯月形或下垂形插花做装饰。色彩要丰富艳丽、造型端庄活泼，高度不超过 20 厘米，以不遮挡交流及视线为宜。 （4）以成立大会、表彰大会或庆典为目的的茶话会，主席台应当布置显示会议气氛的隆重、壮观和热烈。以纪念、联谊为社交目的的茶话会布置以温馨、淡雅为宜。
3. 会场四周绿化布置	（1）会场四角可布置较高的观叶植物，也可利用几架布置观花、观果、芳香或垂钓植物，其高度、大小应根据会场四角的具体条件进行选择。 （2）会场两边窗台的高度如与人的平视视线相近，也可布置一些观叶或观花植物，其高度、大小视窗台的高矮、宽窄而定。
4. 主宾席与嘉宾席绿化布置	（1）主宾席的桌面大于其他桌席位，可在餐桌台面布置大型的水平型花坛或插花，高度不超过 35 厘米。 （2）可根据嘉宾席的席面空间设计摆设小型的水平插花或者盆花，高度不超过 30 厘米。
5. 小型会场绿植布置	（1）会议桌、茶几和花几上可放置插花及小型盆花、盆景。主宾茶几的花饰可比普通茶几的更加华丽，以示主次有别。 （2）U 型及中空型（回字形）会场的桌子中间相应地成为椭圆形或长方形的凹池，一般用观叶类盆栽植物来装饰，盆栽呈对称式布置，高度不高于桌面 10 厘米，以免遮挡视线；也可在中心位置随节令布置一盆应时花卉装饰；若为平面桌，可在桌面上配置矮小盆栽或水平插花，高矮以不挡住与会人员相互间视线为宜。 （3）主席或中央发言人位置前的盆花或插花应适当讲究，暗示其地位。
6. 图片展示	
实训心得：	

任务 2-4-5　指示牌摆放

要点编码	2.4.5	实训要点	指示牌摆放
要点适用性	通用性、个性化	实训方式	课堂教学、岗位实践
实训执行者	学校导师、企业导师	评价方式	理论、实操
实训步骤	实训主要内容		
1. 确定指示牌的种类和数量	（1）茶话会指示牌按照功能可分为大堂接待 / 签到指示牌、方向导向性指示牌，选择哪种指示牌与饭店整体相协调。 （2）方向导向性指示牌的数量根据指引的需要而定，在前往地点的转弯处、客人容易看见的地方，均应设置指示牌，指引客人快速到达会场。 （3）茶话会客人使用洗手间的频率比较高，有必要设置洗手间指示牌。		
2. 检查指示牌	（1）数量：检查指示牌数量是否一致。 （2）质量：将指示牌擦净，检查有无破损，如有破损马上更换或修补。将告示纸张贴在指示牌上，并擦干净指纹。 （3）内容：逐一核对指示牌告示纸上的内容是否与茶话会预订单上的内容一致，告示纸上印制的箭头指向和实际位置是否吻合，确保文字及信息的正确性，如有错漏马上修正。 （4）位置：检查指示牌是否在指定位置。		
3. 摆放指示牌	（1）按照要求摆放指示牌，放置的位置必须是面向客人前来的方向及客人可以清楚看到的地方。 （2）再次清洁检查指示牌，确保无指纹，干净整洁。 （3）必要时可在指示牌附近安排迎宾工作人员协助对客人进行指引。		
4. 回收指示牌	（1）茶话会结束后应及时回收指示牌。 （2）取下告示纸并将指示牌擦洗干净放回仓库。		
实训心得：			

任务 2–4–6　茶具准备

<table>
<tr><td>要点编码</td><td>2.4.6</td><td>实训要点</td><td>茶具准备</td></tr>
<tr><td>要点适用性</td><td>通用性、个性化</td><td>实训方式</td><td>课堂教学、岗位实践</td></tr>
<tr><td>实训执行者</td><td>学校导师、企业导师</td><td>评价方式</td><td>理论、实操</td></tr>
<tr><td>实训步骤</td><td colspan="3">实训主要内容</td></tr>
<tr><td>1. 遵循茶具基本配置原则</td><td colspan="3">（1）“器为茶之父，好茶配好器”，茶具要根据茶话会的目的、规格、宴席的布局、选择的茶叶类别进行科学配置，使客人得到美的享受。
（2）茶话会以“会”为主，品茶为辅。因此除以茶叶、茶艺品鉴为目的的茶话会需配备全套茶具外，茶话会一般以实用、简单、洁净、优美、保温的瓷质茶具为主，但要注意，高规格的茶话会应选用高档精致的名贵茶具，茶叶也要选用各种名优茶。</td></tr>
<tr><td>2. 确定茶具的种类、数量</td><td colspan="3">（1）根据会议类型、客人需求、布置要求准备相应的茶具种类。
（2）根据会议人数准备相应数量的茶具。
（3）检查茶具是否有污渍、破损，一旦有以上情况，及时更换。</td></tr>
<tr><td>3. 茶具准备</td><td colspan="3">（1）主茶具：a. 选用简单操作的侧提壶泡茶，配备壶垫。侧提壶可备两个，一个用于泡茶，另一个用于盛放滤出的茶汤，使茶汤浓淡均匀；b. 选用盖碗，可泡可饮；c. 选用带盖侧把大茶杯（会议杯）泡饮、品茗均可。d. 选用小茶杯（规格高、人数少时）。

（2）备水器：a. 煮水器，包括热源和煮水壶；b. 保温瓶，储存开水泡茶；c. 茶渣桶，用于盛放弃水与渣滓。
（3）备茶器：a. 茶叶罐，存小量茶叶；b. 茶瓮，用于储存大量茶叶；c. 茶匙，用以取茶。
（4）煮茶器必须仔细检查无破损，清洗消毒备用；备水器能够正常稳定使用；保温瓶检查保温状况、倒水时不滴不漏；茶叶罐干净密封避光无异味。
（5）根据席位数、与会人数准备茶具数量。</td></tr>
<tr><td colspan="4">实训心得：</td></tr>
</table>

任务 2–4–7　茶水服务

要点编码	2.4.7	实训要点	茶水服务
要点适用性	通用性、个性化	实训方式	课堂教学、岗位实践
实训执行者	学校导师、企业导师	评价方式	理论、实操
实训步骤	实训主要内容		
1. 茶叶准备	根据主办方的要求准备好茶叶并置于茶车上。		
2. 茶水准备	将保温瓶装满开水，茶话会开始前 5 分钟，在茶壶内放入适当茶叶（根据不同茶类确定茶水比，如绿茶、红茶，茶水比以 1∶50 为宜），加入少许开水闷上，待客人到达后加水即可为客人斟茶。		
3. 仪容仪表准备	检查着装，做到精神饱满地接待客人；热情、礼貌面带微笑迎宾，协助客人入座。		
4. 客到上茶	（1）斟茶要及时，做到客到茶到。 （2）如茶话会提供的茶叶超过两种时，应告知客人，供客人选择。 （3）为客人斟茶时要站在客人右侧服务，左手端起茶杯，右手手持茶壶，壶嘴对准杯口低斟，注意不要将茶水滴在餐台或客人身上，并告诉客人茶叶名称。 （4）斟茶不得过满，以 7 分满为宜。 （5）用小茶杯上茶前要用茶漏过滤茶水以免茶叶注入杯中。 （6）大型茶话会，由于出席人数多、入场也较集中，可提前将放有茶叶的高杯摆在桌上，在茶话会开始前，由服务员用保温瓶直接在桌前往杯中倒水。		
5. 续倒茶水	（1）在茶话会的整个过程中，注意为客人续茶水，当发现壶内茶水过淡时要及时更换茶叶重新冲泡。 （2）往高杯中斟茶、续水时同样位于客人右侧服务，用左手的小指和无名指夹住高杯盖上的小圆球，用大拇指、食指和中指握住杯把，从桌上端下茶杯，侧身把水倒入杯中，盖好盖子将杯子放回原处。 （3）斟茶时注意客人茶杯内的茶水品种，以免茶水混斟。 （4）斟茶、续水都要注意按照礼宾顺序和顺时针方向为宾客服务。		

续表

6. 会间服务	（1）客人讲话时，服务员应尽量减少走动，在会场两侧驻足站立。 （2）在茶话会过程中，服务员应随时清理桌面杂物，保持桌面清洁美观。 （3）由于茶话会形式活泼，有些客人在会中要移动座位与其他桌的客人交谈，服务员应及时将客人的茶杯送到客人移到的座位前；客人讲话起座时，服务员应及时上前拉椅让座。
7. 香巾服务	在茶话会开始和即将结束时，为客人各上一套香巾，上香巾的方法与中餐宴会相同。
实训心得：	

任务 2–4–8　茶点服务

要点编码	2.4.8	实训要点	茶点服务
要点适用性	通用性、个性化	实训方式	课堂教学、岗位实践
实训执行者	学校导师、企业导师	评价方式	理论、实操
实训步骤	实训主要内容		
1. 茶点知识	（1）茶点，泛指在茶的品饮过程中享用的点心、干果、水果及风味小吃。 （2）茶点具有精细美观、口味多样、形小量少、品质优良、品种丰富的特点。		

续表

2. 茶点的搭配原则	(1) 茶点的搭配应与茶品相协调，避免味道刺激和难以取食的食品。 (2) 搭配原则可概括为“甜配绿、酸配红、瓜子配乌龙”。所谓甜配绿，即甜食搭配绿茶，如用各式甜糕、凤梨酥等配绿茶；酸配红，即酸的食品搭配红茶来喝，如用水果、柠檬片、蜜饯等配红茶；瓜子配乌龙，即咸的食物搭配乌龙茶来喝，如用瓜子、花生米、橄榄等配乌龙茶。 (3) 此外，黄茶、白茶、花茶也可搭配甜食；普洱茶可搭配春卷、粽子等茶点。   
3. 茶点的摆放时间	(1) 一般茶话会茶点在开始 10 分钟前摆设完毕，同时根据茶点的取食需要摆放好相应的辅助餐具。 (2) 讲究的茶话会茶点摆放分三个时段，品茶前、品茶间、一道茶结束后，由服务员将准备好所需份数的茶点一份份呈上给与会客人。
4. 茶点的数量	(1) 茶点的数量以能保证与会客人每个品种至少一份为宜。 (2) 水果和单个分量较大的茶点需事先切开分好，方便客人取食。
5. 茶点的摆放位置	(1) 茶点在点心盘上摆放时注意造型、色彩搭配美观。 (2) 盛放茶点的点心盘数量为双数，如 2 碟、4 碟、6 碟，在桌上等间距对称整齐摆放，既方便客人取食又不会妨碍客人。
实训心得：	

任务 2–4–9　收尾工作

要点编码	2.4.9	实训要点	收尾工作
要点适用性	通用性、个性化	实训方式	课堂教学、岗位实践
实训执行者	学校导师、企业导师	评价方式	理论、实操
实训步骤	实训主要内容		
1. 结账	（1）由茶话会管理人员与主办单位负责人结算账目。 （2）诚恳征询客人意见。		
2. 欢送客人	（1）在客人离开时，服务员提醒客人携带好个人物品，礼貌向客人道别。 （2）宴会管理人员在宴会厅门口微笑欢送客人 。		
3. 检查场地	（1）检查场地，如发现遗留物品及时妥善处理。 （2）检查场地，地板是否有污渍，场地是否有家具破损等。		
4. 清洁整理场地	（1）整理清扫场地。 （2）撤去台布、茶具、餐具并及时清洗保存。 （3）整理茶话会使用过的宴会厅或会议室，重新摆放绿植，按要求恢复原场地的陈设及布局。		
5. 总结	（1）茶话会服务负责人如实撰写茶话会服务报告。 （2）总结经验，不断提高服务质量。		
实训心得：			

线上学习		
茶话会服务		
拓展知识	案例分析	课后习题
学习心得		

项目 2–5　宴会外卖服务

外卖服务（Outside Catering）是指饭店派员工到宾客驻地或指定地点为其提供宴请服务。由于外卖服务对饭店的餐饮生产技术、服务组织、设施设备、现场布置、安全保卫等工作都提出了更高的要求，因此收费较高，一般为宴会服务价格加上 25% 服务费（在饭店内的服务费一般为 15%），并且不同形式的宴会还有不同的最低人数限制和最低价位要求。常见的外卖服务形式有冷餐酒会、鸡尾酒会、中西餐宴会等。

思维导图

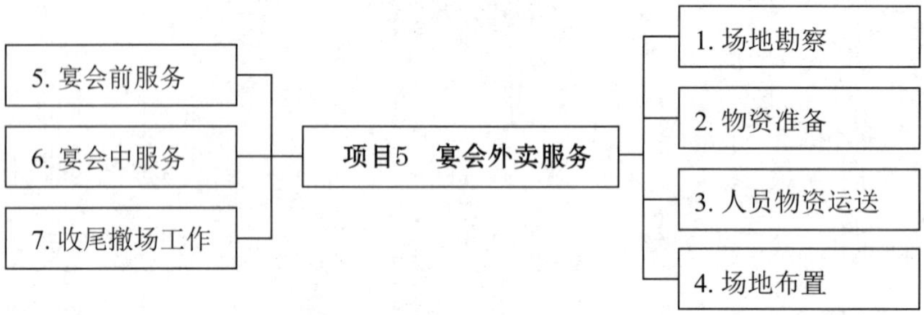

线上学习

宴会外卖服务

课前自测	电子教案

任务 2-5-1　场地勘察

要点编码	2.5.1	实训要点	场地勘察
要点适用性	通用性、个性化	实训方式	课堂教学、岗位实践
实训执行者	学校导师、企业导师	评价方式	理论、实操
实训步骤	实训主要内容		
1. 人员安排	(1) 在与宴会主办方签订宴会外卖服务合同后，酒店方要组建专门团队，提高宴会外卖服务质量和工作效率。 (2) 宴会策划人员要和厨房、宴会、销售、工程、安保等部门人员到现场勘查。		
2. 场地选定	(1) 结合宴会主办方的要求及宴会外卖主题来选定场地。 (2) 宴会外卖的选址要因地制宜，选定场地是室内还是室外，凸显宴会举办地的吸引力，突出宴会特色。		
3. 设计菜单的依据	(1) 充分了解宴会场地中临时厨房、临时加工和厨房设备规划摆放。 (2) 结合宴会主题以及宴会举办地当地特色，酒店到宴会场地的路程和时间等设计宴会外卖专门菜单。		
4. 服务区域规划	(1) 根据宴会实际场地确定客人就餐活动区域、服务活动区域、临时清洁区域的位置。 (2) 预估宴会桌椅、餐具器皿的数量和摆放位置，餐具运送和撤场。 (3) 宴会主题的策划设计以及布景位置等。		
5. 设施设备选定	(1) 根据宴会地点（室内或室外）和时间段（白天或晚上）来确定宴会临时场地的搭建。 (2) 水电设施设备的临时安装和供应等。		
6. 安全保护规划	(1) 要现场确定车辆停放位置、消防安全通道、安保安全管理区域。 (2) 确定是否要与当地消防和安保部门沟通联系。		
7. 其他统筹工作	(1) 要综合考虑天气因素、交通线路等因素拟定应急预案。 (2) 拟定宴会场地规划图纸和场地勘察情况表，确保各环节无遗漏。		
实训心得：			

任务 2–5–2　物资准备

要点编码	2.5.2	实训要点	物资准备
要点适用性	通用性、个性化	实训方式	课堂教学、岗位实践
实训执行者	学校导师、企业导师	评价方式	理论、实操
实训步骤	实训主要内容		
1. 物资清单制定	（1）根据现场勘察情况以及宴会菜单的设计，拟定宴会外卖服务详细的物资清单，包括物资名称、规格、数量等。 （2）列明宴会服务物资使用的时间、地点以及宴会的编号，以备服务人员清点核实，确保宴会外卖服务所需要的食品、设备、餐具、布件、桌椅等物资无一遗漏。		
2. 物资分类和装箱	（1）按照宴会服务的物资清单，物资可分为家具、餐具、用具等设备，餐具类再细分为瓷器类、玻璃类、不锈钢类、其他类等。 （2）按照物资分类和数量计算装箱的数量，标识编号以便确定车辆数量和运送。		
3. 物资清点核实	（1）按宴会外卖服务装箱单的物资明细，装箱人清点核实签名。 （2）检查人员再次清点核实装箱单。确认物资数量、规格、标准，核实无误后在装箱单的检查人位置签名。		
4. 清运协调	装箱人和检查人清点物资核实签名，此正式清单一式几份，分发给相关物资申请部门和运送部门。		
实训心得：			

任务 2–5–3　人员物资运送

要点编码	2.5.3	实训要点	人员物资运送
要点适用性	通用性、个性化	实训方式	课堂教学、岗位实践
实训执行者	学校导师、企业导师	评价方式	理论、实操
实训步骤	实训主要内容		
1. 运送车辆安排	（1）根据物资清单和装箱单，联系酒店后勤或车辆租赁公司。 （2）提前将人员物资运送通知单送到车队，以便安排足够的运送车辆和人员跟车搬运。		
2. 确定运送的时间和地点	（1）宴会策划人员要综合考虑车辆数量和承载的能力，以及酒店到宴会地点的路程和时间。 （2）执行外卖服务任务的服务人员要提前 2 小时以上到达宴会外卖地点。 （3）如果是执行大型和服务工作流程繁杂的宴会，要提前 4 小时以上到达宴会现场。		
3. 安排人员和车辆	（1）按照宴会布置场地繁杂程度和布置时间长短来安排批次运送人员和物资。 （2）场地策划、统筹人员、安保人员，以及搭建宴会场地和安装水电等人员要和相应的物资第一批前往场地。 （3）一般原则是宴会物资使用部门派专人跟踪物资运送，到宴会布置现场要及时清点物资和损耗情况，发现损坏的物资要第一时间补充处理。		
4. 跨部门协调	宴会统筹人员要结合物资运送情况，及时协调饭店相关人员跟车运送和物资搬运，确保人员物资运送顺利有序。		
实训心得：			

任务 2-5-4　场地布置

要点编码	2.5.4	实训要点	场地布置
要点适用性	通用性、个性化	实训方式	课堂教学、岗位实践
实训执行者	学校导师、企业导师	评价方式	理论、实操
实训步骤	实训主要内容		
1. 提前到达现场	根据宴会主题以及宴会策划方案，不同服务部门和岗位在规定时间进行场地布置。一般要提前 2~6 小时或更多时间到达宴会现场，开展宴会场地布置工作。		
2. 划分功能区域	（1）宴会活动区、厨房区、宾客休息和衣帽区、服务活动区、停车区、迎宾区、医护应急区、卫生间区域等要合理规划设置。 （2）按照宴会主题和主办方要求，高效有序地开展宴会场地布置。		
3. 布置宴会场地	（1）宴会场地布置要因地制宜，合理利用宴会场地周围环境和地形，巧妙布置宴会场景。 （2）要综合考虑宴会管理和对客服务，积极营造宴会的气氛。		
4. 场地验收	（1）宴会场地布置好后，策划人员要邀请主办方和各服务区域负责人一起验收宴会场地布置情况。 （2）以宴会签订合同为标准，尽可能满足宴会主办方的要求，尽善尽美地做好宴会布场工作。		
5. 布场人员管理	（1）宴会布场人员在场地布置时，要在规定的宴会服务工作区域内操作。 （2）不得到处闲逛，更不得私自翻动主办方的物品。		
实训心得：			

任务 2–5–5　宴会前服务

要点编码	2.5.5	实训要点	课堂教学、岗位实践
要点适用性	宴会前服务	实训方式	通用性、个性化
实训执行者	学校导师	评价方式	理论、实操
实训步骤	实训主要内容		
1. 人员分工	（1）根据宴会外卖服务的主要工作，按宴会区、宾客休息和衣帽区、服务活动区、停车区、迎送区、医护应急区、卫生间区域等岗位，明确分工，各司其职。 （2）宴会统筹人员在宴会正式开始前要组织服务岗位工作短会，强调宴会的重要注意事项和重要工作流程。		
2. 宴会前检查	（1）各岗位人员要各自提前 20~30 分钟或更多时间到达宴会场地，熟悉场地环境和服务工作路线。 （2）服务人员再次各自检查工作岗位的物品，明确岗位服务工作内容，发现问题第一时间告知岗位负责人和服务区域的主管，第一时间及时处理和协调。		
3. 菜肴准备	（1）按主办方和宴会合同要求，提前做好菜肴食品。 （2）要注意热菜保温、冷菜冷藏，以及菜肴再加工，确保菜肴卫生安全。 （3）保证菜肴的出品时间和菜肴质量。		
4. 迎宾工作	（1）停车场服务人员提前在停车场入口等待，有序指引宾客停车入场。 （2）宴会服务人员要做好迎宾工作，帮助宾客放好衣物等。 （3）设有休息间的，要带领宾客到休息间休息，等候宴会开始。		
5. 安全保卫	（1）服务人员要了解宴会的安全疏散线路，能正确处理宴会期间的应急突发事件。 （2）在停车场、宴会现场等重要场所和岗位，设置足够的安保人员，以便及时处理应急突发事件。		

续表

6. 工作协调	（1）按照宴会主题要求，做好宴会现场的灯光音响、水电安装、宴会设计等准备工作。 （2）宴会各部门各岗位通力配合，团结协助，保证宴会顺利进行。 （3）如果借用主办方的物品，要在宴会前做好清点，列好使用物品清单，并要轻拿轻放，使用时要小心细致。
实训心得：	

任务 2-5-6　宴会中服务

要点编码	2.5.6	**实训要点**	宴会中服务
要点适用性	通用性、个性化	**实训方式**	课堂教学、岗位实践
实训执行者	学校导师、企业导师	**评价方式**	理论、实操
实训步骤	**实训主要内容**		
1. 执行服务规范	（1）各岗位人员要按照主办方的标准、程序和宴会活动形式，为宾客提供尽善尽美的服务。 （2）服务标准不能低于饭店内举行的宴会。		
2. 控制出菜节奏	（1）按宴会主办方和宴会服务合同的标准要求，调整好菜肴制作和出品时间，有效控制出菜和上菜速度。 （2）注意菜肴烹调方法，注意分菜和装盘，合理对烹调设备进行配备，对传菜员的分工有严格要求。 （3）做好厨房和现场的衔接，提高宴会服务质量。		
3. 现场监督	（1）宴会策划人员和管理人员要始终在宴会现场统筹协调指挥，检查和监控宴会服务质量。 （2）宴会期间如有嘉宾演讲、演出活动、颁奖和抽奖等，做好这些工作统筹监控，确保宴会活动顺利安全有序开展。		

续表

4. 应急事件处理	（1）宴会期间若出现突发安全事件，服务人员应第一时间报告宴会主管，及时协助处理。 （2）稳定宾客情绪，并做好应急突发事件善后处理工作。
5. 物品使用登记	（1）宴会期间使用贵重物品要做好使用登记。 （2）宴会期间若借用主办方的物品，要做好使用登记，主办方的酒水要保存好瓶塞和空瓶，以备清点。
实训心得：	

任务 2–5–7　收尾撤场工作

要点编码	2.5.7	**实训要点**	收尾撤场服务
要点适用性	通用性、个性化	**实训方式**	课堂教学、岗位实践
实训执行者	学校导师、企业导师	**评价方式**	理论、实操
实训步骤	**实训主要内容**		
1. 签单结账	（1）宴会账单最好在现场核实后请主办方签名确认，一式两份，分别由主办方和酒店留存。 （2）通常在最后一道菜上席后，由岗位主管清点客人消费并出具结账的所有单据。		
2. 疏散引导	（1）宴会结束后，服务人员要协助宾客拉椅离座，通道附近的座椅要及时复位，引导宾客领取衣帽和物品。 （2）做好宾客车辆调度和交通安排，宾客离场的疏散引导； （3）现场灯光调控。		
3. 处理遗留物品	（1）宴会结束后，待参加宴会的客人全部离去后撤场。 （2）撤场前要检查是否有宾客遗留物品。 （3）宴会结束后，清点饭店贵重物品的遗失或损坏情况，及时登记并报告岗位主管，协助做好处理工作。		

续表

4. 物资清点装箱	（1）在饭店策划和管理人员的统一指挥下，通力合作，高效有序地收拾酒店物资，特别是酒店用具的收拾清点。 （2）按照酒店运送的清单做好清点和装箱工作，在运送清单上标识物品丢失和损坏情况，相关人员签名确认。 （3）如果借用了主办方的物品，要在宴会前做好清点，列好使用物品清单，并要轻拿轻放，使用和清点时要小心细致。
5. 物资运送	（1）物品运回酒店后，要送交相应借出部门或宴会部。 （2）使用过的餐具送往洗碗间，布草送往洗衣房，其他物品物归原处。
6. 现场恢复	（1）宴会结束后要将宴会举办现场恢复原样，不得损坏任何设施设备。 （2）做好宴会场地清洁卫生，不留任何垃圾。
7. 总结归档	（1）宴会结束后，宴会统筹规划人员要做好总结工作。 （2）宴会档案信息资料收集整理保存，以备日后宴会外卖活动统筹规划，进一步提升饭店宴会外卖服务管理水平。
实训心得：	

<table>
<tr><td colspan="3">线上学习</td></tr>
<tr><td colspan="3">宴会外卖服务</td></tr>
<tr><td>拓展知识</td><td>案例分析</td><td>课后习题</td></tr>
<tr><td></td><td></td><td></td></tr>
<tr><td colspan="3">学习心得</td></tr>
<tr><td colspan="3"></td></tr>
</table>

模块 3 迎送员

迎送员又称迎宾员、接待员、应接员、引宾员，是餐厅的“门面”。其主要工作是迎接宾客入门、安排就座、送别宾客，这项工作的质量效果直接影响到餐厅的经营情况。

思维导图

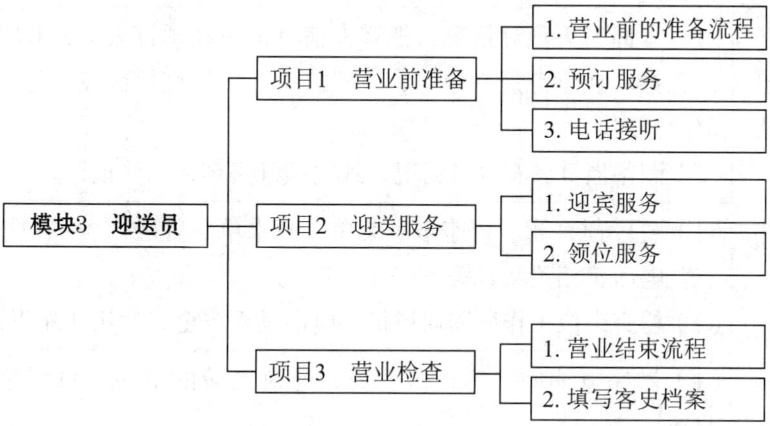

线上学习

迎送员

课前自测	电子教案

项目 3-1　营业前准备

任务 3-1-1　营业前的准备流程

要点编码	3.1.1	实训要点	营业前准备流程
要点适用性	通用性、个性化	实训方式	课堂教学、校内实训、岗位实践
实训执行者	学校导师、企业导师	评价方式	理论、实操
实训步骤	实训主要内容		
1. 了解当天的预订情况	（1）掌握当天预订情况，把客人信息记录在预订表上，并将客人预订信息抄写在预订通知单上，一式二份，一份交给区域主管，一份交给部门经理。 （2）浏览当日已有预订情况，致电预订宾客，确认预订。		
2. 准备工作物品	（1）餐厅预订簿、留座卡、菜单、酒水单、餐区广告牌和指示牌、迎宾台电话、相关文具等。 （2）检查岗位工作所需对讲机、电话是否齐全，使用功能正常。		
3. 做好迎宾区域卫生	（1）做好电梯间、等位区、公共通道区域的卫生，将绿色植物摆放整齐。 （2）清理自己负责区域的卫生，如迎宾台、告示牌、报架等。 （3）要求迎宾台台面干净，底部无污渍划痕，迎宾台橱内物品摆放整齐，告示牌、报架、餐中准备牌、指示牌干净无污渍，无破损，摆放规范。		
4. 立岗迎接	（1）提前 10 分钟在迎宾台站位。 （2）按照礼仪规范站位。		
实训心得：			

任务 3–1–2　预订服务

要点编码	3.1.2	实训要点	预订服务
要点适用性	通用性、个性化	实训方式	课堂教学、校内实训、岗位实践
实训执行者	学校导师、企业导师	评价方式	理论、实操
实训步骤	实训主要内容		
1. 预订类型	（1）电话预订：是客人预订的主要方式。 （2）当面预订：是比较理想有效的预订方式，有利于细节安排，解决客人特殊要求。		
2. 了解需求	（1）仔细聆听客人介绍，了解客人的身份、用餐日期及时间、宴请对象、人数、台数和其他要求。 （2）征得客人的同意后为其安排相应的包房或餐台，并告知客人房号或台号。 （3）问清客人的用餐选择，自助还是零点。		
3. 接受预订	（1）复述预订的内容，并请客人确认。 （2）请客人留下电话、姓名。 （3）告知客人，预订餐位最后的保留时间。 （4）向客人致谢并道别。		
4. 预订通知	（1）填写预订单。 （2）确认菜单的预订和大型宴会的预订，要立即通知餐厅经理、厨师长、采购部门。 （3）若预订未定标准和菜单，只通知餐厅即可。 （4）有特殊要求的预订，要及时通知餐厅总领班和厨师长。		
5. 预订记录	（1）将预订的详细内容记录在预订登记本上。 （2）零点餐厅的预订登记本通常每月一本，用后存档。		
实训心得：			

任务 3–1–3　电话接听

要点编码	3.1.3	实训要点	电话接听
要点适用性	通用性、个性化	实训方式	课堂教学、校内实训、岗位实践
实训执行者	学校导师、企业导师	评价方式	理论、实操
实训步骤	实训主要内容		
1. 问候客人	（1）铃响三声内接听电话。 （2）主动向客人礼貌问好，准确报出餐厅名称及自己的姓名，及时表示愿意为客人提供服务。		
2. 准确记录	（1）问清并记录客人姓名、房号（公司名称）、人数、订餐时间、预订厅房、联系电话及特殊要求。 （2）如餐厅已被订满，应做好解释工作，建议客人另改时间或向客人介绍饭店的其他餐厅。		
3. 复述确认	（1）复述客人的电话内容，让客人确认。 （2）提醒客人留座时间等事项。		
4. 礼貌致谢	（1）礼貌致谢。 （2）等客人挂上电话后再放下电话。 （3）完善记录。		
实训心得：			

项目 3–2　迎送服务

任务 3–2–1　迎宾服务

要点编码	3.2.1	实训要点	迎宾服务
要点适用性	通用性、个性化	实训方式	课堂教学、校内实训、岗位实践
实训执行者	学校导师、企业导师	评价方式	理论、实操
实训步骤	实训主要内容		
1. 准备工作	（1）准备工作物品：餐厅预订簿、留座卡、餐区广告牌、迎宾台电话、相关文具等。 （2）做好交接班工作：查询上一班遗留的工作执行情况。 （3）参加班前会议：汇报预订情况、团体用餐计划、熟记所有预订资料。 （4）清洁迎宾区域：迎宾台、大门餐区广告牌及指示牌。		
2. 热情迎宾	（1）客人到达后第一时间迎接。 （2）用恰当的问候语向客人打招呼。 （3）了解客人是否有预订，如有按事先预订要求安排，如无预订，了解人数后引领至合适餐位。并协助客人保管衣帽、雨伞等物品。		
3. 欢送宾客	（1）面带微笑向客人行鞠躬礼，主动为客人按电梯。 （2）感谢客人的光临，并祝客人愉快和道别。		
实训心得：			

任务 3–2–2　领位服务

要点编码	3.2.2	实训要点	领位服务
要点适用性	通用性、个性化	实训方式	课堂教学、校内实训、岗位实践
实训执行者	学校导师、企业导师	评价方式	理论、实操
实训步骤	实训主要内容		
1. 领位服务	（1）迎宾员左手拿菜单，右手示意并说："这边请。" （2）走在客人左前方 1 米左右，引领客人到适当的座位，注意步速与客人保持一致，在楼梯口、拐弯处稍作停顿并提醒客人留意。 （3）及时询问客人对座位是否满意。 （4）将不同数量、不同用餐目的的客人分配到不同的用餐区域，平衡工作量。 （5）协助服务员拉椅让座。 （6）待所有客人均入座后，呈递菜单给客人。 （7）向客人介绍值台服务员并祝客人用餐愉快。		
2. 菜单展示	（1）迎宾员在开餐前应认真检查菜单（尤其是厨师特荐菜单），保证菜单干净、整洁、无破损。 （2）迎宾员按客人人数拿取相应数量的菜单。 （3）当客人入座后，用左手将菜单夹在前臂，用右手将菜单从上方打开第一页，从客人右边双手递上菜单，在中餐厅，一桌只递一份菜单，一般递给主人，并礼貌地对客人说："××先生/女士，这是本餐厅的菜牌。" （4）向客人介绍当日厨师长特荐内容及其特点。 （5）迎宾员适时进餐厅将菜单收回迎宾台。 （6）再次检查菜单的数量、清洁程度及菜单的第一页是否配有厨师长特荐菜单。		
3. 与服务员交接	（1）告知服务员客人就餐的人数、茶叶品种及主人的姓氏。 （2）提供在引领客人途中观察到的客人用餐相关信息。		
实训心得：			

项目 3-3　营业检查

任务 3-3-1　营业结束流程

要点编码	3.3.1	实训要点	营业结束流程
要点适用性	通用性、个性化	实训方式	课堂教学、校内实训、岗位实践
实训执行者	学校导师、企业导师	评价方式	理论、实操
实训步骤	实训主要内容		
1. 收集顾客意见	（1）把客人的意见（及解决办法）记入宾客意见表。 （2）将收集的顾客意见有针对性地上报管理人员。		
2. 填写表格	（1）餐厅日收入一览表。 （2）客流量统计表。 （3）每日客情登记本。 （4）交接班本。 （5）关灯、关门，检查记录表。		
3. 收尾工作	（1）回收清点岗位工作所需的设备及器械，如电话、对讲机等。 （2）打扫岗位区域卫生。 （3）关闭岗位工作区域电器电源。		
实训心得：			

任务 3-3-2　填写客史档案

要点编码	3.3.2	实训要点	填写客史档案
要点适用性	通用性、个性化	实训方式	课堂教学、校内实训、岗位实践
实训执行者	学校导师、企业导师	评价方式	理论、实操
实训步骤	实训主要内容		
1. 收集信息	（1）及时收集顾客信息。 （2）对信息进行筛选整理，分门别类汇总编制成册。 （3）客史档案置放于迎宾台或收银台处，以便及时查阅。		
2. 宾客常规档案	（1）记录客人的姓名、性别、年龄、地区、工作单位、用餐形式、用餐时间、消费层次等资料。 （2）当客人再次消费时，发现酒店服务人员记得自己的姓名会倍感亲切，从而提升顾客忠诚度。		
3. 宾客个性档案	（1）记录客人外貌特征、言谈举止、服饰、性格、爱好、生日、结婚纪念日等资料。 （2）为客人提供个性化、定制化服务。		
4. 宾客习俗档案	（1）记录客人的民族风俗、饮食习惯、宗教信仰、颜色喜好、忌讳等资料。 （2）全面了解用餐客人的饮食习惯，更有利于推介菜肴。		
5. 宾客意见档案	（1）记录客人对餐厅设施的要求，对餐饮服务质量的评价，对某服务员的印象，对餐饮服务的批评意见，表扬信件及投诉、建设性建议等资料。 （2）建立档案有利于餐厅质量管理。		
实训心得：			

线上学习		
迎送员		
拓展知识	案例分析	课后习题
学习心得		

模块 4 酒水员

酒水员应按正确工作程序与方法为客人提供高效优质酒水服务，这需要酒水员了解酒水用品及设备的清洁保养，熟悉各种酒水的特性、饮用方法和制作方法。

思维导图

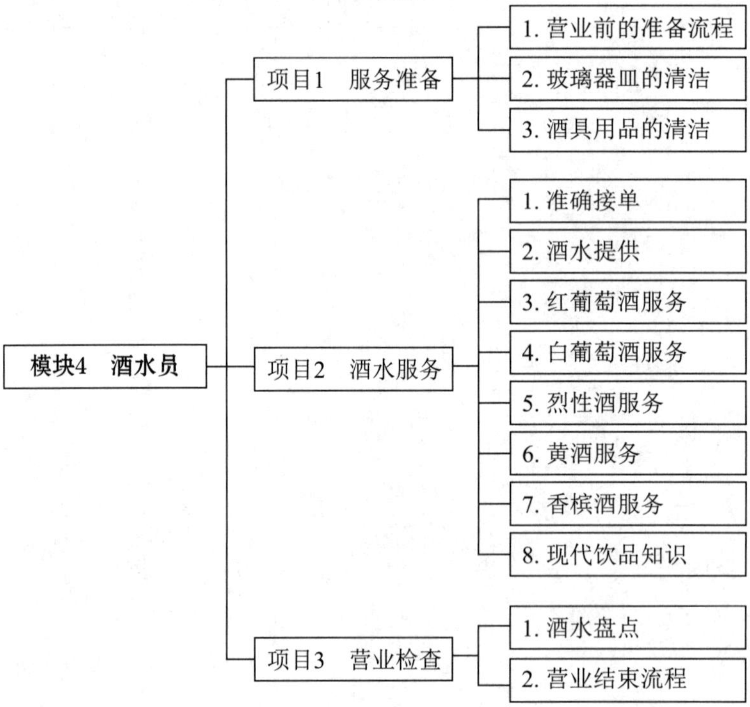

线上学习

酒水员

课前自测	电子教案

项目 4–1　服务准备

任务 4–1–1　营业前的准备流程

要点编码	4.1.1	实训要点	设备物品准备
要点适用性	通用性、个性化	实训方式	课堂教学、岗位实践
实训执行者	学校导师、企业导师	评价方式	理论、实操
实训步骤	实训主要内容		
1. 按时到岗	（1）准时到岗，仪容仪表符合岗位要求。 （2）做好区域内卫生，保持地面、台面卫生。 （3）安排完成上一班交接的工作并确认签字。		
2. 查核补充	（1）根据酒水备量表及上一班酒水销售日报表核对酒水的品种及数量，对有误差的酒水按酒店规定作出相应赔偿。 （2）检查有无破损或过期的酒水。 （3）根据各类酒水、饮料每天的消耗量填写出库单，或持上一班次的酒水销售日报表到酒水库领用补充酒水。 （4）将酒水库缺货的酒水种类上报餐厅主管。		
3. 物品准备	（1）准备配酒的装饰物（各种水果）。 （2）检查所有果汁，确保质量符合标准。 （3）所有酒水分类进行检查并摆放入酒水箱内。 （4）将冰块加满以备营业需要。 （5）清洗酒杯及各种用具，擦亮酒杯。		
4. 设备检查	（1）检查音响、吧台射灯、电脑设施设备，确保完好。 （2）检查其他设备（空调、雪柜、搅拌机、生啤机、咖啡机等），确保正常运行。 （3）检查当天是否有特殊的接待任务，特殊要求的饮品。		
5. 物品摆放	（1）酒水展示柜应保持洁净，展示酒水的瓶体要干净，商标无破损、品种要齐全；展示酒需分类摆放，名贵酒放至于显眼位置，商标一律朝外，酒柜可做适当装饰，增强艺术美感。 （2）调酒用具清洗干净，所有酒瓶和瓶口都要擦拭干净。		
实训心得：			

任务 4–1–2 玻璃器皿的清洁

要点编码	4.1.2	实训要点	清洁方法
要点适用性	通用性	实训方式	课堂教学、岗位实践
实训执行者	学校导师、企业导师	评价方式	理论、实操
实训步骤	实训主要内容		
1. 器皿种类	（1）各种水杯、酒杯（2）分酒器、醒酒器（3）其他玻璃器具		
2. 清洁方法	（1）煮沸消毒法，20~30 分钟。 （2）蒸汽消毒法，10 分钟。 （3）电子消毒法，消毒柜。 （4）洗杯机。 （5）珠粒物品清洁，醒酒器。		
3. 清洁步骤	（1）去污，将玻璃器皿中的残余物倾倒干净。 （2）浸泡，用温水去除酒渍、顽垢、酒味，将不同的杯子放在合适的杯筛里，便于清洗和储存。 （3）洗涤，将同一类杯子放入同一杯筛内，用花洒头冲洗玻璃杯。 （4）消毒，以蒸汽消毒为主。 （5）擦拭，要控干水并用洁净的布巾擦干，先用左手拿擦拭布左端抓住杯底，杯口朝下，正对蒸汽口，让杯中充满热蒸气，将擦拭布的另一端伸入杯底，用右手拇指放入杯内，手指留在杯外，按顺时针方向转动擦拭布，将擦干净的杯子杯口向上放在干净托盘内。		
4. 保养维护	（1）玻璃器皿一般较薄，质地很脆，易破碎，动作要轻。 （2）擦玻璃器皿时，要求无水痕和手纹。 （3）玻璃器皿呈现光、洁、涩、干的透明光亮状。 （4）按不同规格分档存放，切忌套叠码放。 （5）必要时可将洗干净的玻璃器皿盖上干净的口布以免被污染。		
实训心得：			

任务 4–1–3　酒具用品的清洁

要点编码	4.1.3	实训要点	清洁方法
要点适用性	通用性	实训方式	课堂教学、岗位实践
实训执行者	学校导师、企业导师	评价方式	理论、实操
实训步骤	实训主要内容		
1. 酒具种类	（1）瓷制酒具。 （2）不锈钢酒具。 （3）其他酒具。		
2. 清洁方法	（1）煮沸消毒法，约 20~30 分钟。 （2）化学消毒法，使用化学试剂消毒。 （3）电子消毒法，消毒柜消毒。 （4）洗杯机消毒。		
3. 清洁步骤	（1）冲洗，用清水将各种调酒用具冲洗一遍。 （2）浸泡、漂洗，用清洁剂将酒具用品浸泡数分钟，再清洗干净。酒具内侧需用清洁布仔细擦洗，不留任何污渍和酒渍。过滤网容易残留酒渍，清洁时需重点刷洗。 （3）消毒，将经过洗涤的酒具放入专用消毒剂或电子消毒柜中消毒。 （4）汰净擦干，若采用化学消毒法，则需将经过消毒的酒具取出，用清水汰净、擦干。若采用电子消毒法消毒，则只需将消过毒的酒具从电子消毒柜中取出，放在干净的工作台上备用。		
4. 保养维护	（1）做好酒具的日常防尘处理。 （2）一周以上没有使用的酒具需重新消毒，方可使用。 （3）酒具分类分档，整齐存放。 （4）易碎物品，防止磕碰。		
实训心得：			

项目 4–2 酒水服务

任务 4–2–1 准确接单

要点编码	4.2.1	实训要点	接单技巧
要点适用性	通用性、个性化	实训方式	课堂教学、校内实训、岗位实践
实训执行者	学校导师、企业导师	评价方式	理论、实操
实训步骤	实训主要内容		
1. 准备酒单	（1）面对客人主动微笑、问好。 （2）接打电话，应严格按照电话礼仪接听。 （3）酒水单应完整，无污渍、破损。 （4）酒水单数量充足，符合酒店规定。		
2. 接单用具	（1）准备好点菜宝或纸笔。 （2）准备好酒水订单。		
3. 准确接单	（1）若客人亲自到吧台点酒水，要主动介绍、推销。 （2）确认酒水名称和数量后，礼貌向客人致谢。 （3）开单信息：台号、数量等要仔细核对，准确无误。 （4）打单，通知服务员取酒水。 （5）若服务员来取酒水，需当面核对相关事项。		
4. 接单审核	（1）核对台号、品名、数量。 （2）做好记录，输入电脑。 （3）遵循先进先出的原则提供酒水。 （4）如客人对酒水饮用有特殊要求，应沟通清楚。		
实训心得：			

任务 4–2–2　酒水提供

要点编码	4.2.2	实训要点	酒水准备
要点适用性	通用性、个性化	实训方式	课堂教学、校内实训、岗位实践
实训执行者	学校导师、企业导师	评价方式	理论、实操
实训步骤	实训主要内容		
1. 准备酒水	（1）按照酒水点单准备各类酒水。 （2）再次检查出库酒水外观，主要是瓶口、商标。 （3）检查酒水保质期。		
2. 备品准备	（1）确认是否需要温酒器、醒酒器、冰桶等用具。 （2）特殊酒具的准备。		
3. 提供酒水	（1）准备好托盘或啤酒篮。 （2）要注意分清酒水下单时间的先后次序，注意级别客户及紧急客户的优先享用权。 （3）注意看清楚附加项，如夏季要求冰镇等。		
4. 退酒事宜	（1）根据酒店规定，按照惯例给客人退剩余未开封酒水。 （2）退回的酒水见单收回，并放回原位摆好。 （3）遵循先进先出的原则。		
实训心得：			

任务 4-2-3　红葡萄酒服务

要点编码	4.2.3	实训要点	开瓶斟酒
要点适用性	通用性、个性化	实训方式	课堂教学、校内实训、岗位实践
实训执行者	学校导师、企业导师	评价方式	理论、实操
实训步骤	实训主要内容		
1. 准备工作	（1）准备开瓶工具、骨碟、服务巾、托盘等。 （2）准备酒杯、醒酒器。 （3）确认酒的外观完好无损，瓶身瓶口及商标洁净无污物、霉迹。		
2. 向客示酒	用服务巾垫在瓶身底部，左手托住瓶底，右手握住瓶颈，站在客人右侧，上身前倾 15 度，将酒标朝向客人，请客人确认酒的名称与年份。		
3. 开瓶品酒	（1）站在客人的一侧，尽量让客人看到你开酒的全过程。 （2）酒刀沿瓶口突出部分上缘划开瓶口锡封。 （3）将酒刀钻头对准瓶塞正中间缓缓钻入，不可旋转酒瓶，钻入钻头还剩最后一环时，借助杠杆原理将木塞轻缓拉出瓶颈，在木塞即将出瓶时，可用右手手指辅助。 （4）将木塞放于味碟中，呈递给主人，请主人鉴别红酒贮存质量。 （5）用干净餐巾二次擦拭瓶口。 （6）开瓶后先斟 1/5 杯，请客人品尝，客人确认后方可为客斟酒。		
4. 酒水斟倒	（1）酒标朝向客人，按主宾、主人、其他客人的顺序顺时针方向斟酒。续斟酒水时可遵循领导优先和女士优先原则。 （2）站在客人右侧，上身微前倾，重心放在右脚上，左脚跟稍微抬起，右手五指张开，握住酒瓶下部，食指伸直按住瓶壁，指尖指向瓶口，将右手臂伸出，右手腕下压，掌握好酒瓶的倾斜度并控制好速度。 （3）一般斟至杯的 1/3 处，斟酒动作轻盈、稳健、流畅，瓶口距杯口 2 厘米。 （4）斟完一杯酒，顺势向内轻微旋转酒瓶，用服务口布将瓶口擦拭干净。		
5. 注意事项	（1）红葡萄酒通常在室温下饮用，服务的最佳温度为：18℃ ~20℃。 （2）拔起瓶塞时切忌发出声响，用力要均匀，谨防将酒塞折断。 （3）随时为客人续斟，当酒瓶中还剩 1/5 酒水时向客人征询是否需要续酒。		
实训心得：			

任务 4-2-4　白葡萄酒服务

要点编码	4.2.4	实训要点	开启斟酒
要点适用性	通用性、个性化	实训方式	课堂教学、校内实训、岗位实践
实训执行者	学校导师、企业导师	评价方式	理论、实操
实训步骤	实训主要内容		
1. 准备工作	（1）准备开启工具、骨碟、口布、托盘等。 （2）准备酒杯、冰桶。冰桶中放 1/3 冰块、1/2 水，再叠一块 8 厘米宽的条状口布。 （3）确认酒的外观完好无损，瓶身瓶口及商标洁净无污物、霉迹。 （4）将白葡萄酒置于冰桶中，放在点酒人左侧。		
2. 向客示酒	（1）将白葡萄酒从冰桶中取出，并用口布将酒瓶外的水迹擦干。 （2）站在客人右侧，上身前倾 15 度，用服务巾垫在瓶身底部，左手托住瓶底，右手握住瓶颈，酒标朝向客人，请其确认酒的名称与年份。		
3. 开瓶品酒	（1）站在客人的一侧，尽量让客人看到开酒的全过程。 （2）开酒时，应将酒瓶放在冰桶中进行，酒标面向客人，保持酒瓶不动。 （3）酒刀沿瓶口突出部分上缘划开瓶口锡封。 （4）将酒刀钻头对准瓶塞正中间缓缓钻入，不可旋转酒瓶，钻入钻头还剩最后一环时，用杠杆原理将木塞轻缓拉出瓶颈，在木塞即将出瓶时，可用右手手指辅助。 （5）将木塞放于味碟中，呈递给主人，请主人鉴别白葡萄酒贮存质量。 （6）用干净餐巾二次擦拭瓶口。 （7）开瓶后先斟 1/5 杯，请客人品尝。客人确认后方可为客斟酒。		
4. 酒水斟倒	（1）酒标朝向客人，按主宾、主人、其他客人的顺序顺时针服务，续斟酒水时遵循领导优先和女士优先原则。 （2）站在客人右侧，上身微前倾，重心放在右脚上，左脚跟稍微抬起，右手五指张开，握住酒瓶下部，食指伸直按住瓶壁，指尖指向瓶口，将右手臂伸出，右手腕下压，掌握好酒瓶的倾斜度并控制好速度。 （3）一般斟至酒杯的 1/3 处，动作轻盈、稳健、流畅，瓶口距杯口 2 厘米。 （4）斟完一杯酒，顺势向内轻微旋转酒瓶，用服务口布将瓶口擦拭干净。		

续表

5. 注意事项	（1）白葡萄酒通常冰镇饮用，服务的最佳温度为：8℃ ~12℃。 （2）拔起瓶塞时切忌发出声响，用力要均匀，谨防将酒塞折断。 （3）随时为客人续斟，当酒瓶中还剩 1/5 酒水时，向客人征询是否需要续酒。
实训心得：	

任务 4–2–5　烈性酒服务

要点编码	4.2.5	**实训要点**	开启斟酒
要点适用性	通用性、个性化	**实训方式**	课堂教学、校内实训、岗位实践
实训执行者	学校导师、企业导师	**评价方式**	理论、实操
实训步骤	**实训主要内容**		
1. 准备工作	（1）根据客人所点的烈酒品种，准备好相应的酒杯，及所需的搅棒、器皿、分酒器等。 （2）服务用托盘和酒杯须洁净、无破损、无水迹，搅棒须洁净、完好。 （3）确认酒瓶的外观完好无损，瓶身瓶口及商标洁净无污物、霉迹。 （4）需温烫的酒要准备温酒壶。		
2. 酒瓶开启	（1）征得客人同意后，在客人面前打开烈性酒。 （2）左手掌心放置叠成 12 厘米见方的口布，将烈性酒瓶底放在口布上，右手扶住酒瓶上端，并呈 45 度倾斜，酒瓶上的商标须朝向主人，为主人展示所点的烈性酒。		
3. 酒水斟倒	（1）根据客人选择的烈酒品种，正确使用装饰物，如客人有特殊要求，则按客人要求服务。 （2）服务员须使用托盘，按先宾后主、女士优先的原则为客人斟酒。 （3）服务时，左手持方型口布，右手持白酒，在每位客人右侧依次为客人倒酒；倒酒时，酒瓶商标须面向客人，瓶口距离杯口 2 厘米，以免有碍卫生及发出声响。 （4）白酒倒入客人酒杯的 4/5 处即可。 （5）倒完一杯酒时，须轻轻转动瓶口（避免酒滴在台布上），再用左手中的口布擦一下瓶口。		

续表

4. 注意事项	（1）客人在点混合烈酒时，须根据客人的要求在酒杯中添加冰块。 （2）有些烈酒须由调酒员在吧台内用量酒器将酒倒入杯中。 （3）附加饮料倒入调酒杯时，须由服务员在客人面前进行。 （4）当整瓶酒将倒完时，须询问主人是否再加一瓶，若不再加酒，服务员待其喝完酒后及时撤走空酒杯。
实训心得：	

任务 4–2–6　黄酒服务

要点编码	4.2.6	**实训要点**	服务技巧
要点适用性	通用性、个性化	**实训方式**	课堂教学、校内实训、岗位实践
实训执行者	学校导师、企业导师	**评价方式**	理论、实操
实训步骤	**实训主要内容**		
1. 准备工作	（1）开餐前，须准备充足的黄酒，以及姜片、枸杞、话梅等辅料。 （2）在客人的水杯右上侧摆放酒杯，间距 1 厘米；酒杯须洁净、无缺口、无破损、无水迹、无指印。		
2. 黄酒斟倒	（1）客人点酒后，服务员须先问明客人是否加热及添加姜片、枸杞、话梅等辅料。 （2）根据客人要求，酒水员填写酒水单送至收银处，并由酒水员为客人备酒，时间不超过 5 分钟。 （3）若客人热饮，服务员须告诉客人需要加热的时间，请客人等候。 （4）将加热好的酒水，按先宾后主、女士优先的原则依次从客人右侧为客人倒酒，倒至客人杯中的 1/3 处即可，提醒客人热饮小心。		
3. 酒水添加	（1）当酒壶中的酒将要倒完时，询问客人是否再加酒，如客人同意，服务程序与标准同上。 （2）如客人不再加酒，服务员待其喝完酒后，及时撤走空杯。		
4. 注意事项	（1）客人点酒时注意问清楚，是直接将辅料一起加热，还是将其加热后再放辅料。 （2）饮用温度在 40℃为宜。 （3）斟酒时，瓶口距离杯口 2 厘米，以免有碍卫生及发出声响。		
实训心得：			

任务 4–2–7　香槟酒服务

要点编码	4.2.7	实训要点	服务技巧
要点适用性	通用性、个性化	实训方式	课堂教学、校内实训、岗位实践
实训执行者	学校导师、企业导师	评价方式	理论、实操
实训步骤	实训主要内容		
1. 准备工作	（1）准备好冰桶，冰桶须洁净、无杂物，在冰桶内添加适量的冰块。 （2）将香槟酒从酒吧取出，擦拭洁净，并放置于冰桶内降温。 （3）将酒连同冰桶和冰桶架一起放在客人桌旁不影响正常服务的位置。		
2. 香槟展示	（1）将香槟酒从冰桶内抽出，走到主人座位的右侧，向客人展示香槟酒。 （2）左手持口布，右手持香槟酒，将酒瓶底部放在条状口布的中间部位，再将条状口布两端拉起至酒瓶商标以上部位，使商标全部露出。 （3）右手持用口布包好的酒，用左手四个指尖轻托住酒瓶底部，送至主人面前，请主人看酒的商标，并询问主人是否可以开启。		
3. 香槟开启	（1）得到主人允许后，用酒刀将瓶口处的锡纸割开。左手握住瓶颈，同时用拇指压住瓶塞，右手将捆扎瓶塞的铁丝拧开并取下。 （2）用干净餐巾布包住瓶塞顶部，左手依旧握住瓶颈，右手握住瓶塞，双手同时反方向转动并缓慢地上提瓶塞，直到瓶内气体将瓶塞完全顶出。 （3）开瓶时动作不宜过猛，以免发出过大的声音而惊动宾客。		
4. 品酒服务	（1）用餐巾布将瓶口和瓶身上的水迹擦掉，将酒瓶用餐巾布包住。 （2）须用右手拇指抠住瓶底，其余四指分开，托瓶身向主人杯中注入约 1/5 分量的酒，并四指并拢、手心向上示意，交由主人品尝。 （3）待主人认可后，服务员须询问是否可以立即斟酒。		
5. 香槟斟倒	（1）斟酒时右手持瓶，从主宾右侧按顺时针方向，遵循女士优先、先宾后主的原则。 （2）斟酒量为 2/3，可分两次斟倒。 （3）倒酒时，酒的商标须始终面向客人，瓶口距离杯口 2 厘米。 （4）为所有的客人斟完酒后，将酒瓶放回冰桶内冰冻。		
6. 酒水添加	随时为客人添加香槟酒。当整瓶酒将要倒完时，须询问主人是否再加一瓶。如主人不再加酒，注意观察客人，待其喝完酒立即撤走空杯。		
实训心得：			

任务 4-2-8　现代饮品知识

要点编码	4.2.8	实训要点	服务技巧
要点适用性	通用性、个性化	实训方式	课堂教学、校内实训、岗位实践
实训执行者	学校导师、企业导师	评价方式	理论、实操
实训步骤	实训主要内容		
1. 现代饮品	（1）啤酒（2）咖啡（3）饮料		
2. 啤酒服务	（1）用托盘送上啤酒，按先宾后主、女士优先的原则，为客人提供啤酒服务。 （2）左手掌心放置叠成 12 厘米见方的口布，将啤酒瓶底放在口布上，右手扶住酒瓶上端，呈 45 度倾斜，商标须朝向主人，为主人展示啤酒。 （3）站在客人右侧，左手托托盘，右手拿起客人所点啤酒，从客人的右侧斟酒，瓶口距离杯口 2 厘米，将酒液体沿杯壁慢慢流入杯中，以 80% 酒液、20% 泡沫为宜，啤酒不得溢出杯外。 （4）如瓶中啤酒未倒完，须把酒瓶商标面向客人，摆放在饮料杯右侧；当客人杯中啤酒仅剩 1/3 时，应及时为客人添加啤酒，并及时撤走空酒瓶。		
3. 咖啡服务	（1）准备客用物品：根据客人数量准备咖啡杯、咖啡勺、底碟、糖奶碟，确保客用物品无水迹、无缺口。 （2）制作咖啡：根据客人需求，采用合适的方法制作咖啡。 （3）摆放咖啡杯：将咖啡杯置于咖啡底碟上，杯把朝向客人；咖啡勺平行于咖啡杯放置右边，勺把朝向客人。 （4）摆放糖奶碟：将咖啡、糖和奶整齐有序地置放于圆碟上。圆碟上部分摆两盒奶块，正面向上，尖头指向圆碟下方；下部分分别摆放糖袋，商标朝上。将备好的糖奶碟放置于两位客人之间。 （5）咖啡斟倒：用咖啡壶为客人倒至 2/3 处，将壶放于客人右手边，壶口勿对客人，应朝外。		
4. 饮料服务	（1）询问客人饮料需要冰镇还是常温。 （2）在托盘中摆放饮料：一般根据客人的座次顺序摆放，第一客人的饮料放在托盘远离身体的一侧，重的饮料放在托盘的里侧。 （3）饮料斟倒：左手托盘，右手取出饮料，商标朝向客人，按先宾后主、女士优先的原则，依次从客人右侧将饮料缓慢倒至客人饮料杯的 3/4 处。 （4）将所剩饮料瓶和饮料罐放在客人饮料杯的右侧，示意并请客人品尝。		
实训心得：			

项目 4–3　营业检查

任务 4–3–1　酒水盘点

要点编码	4.3.1	实训要点	盘点注意事项
要点适用性	通用性、个性化	实训方式	课堂教学、岗位实践
实训执行者	学校导师、企业导师	评价方式	理论、实操
实训步骤	实训主要内容		
1. 盘点准备	（1）所有酒水必须整齐排列或堆放。 （2）准备好笔、计算器、便签纸。 （3）准备好酒水日报表、酒水进（出）账、库存单、申购单据等。		
2. 盘点内容	（1）盘点的所有酒水须按盘点表上的顺序整齐排列好。 （2）盘点需要分类列明品种的原有货存量、销量、进货量，以及当日结余。 （3）进、出货品要列明酒品代码，单据编号、规格、供应商、产地、出产年期、进出时间、经手人，表格要留有备注、制表、审核等信息。		
3. 盘点流程	（1）核实当日酒水消费使用情况。 （2）用计算器将盘点后的酒水进行分类，并盘点总数。 （3）将盘点结果做好记录。 （4）盘点数目、出入数量必须正确，若出现短缺须查明原因并作出汇报。 （5）若有酒水、物品丢失，按饭店规定赔偿。		
4. 注意事项	（1）领货单、调拨单、销售报表、点酒单等单据必须清晰，填写数字须用大写，所有单据应在固定的地方存放，底单应存放两个月再归库。 （2）有报损的及时填写单据，上报成本部，并在备忘本和盘点表上做好记录。 （3）任何数目的更改必须由更改人签名，不得用涂改液覆盖原数字。 （4）盘点表上的数字必须清晰，日期正确。 （5）盘点表上的品种名称必须是大写英文或中文。		
实训心得：			

任务 4–3–2　营业结束流程

要点编码	4.3.2	实训要点	收市检查
要点适用性	通用性、个性化	实训方式	课堂教学、岗位实践
实训执行者	学校导师、企业导师	评价方式	理论、实操
实训步骤	实训主要内容		
1. 卫生检查	（1）清扫地面杂物，做好卫生工作。 （2）保证卫生无死角，地面无积水，无不良气味。 （3）检查所负责区域是否存在安全隐患。		
2. 收市工作	（1）关好水龙头。 （2）将各类物品、用具按规格摆放。 （3）回顾一天的工作是否有遗忘，如有遗忘及时完成，做到日清日结。 （4）将吧台内的柜门抽屉锁好。 （5）关好库房门准备下班。		
3. 注意事项	（1）与下一班次做好工作交接。 （2）关好吧台内电器设备的电源开关。 （3）再次检查设备运转情况。		
实训心得：			

线上学习		
模块 4　酒水员		
拓展知识	案例分析	课后习题
学习心得		

模块 5 茶水员

茶水员应掌握一定的茶叶、茶艺知识与技能，为客人提供茶水推销及服务。茶水员需了解各种茗茶的价格、特点，还需掌握一定的茶艺服务。做好茶具的清洁、保养、盘点工作。

思维导图

- 模块5 茶水员
  - 项目1 茶叶认知
    - 1. 茶叶品种
    - 2. 中外名茶
    - 3. 茶叶推销
  - 项目2 服务准备
    - 1. 仪容仪表标准
    - 2. 营业前的准备
    - 3. 茶具用品清洁
  - 项目3 茶艺服务
    - 1. 准确接单
    - 2. 茶具摆放
    - 3. 冲茶技巧
    - 4. 茶水提供
  - 项目4 营业检查
    - 1. 茶叶盘点
    - 2. 营业结束流程

线上学习

茶水员

课前自测	电子教案

项目 5–1　茶叶认知

任务 5–1–1　茶叶品种

要点编码	5.1.1	实训要点	六大茶类特点
要点适用性	通用性	实训方式	课堂教学
实训执行者	学校导师	评价方式	理论
实训步骤	实训主要内容		
1. 茶叶分类	（1）根据制造工艺和品质特点可分为绿茶、黄茶、白茶、乌龙茶、红茶与黑茶；根据茶叶生产加工方法分毛茶（初制茶）与成品茶（精制茶）；根据茶叶发酵程度分不发酵茶、半发酵茶、全发酵茶与后发酵茶等。 （2）茶学术界以初制工艺与多酚类物质的氧化程度和氧化方式为依据，分六大基本茶类和再加工茶类。基本茶类包括绿茶、黄茶、白茶、乌龙茶、红茶与黑茶；再加工茶类包括花茶、紧压茶、“非茶之茶”与含茶饮料等。		
2. 绿茶	（1）绿茶属不发酵茶，是我国产量和消费量最多的茶类。绿茶较多地保留了鲜叶内的天然物质，如茶多酚、咖啡碱、维生素等天然物质成分。对防衰老、防癌、抗癌、杀菌、消炎都有一定效果，尤其适合年轻人、电脑工作者、吸烟饮酒的人饮用。但绿茶茶性寒凉，不适合饭前、空腹、睡前和冬季饮用。 （2）制作绿茶的基本工艺包括杀青、揉捻、干燥。其中杀青是制作绿茶的关键工艺。根据杀青及干燥方式的不同，绿茶分为炒青绿茶、烘青绿茶、蒸青绿茶和晒青绿茶。炒青绿茶的代表名茶有西湖龙井、碧螺春、信阳毛尖等；烘青绿茶的代表名茶有黄山毛峰、太平猴魁、六安瓜片等；蒸青绿茶的代表名茶有恩施玉露等；晒青绿茶有晒青毛茶等。		
3. 乌龙茶	（1）乌龙茶属半发酵茶，是中国特有的茶类，主要产于福建的闽北、闽南及广东、台湾等地。乌龙茶素有“美容茶”之称，具有很好的分解脂肪的功效，还有增加肠胃蠕动的功能，帮助消化。 （2）乌龙茶的制作工艺比较复杂，主要有萎凋、做青、杀青、揉捻、干燥等流程，其中做青是区别于其他茶类的独特工艺，也是形成乌龙茶天然花果香品质的关键工艺。		

续表

3. 乌龙茶	（3）乌龙茶按地域分为四类：闽北乌龙、闽南乌龙、广东乌龙和台湾乌龙。闽北乌龙的代表名茶有武夷岩茶、武夷肉桂、武夷水仙等；闽南乌龙以安溪铁观音为代表名茶；广东乌龙的代表名茶是凤凰单枞；台湾乌龙的代表名茶是高山乌龙，著名的有冻顶乌龙茶、东方美人茶等。
4. 红茶	（1）红茶属全发酵茶，含有丰富的蛋白质，具有提神益思、解除疲劳、利尿、消除水肿等作用。适合饭前、空腹及日常饮用，更适宜冬季品饮，有暖胃的功效。 （2）红茶的工艺流程包括萎凋、揉捻、发酵、干燥。其最重要的核心工艺是发酵。根据制作方法的不同，红茶可分为小种红茶、工夫红茶及红碎茶。小种红茶以正山小种为代表，它是世界红茶的鼻祖，创制于清代，是历史最悠久的红茶，主产地在福建武夷山桐木关一带。金骏眉是在小种红茶工艺基础上以单芽或一芽一叶为原料所制，改进烘焙工艺，消除烟熏味，是一种非常细嫩的高香型红茶。工夫红茶因初制特别注重条索的完整紧结，需费时费工而得名，主要有祁红、滇红、川红、闽红等品种。
5. 白茶、黄茶、黑茶	（1）白茶属轻发酵茶，有“一年茶、三年药、七年宝”的说法。制作工艺分萎凋和干燥两个工序。根据原料级别可以分为：白毫银针、白牡丹、贡眉和寿眉。 （2）黄茶属轻发酵茶，基本工艺同绿茶，但多了一道闷黄工艺。主要有君山银针、蒙顶黄芽、霍山黄芽等。 （3）黑茶属后发酵茶，按地域分布可分为湖北黑茶、湖南黑茶、四川黑茶、广西六堡茶及云南普洱茶，其中以普洱茶最负盛名。
6. 花茶	花茶又名“窨花茶”或“香片”，是茶叶与花一同窨制而成，属再加工茶。花茶富有花香，以窨的花种命名，如茉莉花茶、牡丹绣球、桂花乌龙茶、玫瑰红茶等。
7. 非茶之茶	有很多饮料原本并非用山茶属植物制作，但同样具有保健功效，如菊花茶、大麦茶、苦丁茶等，也都在使用茶的方式沏泡、品饮，都对人体健康有益，因而约定俗成地被划定为“茶”，被称为“非茶之茶”。
实训心得：	

任务 5–1–2　中外名茶

要点编码	5.1.2	实训要点	中外名茶特点
要点适用性	通用性	实训方式	课堂教学
实训执行者	学校导师	评价方式	理论
实训步骤	实训主要内容		
1. 中国名茶	（1）西湖龙井：我国第一名茶，产于浙江省杭州市西湖山区。素有“色绿、香郁、味醇、形美”四绝之美誉。干茶色泽嫩绿光润，外形扁平光滑，形似“碗钉”，茶汤色嫩绿明亮、清香，滋味鲜爽甘醇。 （2）洞庭碧螺春：产于江苏省苏州太湖洞庭山，有三百余年历史，以形美、色艳、香高、味醇驰名中外。洞庭碧螺春具有独特的花香果味，干茶条索纤细、卷曲成螺、满披茸毛；茶汤色青绿清澈，花香浓郁，滋味鲜醇。 （3）祁门红茶：主要产于安徽省祁门县，是我国传统工夫红茶的珍品，世界三大高香茶之一，有“茶中英豪”“群芳最”“王子茶”等美誉。出口英国、荷兰、德国、日本、俄罗斯等几十个国家和地区，多年来一直是我国的国事礼茶。祁门红茶干茶条索紧秀而稍弯曲，有锋苗，色泽乌黑泛灰光，俗称“宝光”。冲泡后汤色红艳、明亮，滋味鲜醇酣厚，有蜜糖香，蕴含兰花香，香气浓郁，高长持久，被称为“祁门香”。 （4）大红袍：是武夷山四大名丛之一，人们常说的大红袍是指生长在武夷山天心岩九龙窠石壁上树龄有 350 多年的六棵茶树，称为母树。自 2006 年起，六株大红袍母树已实行停采留养。现在市场上能购买到的大红袍是用大红袍母树的枝条扦插，采用无性繁育种植的大红袍茶树的鲜叶作为原料制作而成。大红袍品质最突出之处是香气馥郁，滋味醇厚，香高而持久，“岩韵”明显。大红袍很耐冲泡，冲泡七八次仍有香味。 （5）安溪铁观音：原产于福建省安溪县，有两百余年历史，是乌龙茶中的名品。干茶条索卷曲，茶叶呈青蒂绿腹蜻蜓头状，色泽砂绿鲜润，叶表起白霜，冲泡后，汤色金黄，香高而持久，有天然馥郁的兰花香，“七泡留余香”，茶汤滋味醇厚甘鲜，回甘悠久，有蜜味，俗称有“音韵”。 （6）东方美人茶：是台湾特有名茶，又名“膨风茶”“香槟乌龙”，因其茶芽白毫显著，又名“白毫乌龙茶”。产于台湾的新竹、苗栗一带，有明显的天然熟果香，滋味具蜂蜜般甘甜后韵，外观艳丽多彩，具明显的红、白、黄、褐、绿五色相间，形状自然卷缩如花朵，茶汤呈鲜艳的琥珀色。		

续表

1. 中国名茶	（7）君山银针：产于湖南省岳阳市的洞庭山，洞庭山又称君山。当地所产之茶，形似银针，满披白毫，故称君山银针。干茶外形茁壮挺直，芽头肥壮，芽身金黄光亮，满披银毫，称为“金镶玉”。君山银针适合用玻璃杯冲泡，冲泡初始，可以看到芽尖朝上，蒂头下垂而悬浮于水面，随后芽叶缓缓下落，竖立于杯底，忽升忽降，多者可“三起三落”。 （8）茉莉银针：产于福建茶区。是用白毫银针的早春鲜叶，做成烘青绿茶，再加窨茉莉鲜花。干茶条索紧细如针，匀齐挺直，满披毫毛，香气鲜爽浓郁，汤色清澈明亮。冲泡时茶芽耸立，沉落时雪花下落，蔚然奇观。
2. 外国名茶	（1）大吉岭红茶：产于印度西孟加拉省北部喜马拉雅山麓的大吉岭高原一带，是世界四大红茶之一，被誉为“红茶中的香槟”。该茶适合春秋季饮用，也适合做成奶茶、冰茶及各种花式茶。其工艺是当时正山小种的工艺者带过去，并加以改造形成的。 （2）阿萨姆红茶：产于印度东北阿萨姆喜马拉雅山麓的阿萨姆溪谷一带。干茶外形细扁，色呈深褐；汤色深红稍褐，带有淡淡的麦芽香、玫瑰香，滋味浓，属烈茶，是冬季饮茶的最佳选择。 （3）斯里兰卡红茶：以乌沃茶最为著名，产于斯里兰卡山岳地带的东侧，是世界四大红茶之一。 （4）伯爵茶：是以英国首相大臣查尔斯·格雷的名字命名。据说这种混合型调味茶来源于中国，是清朝一个中国人作为回馈的礼物送给格雷伯爵二世的，香柠檬油源于佛手柑的皮，是一种在格雷伯爵茶中使用的香味剂。 （5）煎茶：是日本人最常喝的绿茶，产量约占日本茶的八成。采自茶树顶端的鲜嫩茶芽，首先以蒸气杀青，再揉成细卷状烘干而成。成茶挺拔如松针，好的煎茶色泽墨绿油亮，冲泡后却变得鲜嫩翠绿起来。茶味中带少许涩味，茶香清爽，回甘悠长。 （6）玄米茶：是用番茶或煎茶混入炒过的日本糙米加工而成。玄米茶汤色淡绿，香气具有舒压的效果，有健脾开胃、暖胃的功效，富含氨基酸和维生素，有美颜功效，适合女士饮用，在日本以及整个亚洲都很流行。
实训心得：	

任务 5–1–3　茶叶推销

要点编码	5.1.3	实训要点	茶叶推销方法
要点适用性	通用性、个性化	实训方式	课堂教学、岗位实践
实训执行者	学校导师、企业导师	评价方式	理论、实操
实训步骤	实训主要内容		
1. 打招呼	面带微笑与客人打招呼，以发自内心的真诚与客人交流，减少与客人之间的陌生感和距离感。		
2. 询问客人需要	通过察言观色，询问了解客人的喜好、需求等，推荐客人喜欢的茶饮。在此过程中，认真聆听客人的需求，耐心礼貌、接受认同。		
3. 推荐茶品	（1）可根据客人的性格特点做适当、合理的推荐，忌做强迫式销售。推荐时要有主次，以其中某一种商品作强力推荐，一次不要介绍太多产品，以 2~3 个品种为宜。侧面介绍符合客人需求的产品，避免正面切入引起客人反感。用产品特色打动客人，站在客人立场上设身处地为其着想。针对客人现状推荐可解决客人问题的产品，从而激发客人的购买欲望。 （2）详细介绍不同茶品的功能，使客人产生认同。由于茶叶的性能功效不同，可根据季节变化为客人推荐不同品种的茶叶。如：春夏季可推荐一些绿茶、新白茶或者黄茶等发酵度轻的茶叶；秋季可以推荐安溪铁观音、大红袍等乌龙茶；冬季可以推荐发酵度重的红茶或者熟普洱茶等；花茶则一年四季都可以饮用。 （3）可根据客人性别推荐不同茶叶。一般来说，男士适合喝绿茶、乌龙茶及普洱生茶，有利于清肠、排毒、通络、强身健体。年轻的女孩也适合品饮绿茶，可以防止辐射，尤其是电脑一族，喝绿茶能增强免疫力，但体寒的女性不宜多饮。年纪稍大的女性可以喝红茶，以利活血、安宫、暖胃，不仅能改善妇科疾病，还有助于延缓衰老。 （4）推荐茶饮要因人而异，合理推荐，提醒客人饮茶应注意的事项，以便能更好地发挥茶叶的健康功效，从而满足客人身心与精神的双重享受。		
4. 说明、建议	（1）回答客人问题时，尽量从客人需求出发，耐心讲解，保持中等语速，适时给出意见和建议。 （2）遇到有异议的客人时，回答时应运用恰当的说话艺术，充分掌握客人心理，向客人解释说明，尽量达成销售。		
5. 致谢	客人离开时，面带微笑礼送，提醒客人带好随身物品，并表示衷心感谢。		
实训心得：			

项目 5-2　服务准备

任务 5-2-1　仪容仪表标准

要点编码	5.2.1	实训要点	仪容仪表标准
要点适用性	通用性、个性化	实训方式	课堂教学、岗位实践
实训执行者	学校导师、企业导师	评价方式	理论、实操
实训步骤	实训主要内容		
1. 着装	茶的本性是恬静平和的，故茶水员应仪表整洁，举止端庄。着装应整洁大方，不宜太鲜艳、乖张怪诞，式样可以中式服装为主，但袖口不宜过宽，易剐到茶具，给人一种不卫生的感觉。		
2. 发型	要根据自己的脸型选择适合自身气质发型，给人舒适、整洁、大方的感觉，不论长短，都要按泡茶时的要求进行梳理。如是短发，在低头时头发不要落下挡住视线；如是长发，泡茶时要将头发束起，以免影响操作。男性忌留长发。		
3. 手型	茶水员应保持手部清洁，手上尽量不要戴饰物，手指甲不涂颜色，指甲及时修剪整齐，保持干净，不留长指甲。		
4. 面部	茶水员忌浓妆艳抹，不喷香水，以免破坏茶香。面部平时注意护理、保养，保持清新健康的肤色。在为客人服务时面部表情要平和放松，面带微笑。		
5. 姿态	（1）站立时直立站好，两脚脚跟相靠，脚尖开度在 45°~60°；身体重心在两脚中间，向上穿过脊柱及头部，双腿并拢直立，挺胸、收腹。双肩平正，自然放松，双手自然交叉于腹前，双目平视前方，嘴唇微闭，面带笑容。 （2）行走时上身正直，目光平视，面带微笑；肩部放松，手臂自然前后摆动，手指自然弯曲；身体重心稍向前倾，腹部和臀部要向上提，由大腿带动小腿向前迈进；行走线迹为直线。 （3）就座泡茶时，挺胸、收腹、头正肩平，肩部平整，双腿并拢。双手不操作时，平放在操作台上，面部表情轻松愉悦，始终面带微笑。		
6. 服务用语	茶水员在服务中应注意与人保持适当的距离，对人使用恰当的称呼，及时肯定对方，态度和气、用语正确，注意语速、语调和音量，讲究语言艺术。		
实训心得：			

任务 5-2-2　营业前的准备

要点编码	5.2.2	实训要点	营业前的准备工作
要点适用性	通用性、个性化	实训方式	课堂教学、岗位实践
实训执行者	学校导师、企业导师	评价方式	理论、实操
实训步骤	实训主要内容		
1. 检查设备	营业前要仔细检查各类电器（如灯光、空调等）、各类设备（如随手泡等）、家具（桌椅等）有无损坏。		
2. 做好清洁工作	提前做好卫生清扫工作，保持经营场所的干净整洁。地板应做到干净无水渍，以免客人滑倒。着重茶水间的清洁卫生工作，做到无灰尘，注意死角。点好香、播放音乐，营造出幽静雅致的氛围。		
3. 检查营业所需用品	清点茶叶品种、所需茶具是否齐全。检查茶具是否洁净，有无茶渍、水渍或破损。		
4. 摆放茶具	备好泡茶用水和所需茶叶，按规定摆放好泡茶用具。		
5. 迎接客人	营业前茶水员应穿好制服，佩戴好工牌，举止端庄，面带微笑，以最好的精神状态迎接客人。		
6. 做好服务准备工作	茶水员除了要掌握茶叶的专业知识，包括茶叶的种类、产地、特点、冲泡方法、储存方法等知识，还要具备一定的综合知识，如茶艺、茶礼、茶叶历史典故等知识。熟悉各种茶具的使用方法，能根据茶叶种类的不同选择不同的茶具为客人提供茶水服务。		
实训心得：			

任务 5-2-3 茶具用品清洁

茶具一般指茶杯、茶碗、茶壶、茶盏、茶碟等饮茶用具。精美雅致的茶具不仅能衬托出茶汁的色泽，还可让人从中得到美的享受。茶具一般分为主泡器、备水器和辅助用具三大类。主泡器包括茶壶、茶船、闻香杯、品茗杯、杯托、茶海、滤网、盖碗、水方和壶承等，其中茶壶是所有泡茶器皿中最为重要的。辅助用具包括茶艺用具、茶荷、茶巾、茶仓等用品。备水器主要是指煮水用具。喝茶最讲究洁净，因此保持茶具用品的清洁十分重要。

要点编码	5.2.3	实训要点	茶具的清洁方法
要点适用性	通用性、个性化	实训方式	课堂教学、岗位实践
实训执行者	学校导师、企业导师	评价方式	理论、实操
实训步骤	实训主要内容		
1. 主泡器的清洁	（1）茶壶：有紫砂壶、瓷壶、陶壶、玻璃壶等不同质地。不管是何种质地，泡茶前一定要保证茶壶的清洁，尤其是久置未用的茶壶，要用清水细心清洗。冲泡时还需要用开水温壶。如果茶渍使茶壶变色，可用小苏打来清洗。先用清水浸湿茶壶，然后用适量的小苏打清洁，最后再用清水冲洗干净、晾干即可。茶杯、茶海等主泡器的清洗方法与茶壶类似。 （2）滤网：滤网用久后容易堆积茶垢，同时纤维自身在长期湿润中也会发生老化和氧化。因此，当滤网出现轻微变色时，可以用软毛牙刷蘸上小苏打将茶垢清理干净，这样可以使茶汤过滤更顺畅。		
2. 辅助用具的清洁	（1）茶艺用具：包括茶则、茶匙、茶夹、茶漏、茶针、茶筒。通常为木质材料，有檀木、花梨木、鸡翅木和竹木等；形状多为圆形，也有方形和六棱形的。使用时要注意保持整套用具的干爽、整洁，使用一段时间后，要彻底清洁一次，然后晾干。茶筒也要定期清洗、消毒、晾干。 （2）茶巾：用来擦拭茶具上的水渍、茶渍，以保持桌面干净整洁。一般为棉、麻质地。茶巾要经常清洗、晾干，当茶具不用时可盖茶巾在上面。		
3. 备水器的清洁	（1）随手泡：主要用来加热开水，有不锈钢、铁、陶或耐高温的玻璃质。热源有酒精、电热和电磁炉。泡茶用水不要用自来水。 （2）贮水桶：一般有不锈钢、塑料或竹木材质，用来贮存泡茶过程中的废水。每次泡茶后要及时进行清理，保持干净整洁。		
实训心得：			

项目 5–3　茶艺服务

任务 5–3–1　准确接单

要点编码	5.3.1	实训要点	接单流程
要点适用性	通用性、个性化	实训方式	课堂教学、校内实训、岗位实践
实训执行者	学校导师、企业导师	评价方式	理论、实操
实训步骤	实训主要内容		
1. 打招呼	主动与客人打招呼，并使用礼貌用语："您好！欢迎光临，里面请。"将客人带至座位处。		
2. 递送茶单	请客人安置好随身携带物品后，双手递送茶单，并礼貌说："您好！这是我们的茶单，请您看一下喝哪种茶？"同时准备好开茶单（一式三份）完整清楚地进行填写。		
3. 推荐茶品	根据客人对茶叶的喜好，为客人推荐适宜的品种，回答客人的询问，向客人介绍特色茶。		
4. 点茶	为客人点茶时，应注视客人，听清客人点的茶名，适时帮助客人选择茶品。		
5. 收回茶单	客人选定茶叶后，应重复客人所点的内容，并收回茶单，有礼貌地对客人说："请您稍等。"		
6. 填写茶单	开好的茶单：（1）留收银台结账（2）留操作间备货（3）留经理对账。		
7. 备水备茶	准备好泡茶用水。按茶单的茶叶品种准备好茶叶，备好干净、整洁的茶具，准备为客人提供茶水服务。		
实训心得：			

任务 5–3–2　茶具摆放

根据冲泡的茶叶品种和客人人数，将相应茶具摆放在茶桌上。

<table>
<tr><td>要点编码</td><td>5.3.2</td><td>实训要点</td><td>茶具摆放</td></tr>
<tr><td>要点适用性</td><td>通用性、个性化</td><td>实训方式</td><td>课堂教学、校内实训、岗位实践</td></tr>
<tr><td>实训执行者</td><td>学校导师、企业导师</td><td>评价方式</td><td>理论、实操</td></tr>
<tr><td>实训步骤</td><td colspan="3">实训主要内容</td></tr>
<tr><td>1. 绿茶（黄茶）茶具准备</td><td colspan="3">主泡器：茶船（水方）、玻璃杯（玻璃壶）。
备水器：随手泡。
辅助用具：茶荷、茶匙、茶巾。</td></tr>
<tr><td>2. 乌龙茶茶具准备</td><td colspan="3">主泡器：茶船（水方）、紫砂壶、茶海、滤网、杯托、闻香杯、品茗杯。
备水器：随手泡。
辅助用具：茶则、茶匙、茶漏、茶夹、茶巾。</td></tr>
<tr><td>3. 红茶茶具准备</td><td colspan="3">主泡器：茶船（水方）、瓷壶、茶海、滤网、杯托、品茗杯。
备水器：随手泡。
辅助用具：茶则、茶匙、茶漏、茶夹、茶巾。</td></tr>
<tr><td>4. 白茶茶具准备</td><td colspan="3">主泡器：茶船（水方）、盖碗。
备水器：随手泡。
辅助用具：茶荷、茶匙、茶漏、茶夹、茶巾。</td></tr>
<tr><td>5. 普洱茶茶具准备</td><td colspan="3">主泡器：茶船（水方）、陶壶、茶海、滤网、杯托、品茗杯。
备水器：随手泡。
辅助用具：茶则、茶匙、茶漏、茶夹、茶巾。</td></tr>
<tr><td>6. 花茶茶具准备</td><td colspan="3">主泡器：茶船（水方）、盖碗。
备水器：随手泡。
辅助用具：茶荷、茶匙、茶漏、茶夹、茶巾。</td></tr>
<tr><td colspan="4">实训心得：</td></tr>
</table>

任务 5–3–3 冲茶技巧

根据冲泡的茶叶不同，要使用不同的茶具，其沏泡方法也不同。

要点编码	5.3.3	实训要点	沏泡方法
要点适用性	通用性、个性化	实训方式	校内实训、岗位实践
实训执行者	学校导师、企业导师	评价方式	实操
实训步骤	实训主要内容		
1. 清饮法	（1）清饮法是我国大部分人的主要饮茶方式，将茶叶放入茶壶中，加入沸水冲泡，然后注入茶杯中细品慢饮。清饮讲究泡茶的水质、水温、茶具等，茶汤中不加入任何调味品等佐料，品味的是茶固有的芬芳。 （2）绿茶的沏泡方法：选用玻璃杯或玻璃壶等茶具，一般 3~5 克茶叶，水温 85℃左右，无需洗茶，第一泡约 40~60 秒，第二泡可延长 20 秒，冲泡三次，有上投法、中投法、下投法等投茶法。 （3）红茶的沏泡方法：选用瓷壶或玻璃壶等茶具，一般为 6~8 克茶叶，水温 90℃，无需洗茶，第一泡约 40 秒，之后每泡可延长 20~40 秒，可冲泡 3~4 次，金骏眉可冲泡 8~10 次。 （4）乌龙茶的沏泡方法：选用紫砂壶或盖碗茶具，茶叶放至壶身约 1/3 处、盖碗一般为 8~10 克茶叶，冲泡水温 95℃，第一泡为温润泡（洗茶），不饮用，正式第一泡约为 40~60 秒，之后每泡可延长 20~40 秒，冲泡 6~8 次。 （5）白茶的沏泡方法：新白茶可以用玻璃壶、盖碗，老白茶可以选择盖碗、紫砂或陶制茶具，也可以用煮茶炉进行煮泡。新白茶可以根据个人习惯冲泡，一般可有六泡左右。老白茶非常耐泡，普通泡法可达十几余泡，且仍然滋味尚佳。老白茶也可以用来煮，风味独特。 （6）黄茶的沏泡方法：沏泡方法基本同绿茶。 （7）黑茶的沏泡方法（以普洱茶为例）：可选紫砂壶、陶壶、盖碗等茶具，一般为 6~8 克茶叶，用滚开水。第一泡在开水冲入后随即倒出来（温润泡），用此茶水来烫杯。正式第一泡冲入滚开水，浸泡 10~20 秒即倒出茶汤来品尝（或即泡即出），第二泡和第三泡的茶汤可以混着一起喝，综合茶性，以免过浓。第五泡以后，可以适当延长时间。普洱茶易冲耐泡，生茶可以冲泡十泡，熟普可以冲泡到十五泡左右，也可以煮泡。		

续表

1. 清饮法	（8）花茶的沏泡方法：选用盖碗或瓷壶，盖碗一般放 4~6 克茶叶，壶一般为 6~8 克茶叶，冲泡水温 85℃ ~90℃，无需洗茶，第一泡约 40 秒，之后每泡可延长 20~40 秒。冲泡三次。
2. 调饮法	（1）调饮法是相对于清饮法的，在茶汤中添加其他物品，如糖、蜂蜜、牛奶、柠檬或香槟酒等。一般为现调即饮，也有加冰块冷饮的。所加调料的种类和数量随饮用者的口味而异。也有在茶汤中同时加入糖和柠檬，或者蜂蜜和酒同饮，抑或置冰箱中制成不同滋味的清凉饮料，都别具风味。比如茶酒，即在茶汤中加入各种美酒，形成茶酒饮料。这种饮料酒精度低，不伤脾胃，茶味酒香，已成为最近颇受青睐的新饮法。 （2）调饮红茶—奶茶：用料有牛奶、袋泡红茶、蜂蜜、炼乳等，3/4 牛奶加 1/4 水，将红茶煮沸约 20 分钟，然后加入炼乳及蜂蜜。 （3）调饮红茶—柠檬红茶：用料有红茶、柠檬片、蜂蜜等，将红茶用沸水冲泡，加入蜂蜜及柠檬片，冷热饮均可。 （4）调饮红茶—柚子红茶：用料有红茶、柚子茶、蜂蜜等，将红茶用沸水冲泡，加入柚子茶及蜂蜜。 （5）调饮红茶—水果红茶：用料有切成丁的水果、红茶、蜂蜜等，用沸水将红茶及水果丁一起冲泡，加入蜂蜜。
3. 花草茶	（1）花草茶是由欧洲传入的，是将植物的根、茎、叶、花或皮等部分加以煎煮或冲泡，而产生芳香味道的草本饮料。花草茶不含茶叶成分，但用途广泛，是日常养身、养颜、养神、养心的天然饮品。 （2）花草茶的饮用方法有两种，一种是壶泡法，因花草茶通常用花和叶做成，其成分容易分解，所以多用此法；另一种是煮沸法，若花草茶原料是植物的根、茎、果实等需要煮沸才能释放味道的，则选用此法。
实训心得：	

任务 5-3-4　茶水提供

要点编码	5.3.4	实训要点	茶水提供过程
要点适用性	通用性、个性化	实训方式	课堂教学、校内实训、岗位实践
实训执行者	学校导师、企业导师	评价方式	理论、实操
实训步骤	实训主要内容		
1. 煮水	根据茶叶品种，烹煮开水，将水晾至所需温度。		
2. 备茶	从茶叶罐中取适量茶叶至茶荷中备用，茶叶用量根据茶叶种类、茶具大小及饮用习惯而定。切忌用手抓茶叶，以免杂味混淆，影响茶叶的品质。可以请客人欣赏茶叶外形，闻干茶茶香。		
3. 温壶（杯）	用开水注入茶壶、茶杯中温壶（杯），其目的是提高壶（杯）的温度，同时可以再次清洁茶具。		
4. 置茶	用茶则盛取一定数量的茶叶。置茶有三种方法：上投法、中投法和下投法。先冲水再置茶，称为上投法；先冲水再投茶再冲水，称为中投法；先置茶后冲水，称为下投法。可根据茶叶品种的不同，采用不同的投置方法。		
5. 泡茶	泡茶时，掌握好茶与水的比例，征求客人的意见，喜浓或淡，根据客人口味泡茶。一般中老年人喜喝较浓的茶，年轻人偏爱喝较淡的茶。		
6. 斟茶	斟茶时，一般以杯子的七八分满为宜。斟完第一杯茶后，将壶放在餐台上，茶壶嘴不要朝向客人。客人人数超过 6 位时，应上两把茶壶。斟茶时，应提醒客人小心茶烫。		
7. 奉茶	奉茶时应以右手端茶，左手托着杯子的底部，从客人的右方奉上，面带微笑，眼睛注视对方，有礼貌地对客人说："请用茶"。如果有两位或以上的客人，应使用托盘装杯，左手托盘，端平拿稳，右手轻扶托盘右侧，步子小而稳，走到客人座位右侧，右手端杯子中部，从主宾开始将茶杯轻轻放在客人右手上方，并说："请用茶"，然后按顺序给其他客人奉茶。注意加满茶壶中的开水，掌握茶水的浓淡，并保证每位客人的茶汤浓度一致。		
8. 添水	客人茶杯中茶水剩余 1/2 或 1/3 时，应注意及时给客人添水，避免空杯。		
9. 收具	客人离开后，及时收具。清理茶渣，将所有茶具清洗干净、消毒后归位。		
实训心得：			

项目 5–4　营业检查

任务 5–4–1　茶叶盘点

要点编码	5.4.1	**实训要点**	茶叶盘点
要点适用性	通用性、个性化	**实训方式**	课堂教学、岗位实践
实训执行者	学校导师、企业导师	**评价方式**	理论、实操
实训步骤	**实训主要内容**		
1. 规定盘点周期	盘点工作可以分为定期盘点和不定期盘点。一般情况下，采用的是定期盘点，如年、季、月盘点，通常以月为单位进行盘点。不定期盘点主要针对突发事件，如人员调动或清理仓库等情况下临时进行盘点。		
2. 建立盘点账目	不得私自拿取茶叶，严格管控辖区内的商品，建立各种盘点账目，清晰记录营业中每日的消耗数量。		
3. 盘点库存	商品库存要做到归类存放，及时清理存放较久的商品。库存商品不宜直接陈列在地上，注意防潮串味。熟悉商品库存的位置和库存数量，以便配合客人需求方便拿取。拿取时要轻拿轻放。		
4. 补充货源	根据商品销售情况，及时补充货源。为了采购物品准确无误，补充货源时应填写物品申请采购单。要明细物品的要求，专业物品由具备相关专业的人员陪同采购，如遇急需补充物品，要在物品申请采购单中备注急需字样。		
实训心得：			

任务 5-4-2　营业结束流程

要点编码	5.4.2	实训要点	营业结束流程
要点适用性	通用性、个性化	实训方式	课堂教学、岗位实践
实训执行者	学校导师、企业导师	评价方式	理论、实操
实训步骤	实训主要内容		
1. 结账	账单用收银夹夹好呈送客人面前，询问客人结账方式。账单要求账目清晰准确。客人结账后向客人致谢。		
2. 送客	礼貌向客人道别，提醒客人带好随身携带物品。		
3. 清洁工作	营业结束后，做好卫生清扫工作，整理杂物。将茶具清洗干净、分类摆放整齐。及时清理垃圾。		
4. 核对报表	核对销售日报表，做到账款相符。整理票据、核对流水，日流水统计表填写完整无误后将票据放入抽屉，退出税控盘并收回抽屉。		
5. 清点商品	根据销售情况清点商品，登记销售物品明细清单。及时上报茶类、茶点等数量，以便补充货源。		
6. 交接班工作	填写交接班记录，未尽事宜做好反馈记录，及时向主管汇报情况。		
7. 安全巡视	营业结束后检查茶馆所有设备，关闭电脑电源系统、照明灯、电源灯、空调、随手泡、热水壶等电器设备开关，锁好门窗、货柜。		
实训心得：			

线上学习		
茶水员		
拓展知识	案例分析	课后习题
学习心得		

模块 6

备餐间服务员

备餐间是连接后厨生产与餐厅前台服务的中间过渡场所。备餐间服务员负责收点菜单，划单并传菜，控制出品质量，起着控制起菜、传菜、停菜等流程的指挥作用。

思维导图

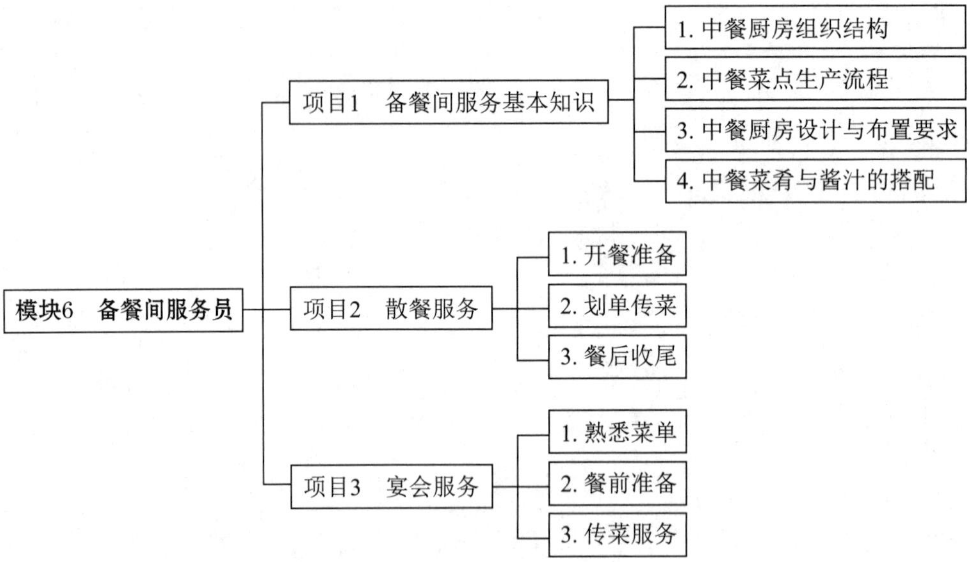

线上学习

备餐间服务员

课前自测	电子教案

项目 6–1　备餐间服务基本知识

任务 6–1–1　中餐厨房组织结构

要点编码	6.1.1	实训要点	中餐厨房组织结构
要点适用性	通用性、个性化	实训方式	课堂教学
实训执行者	学校导师	评价方式	理论
实训步骤	实训主要内容		
1. 中餐厨房组织机构设置原则	（1）责、权、利相当的原则。 （2）管理跨度适当的原则。		
2. 中餐厨房各部门及职能	（1）岗位：总厨、各部门厨师长、主管、厨工。 （2）冷菜部门：负责各种冷菜及卤制品制作。 （3）面点部门：负责各种点心和汤类制作。 （4）炉灶部门：负责各种热菜制作。 （5）初加工部门：对原料进行初步的处理，包括初加工及深加工。		
实训心得：			

任务 6–1–2　中餐菜点生产流程

要点编码	6.1.2	实训要点	中餐菜点生产流程
要点适用性	通用性、个性化	实训方式	课堂教学
实训执行者	学校导师	评价方式	理论
实训步骤	实训主要内容		
1. 削洗操作	根据厨房要求，分别对蔬菜、肉禽类、水产分类进行削洗、宰杀和粗加工。		
2. 切配工作	根据厨师长对各种菜点的用料标准和毛利率幅度，分别将主辅料加工以供搭配。切配厨师根据当天的点菜单，精心选料，运用切、片、拍、剁等不同的方法，将原料制作成规范且符合要求的丝、片、块、段等不同形状。将切配好的原料分别装入料盒，送热菜厨房备用。		
3. 烹制菜肴	（1）根据当日预订菜单或点菜单要求，根据菜肴的规格标准，按质按量进行烹制。按照冷菜食品不同的烹制方法，加工制作各种冷食。 （2）烹调热菜时，严格按照标准制作方法（如炖、氽、炸、熘、蒸、煮、熏等）进行操作。		
4. 出品菜肴	烹制好后，将热菜盛入合适的盘中，由打荷厨师检查、点缀装饰，然后送传菜间，立即上桌，至此整个生产出品程序将完成。		
实训心得：			

任务 6-1-3　中餐厨房设计与布置要求

要点编码	6.1.3	实训要点	中餐厨房设计与布置要求
要点适用性	通用性、个性化	实训方式	课堂教学
实训执行者	学校导师	评价方式	理论
实训步骤	实训主要内容		
1. 合理的布局	（1）厨房的设计有利于厨房生产，主厨房尽量靠近食品储藏区。 （2）按餐厅餐位确定厨房面积，以 100 个餐位为参考，平均每位用餐者所需厨房面积不低于 0.7 平方米。 （3）根据餐厅的菜肴特色合理分配厨房生产区域面积，可分为原料接受区域、储藏及加工区域、烹饪作业区域、备餐洗涤区域。 （4）根据厨房形状设置作业区，可分为直线型、L 型、相背型、相对型、岛式等。		
2. 合理厨房的通风	（1）厨房的地势相对高一些，便于通风、采光和污水排放。 （2）注重加强厨房的通风功能。		
3. 整洁的地面装修	（1）选用防滑材料装饰地板。 （2）明沟是厨房中重要的排水渠道，明沟的深度不应太低，在明沟的上方还需安装可以过滤水分的铁网，以便于积水流进明沟里。 （3）水槽的配置需要尽量满足厨房中的食物的清洗量。		
实训心得：			

任务 6-1-4　中餐菜肴与酱汁的搭配

要点编码	6.1.4	实训要点	中餐菜肴与酱汁的搭配
要点适用性	通用性、个性化	实训方式	课堂教学、校内实训、岗位实践
实训执行者	学校导师、企业导师	评价方式	理论、实操
实训步骤	实训主要内容		
1. 酱汁跟用原则	（1）因菜制宜：即根据不同菜肴的原料性质、烹饪方法和风味特点，配以不同的作料。 （2）因地制宜：即根据不同地区、不同餐馆的饮食习惯和经营特点，配以不同的作料。 （3）因人制宜：即针对顾客的不同口味要求，灵活把握作料的运用。		
2. 菜肴与酱汁搭配的形式	（1）不同性质、不同风味的菜肴，搭配不同的酱汁作料。如鱼、虾等海河类菜肴，羊羔肉、汤包等带有肉皮的菜点，一般都要随菜单搭配姜、醋等作料。 （2）用不同的烹调方法烹制的菜肴，所搭配的酱汁作料也有所不同。如清蒸类菜肴，因其鲜嫩而带有腥气，用酱、醋、胡椒佐食，就可以起到提鲜、去腥增味的作用。 （3）同类菜肴在不同地区所搭配的酱汁作料往往也有所不同。如挂炉鸭类菜肴除普遍搭配的大葱、甜面酱外，北京地区往往另带卤虾油，广东地区则要另带蚝油，而四川地区则要另带麻辣味调料。		
3. 酱汁跟用的形式	（1）将一种或数种酱汁作料分别用小碟盛放，在上菜点前摆在餐台上，由顾客自取自用。 （2）菜肴和随菜单搭配的酱汁作料上席后，由服务员将作料拌撒在菜或汤中。应注意：撒酱汁作料前要征求顾客的意见，待顾客同意后再操作。 （3）将随菜单搭配的多种酱汁作料分别盛碟上席，顾客吃菜点时自行搭配食用，如涮羊肉等。 （4）将菜肴的酱汁作料摆放在菜盘四周，随菜一同端上席，供客人选择佐食。		
实训心得：			

项目 6–2　散餐服务

任务 6–2–1　开餐准备

要点编码	6.2.1	实训要点	开餐准备
要点适用性	通用性、个性化	实训方式	课堂教学、岗位实践
实训执行者	学校导师、企业导师	评价方式	理论、实操
实训步骤	要点适用性		
1. 检查仪表仪容	按要求着装，按时到岗，准时参加餐前会并接受领班的工作指派。		
2. 开启热水器	开启备餐间的热水器，观察是否正常动作，并将水烧至需要的温度。		
3. 备餐间卫生	做好备餐间地面、墙面和桌面的卫生。保证走菜通道的畅通，保证地面不潮湿、不油滑。		
4. 准备托盘	准备充足、洁净、无破损的长方形托盘和圆托盘，并在每一个托盘上铺上已经清洁消毒的托盘垫布。 		
5. 安排布草	清点昨天用过的台布、餐巾、小毛巾、抹布的数量，分类打包装入布草车，送至洗涤部核对数量并洗涤。在规定时间到洗涤部把干净的布草领回并归类入柜或仓库。 		
6. 准备餐车和燃料	准备即席烹制车、保温车及燃料。 		

续表

7. 清洁其他餐用具	清洁食品保温柜、茶水柜、布草车、备餐台、杂物架、洗手池、消毒柜、卡式炉等用具。   
8. 准备酱料	开餐前 30 分钟完成酱料的准备工作。打好汁酱，确保汁酱新鲜、符合质量要求，然后将所有汁酱统一放在汁酱柜里保鲜备用。
实训心得：	

任务 6–2–2　划单传菜

要点编码	6.2.2	**实训要点**	划单传菜
要点适用性	通用性、个性化	**实训方式**	课堂教学、岗位实践
实训执行者	学校导师、企业导师	**评价方式**	理论、实操
实训步骤	**实训主要内容**		
1. 站立准备	按要求站好，站在自己的岗位上，等候订单。		
2. 把关出品	（1）把好菜品质量关，规格不符、造型不好、温度不宜的菜品不予通过。 （2）所出菜品需跟配味料的要跟配味料，盖上合适的菜盖。 （3）所出的菜品要配好相应的器具，如用手抓食品需跟洗手盅。 （4）所出的菜品需用装饰器具的，要将食品盛器放进装饰器具里，如金、银器具内再送出。		

续表

3. 划单传菜	（1）接单后，按照出菜的时间要求，迅速将订单送至对应厨房（冷菜间、热菜厨房、面点房、水果房等），按照先后顺序进行传菜服务。 （2）出菜时要按出菜的菜名划单，把烹饪好的菜肴放在干净的托盘上，按指定线路传菜，迅速、准确无误地送到餐桌前。 （3）每传一道菜，要在订单上注销这道菜，对出完的订单要复核一遍，避免出差错。 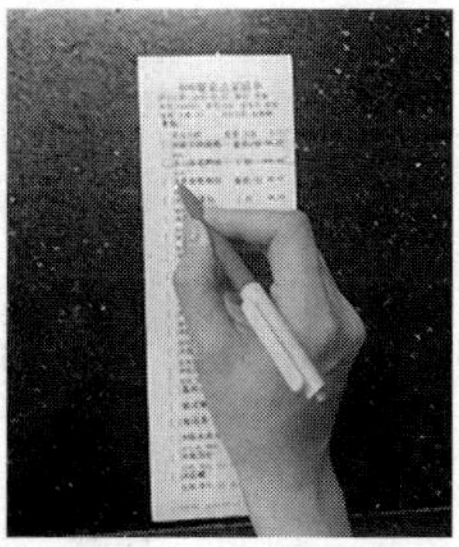 
4. 送至餐厅	菜肴传给服务员时须报菜名，收回菜夹和菜盖并撤走厅面用过的餐具，送至洗碗机间清洗，并保持整齐清洁。   
5. 配合出品	与餐厅、后厨配合，根据客人的进餐速度和要求调整出菜时间和顺序。
实训心得：	

任务 6–2–3 餐后收尾

要点编码	6.2.3	实训要点	餐后收尾
要点适用性	通用性、个性化	实训方式	课堂教学、岗位实践
实训执行者	学校导师、企业导师	评价方式	理论、实操
实训步骤	实训主要内容		
1. 送洗餐用具	（1）将用过的托盘及餐具送去清洗、消毒。 （2）及时清理并更换传菜台上的口布、台布，将布草交管事部送洗。		
2. 收好调味品	把用剩下的小食退回厨房，将剩下的调味品封好，整齐地放回调味柜，防止细菌污染。		
3. 收拾餐用具	（1）收好酒精、卡式气罐及一些易燃物品，进行安全检查。 （2）将清洁好的餐具分类放入橱柜，贵重餐具要盘点，做到账物相符。 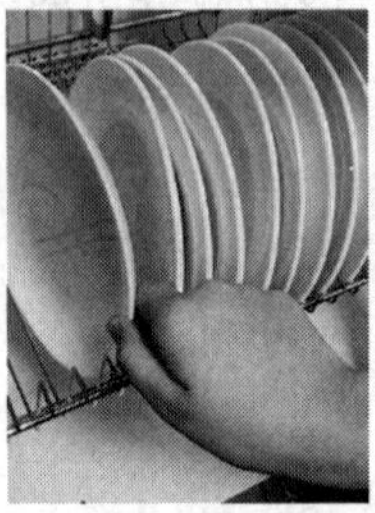 		
4. 清洁卫生	清理好备餐区域卫生，台面、地面和墙面，保持工作台面干净整洁。		
5. 切断电源	下班离开备餐间时要切断照明及其他电器的电源。 		
实训心得：			

项目 6-3　宴会服务

任务 6-3-1　熟悉菜单

要点编码	6.3.1	实训要点	熟悉菜单
要点适用性	通用性、个性化	实训方式	课堂教学、岗位实践
实训执行者	学校导师、企业导师	评价方式	理论、实操
实训步骤	实训主要内容		
1. 熟悉菜单内容	熟悉宴会菜单的内容及上菜顺序，一般为：凉菜、热炒、大菜、甜菜、点心和水果。能准确说出每道菜的名称。		
2. 熟悉烹调方法	熟悉菜单上菜肴所使用的制作方法、所需原料和配料，以及制作所需的时间。		
3. 熟悉菜肴风味特点	能准确描述出每道菜的风味特点及相应的典故。		
4. 熟悉菜肴的配料	熟悉每道菜的调味品、为色香味而配的汁料以及主菜相配的配菜。		
5. 熟悉每道菜肴的上菜方法和时机	（1）熟悉每道菜的上菜时间，以及关键时间节点。 （2）熟悉每道菜是否未上，是否需要现场分菜，是否跟配酱汁、佐料，是否需要配备洗手盅等等。		
实训心得：			

任务 6–3–2　餐前准备

要点编码	6.3.2	实训要点	餐前准备
要点适用性	通用性、个性化	实训方式	课堂教学、岗位实践
实训执行者	学校导师、企业导师	评价方式	理论、实操
实训步骤	实训主要内容		
1. 检查仪表仪容	按要求着装，按时到岗，清洁双手，准时参加餐前会，并接受领班的工作指派。		
2. 了解宴会情况	了解宴会的人数、桌数、菜品种类、客人禁忌、开餐时间、出菜楼层等具体情况。		
3. 准备热水	开启备餐间的热水器，观察是否正常工作，并将水烧至需要的温度。		
4. 做备餐间卫生	做好备餐间地面、墙面和桌面的卫生。保证走菜通道畅通，地面不潮湿、不油滑。		
5. 准备托盘	准备充足、洁净、无破损的长方形托盘和圆托盘，并在每一个托盘上铺上已经清洁消毒的托盘垫布。		
6. 安排布草	清点前一天用过的台布、餐巾小毛巾、抹布的数量，分类打包装入布草车，送至洗涤部核对数量并洗涤，在规定时间内领回干净布草并归类入柜或仓库。		
7. 准备餐用具	（1）根据宴会分派备餐台并备好相应的餐用具，如分羹汤的器皿、羹匙、口汤碗、骨碟、牙签、公筷等。 （2）若菜单中有虾类菜或螃蟹菜，应准备洗手盅。	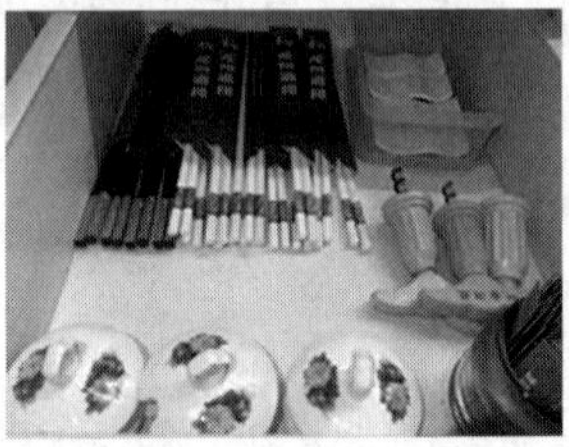	
8. 清洁其他餐用具	清洁食品保温柜、茶水柜、餐车、布草车、备餐台、杂物架、洗手池、消毒柜、卡式炉等用具。		

续表

9. 准备用品及酱料	（1）准备所需酒水，开餐前30分钟完成酱料准备。打好汁酱，确保汁酱新鲜、符合质量要求，然后将所有汁酱统一放在汁酱柜里保鲜备用。 （2）备凉菜装盘，有配料的要跟配相应的配料，等待起菜。	 
实训心得：		

任务 6–3–3　传菜服务

要点编码	6.3.3	**实训要点**	传菜服务
要点适用性	通用性、个性化	**实训方式**	课堂教学、岗位实践
实训执行者	学校导师、企业导师	**评价方式**	理论、实操
实训步骤	**实训主要内容**		
1. 站立准备	按要求站好，站在自己的岗位上，等候上菜。		
2. 把关出品	（1）把好菜品质量关，规格不符、造型不好、温度不宜的菜品不予通过。 （2）所出的菜品应搭配相应味料，盖上合适的菜盖。 （3）所出的菜品需要搭配好相应的器具，如手抓食品需跟配洗手盅。 （4）所出的菜品需用装饰器具的，要将食品盛器放进装饰器具里，如金、银器具内再送出。		
3. 有序传菜	（1）待客人入座到齐，得到起菜时间的通知后，以最快的速度通知厨房，按菜单顺序为客人起菜传菜。 （2）宾主在宴会过程中要讲话祝酒，餐厅接待服务人员在得到起菜通知时，应迅速通知厨房起菜送菜，使客人体验到宴会服务的井然有序，欢乐愉快。 （3）大型国宴、重要宴会或应客人的要求，可为一道主菜举行特殊的上菜仪式，以表现主人的盛情，体现饭店的服务水平，起到活跃气氛的作用。		

续表

3. 有序传菜	（4）出菜时要按出菜的菜名划单，把烹饪好的菜肴放在干净的托盘上，按指定线路传菜，迅速准确地送到餐桌前。 （5）每传完一道菜，要在订单上注销这道菜，对走完的订单要复核一遍，避免出差错。
4. 送至餐厅	菜肴递给服务员时须报菜名，收回菜夹和菜盖并撤走厅面用过的餐具，送至洗碗机间清洗，并保持传菜台整齐清洁。
5. 配合出品	与餐厅、后厨配合，根据宴会的进展节奏和客人的进餐速度调整出菜时间和顺序。
实训心得：	

线上学习		
备餐间服务员		
拓展知识	案例分析	课后习题
学习心得		

模块 7

收银员

收银员（Cashier）指为顾客结账的人员。收银员需熟练使用办公软件及收银相关设备为客人提供收银服务，并要与时俱进，掌握新型结账方式和手段。

<table>
<tr><th colspan="2">思维导图</th></tr>
<tr><td colspan="2">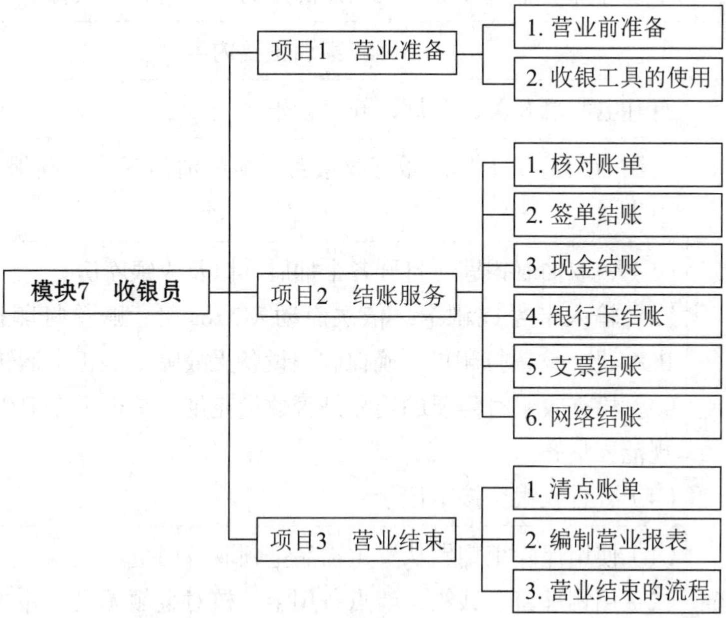
</td></tr>
<tr><th colspan="2">线上学习</th></tr>
<tr><td colspan="2">收银员</td></tr>
<tr><td>课前自测</td><td>电子教案</td></tr>
<tr><td></td><td></td></tr>
</table>

项目 7–1　营业准备

任务 7–1–1　营业前准备

要点编码	7.1.1	实训要点	营业前准备
要点适用性	通用性、个性化	实训方式	课堂教学、岗位实践
实训执行者	学校导师、企业导师	评价方式	理论、实操
实训步骤	实训主要内容		
1. 开灯	打开电源总开关，开灯，开启音乐。		
2. 清洁	使用专用清洁工具，做好收银台区域的清洁工作，确保干净、整洁、卫生。		
3. 物品准备	（1）领取抽屉钥匙，打开各个抽屉，以及收银库房。 （2）输入卡号或刷卡，依次启动 Micros 机、账单打印机、验钞机、POS 机、发票打印机，确保收银设备无故障，能正常运转。 （3）检查收银时需要的用品是否数量充足，是否干净卫生，是否摆放规范、整齐。 （4）查看收银交接本记录。		
4. 领取备用金	（1）使用保险柜钥匙从贵重物品室领取备用金。 （2）用钥匙打开钱箱，清点备用金，核对金额无误，并在备用金交接表上做好交接记录。		
实训心得：			

任务 7–1–2　收银工具的使用

要点编码	7.1.2	实训要点	收银工具的使用
要点适用性	个性化	实训方式	岗位实践
实训执行者	企业导师	评价方式	实操
实训步骤	实训主要内容		
1. 认识收银工具	（1）POS 机（Pointofsales）：是一种配有条码或 OCR 码技术的终端阅读器，有现金或易货额度出纳功能。其主要任务是为商品与媒体交易提供数据服务和管理功能，并进行非现金结算。 （2）收银软件：一般的收银软件都包括点单、结算和统计报表打印等功能，方便收银台与厨房之间核对菜单。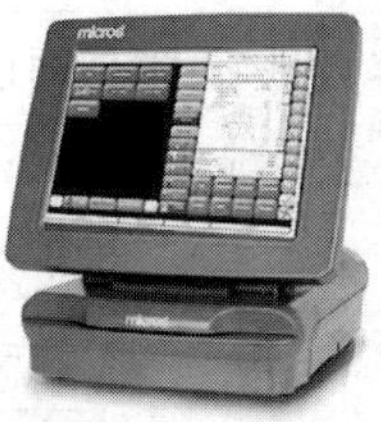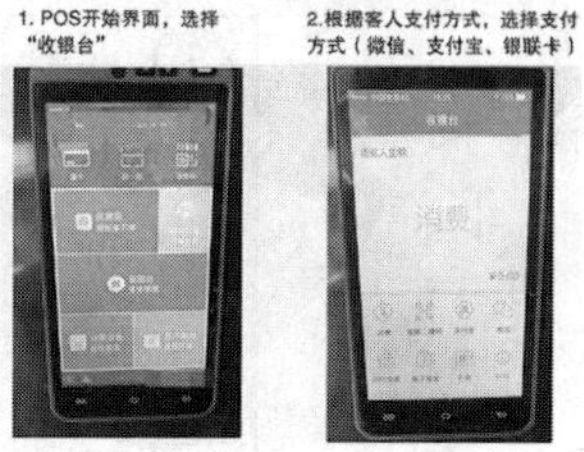 （3）税控盘：又称税控服务器，是一种专用的税控装置，按照国家税务总局的《税控盘技术规范》而研制的。税控盘是在发票开票软件的配合下，实现发票税控功能的电子装置，能满足税务机关对发票的管理要求，保证发票税控数据的正确生成。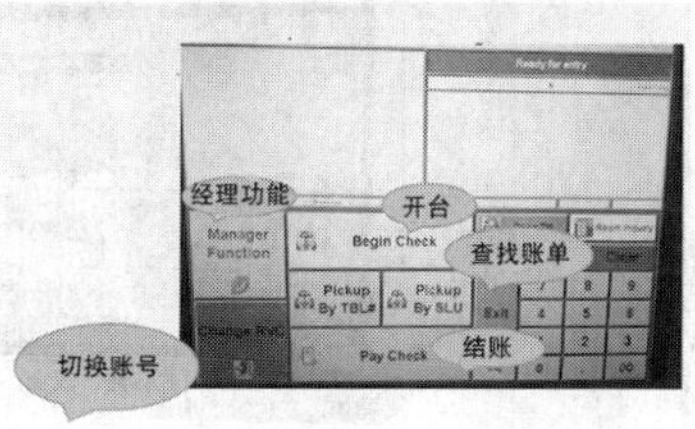		
2. 收银工具的准备	（1）做好收银工具的清洁卫生。 （2）检查账本、笔、笔芯、剪刀、回形针、计算器等是否干净卫生，数量充足，摆放到位。 （3）再次检查所有的收银设备是否能正常使用，仔细核查各收银设备显示时间是否为当日日期。		
实训心得：			

项目 7–2　结账服务

任务 7–2–1　核对账单

<table>
<tr><td>要点编码</td><td>7.2.1</td><td>实训要点</td><td>核对账单</td></tr>
<tr><td>要点适用性</td><td>个性化</td><td>实训方式</td><td>岗位实践</td></tr>
<tr><td>实训执行者</td><td>企业导师</td><td>评价方式</td><td>实操</td></tr>
<tr><td>实训步骤</td><td colspan="3">实训主要内容</td></tr>
<tr><td>1. 准备结账</td><td colspan="3">（1）每位客人在离开餐厅前，必须要在账单上签名或付钱，无一例外。
（2）当客人示意服务员结账时，服务员应请客人稍候，核对客人实际消费情况，迅速到收银台告知收银员结账客人的台号并等待领取账单。</td></tr>
<tr><td>2. 核对账单</td><td colspan="3">（1）所有客人账单都必须由收银员用收银系统机（或手动结账）账单系统打印。要求打印清晰；清楚、整洁；需打印消费的全部食品和饮料名称。
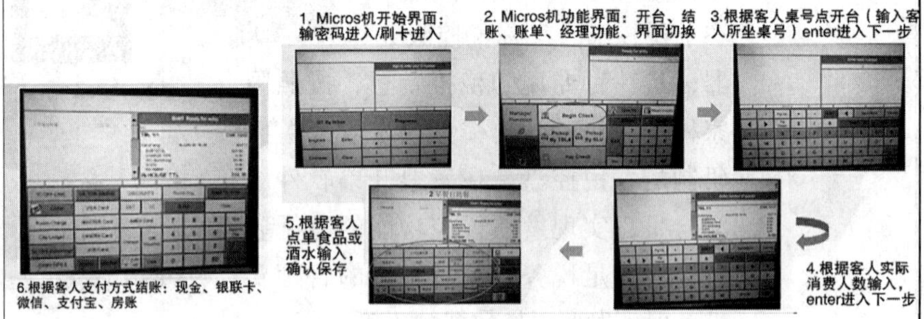

（2）收银员要仔细核对主账单和各分单所开的项目与价格是否相符，确保将账单给客人前，账单干净，所有项目是正确的。
（3）核对无误后，将账单递给服务人员，由服务员放入账夹内（一定要确保账单夹打开时，账单干净、整洁且正面朝向客人），并准备结账用笔。
（4）在客人要求结账后的 3 分钟内，要将账单呈递给客人。</td></tr>
<tr><td colspan="4">实训心得：</td></tr>
</table>

任务 7-2-2　签单结账

要点编码	7.2.2	实训要点	签单结账
要点适用性	通用性、个性化	实训方式	课堂教学、岗位实践
实训执行者	学校导师、企业导师	评价方式	理论、实操
实训步骤	实训主要内容		
1. 打印账单	（1）收银员核实结账客人的台号，核对客人消费项目。 （2）确认无误后，打印账单并递交服务员。 		
2. 核对检查	（1）服务员核查房卡，并请客人在账单上填写房间号码和正楷签名后，将账单交回收银台。 （2）收银员仔细核查账单上的宾客签字和房间号码。		
3. 输入电脑留存	（1）收银员确认无误后，输入电脑确认单笔消费完成。 （2）按照输入电脑时间先后顺序，留存好单据。 （3）将宾客账单留存联交给服务员，由服务员交给宾客留存。		
实训心得：			

任务 7-2-3　现金结账

<table>
<tr><td>要点编码</td><td>7.2.3</td><td>实训要点</td><td>现金结账</td></tr>
<tr><td>要点适用性</td><td>通用性、个性化</td><td>实训方式</td><td>课堂教学、岗位实践</td></tr>
<tr><td>实训执行者</td><td>学校导师、企业导师</td><td>评价方式</td><td>理论、实操</td></tr>
<tr><td>实训步骤</td><td colspan="3">实训主要内容</td></tr>
<tr><td>1. 打印账单</td><td colspan="3">收银员核实结账客人的台号，核对客人消费项目，确认无误后，打印账单并递交给服务员。</td></tr>
<tr><td>2. 验钞</td><td colspan="3">（1）服务员将现金在客人面前点清无误后，将账单和现金递交给收银员。
（2）收银员按同一金额类别的原则，将钱款放入点钞机完成验钞。该程序至少要重复两次。</td></tr>
<tr><td>3. 找零</td><td colspan="3">收银员结清账目，将所找补的零钱及宾客账单留存联递交给服务员。一定请服务员当面点清。</td></tr>
<tr><td>4. 开发票</td><td colspan="3">（1）请客人书写发票抬头。
（2）核对发票号和机打号是否一致。
（3）输入抬头及正确的金额（金额不允许大于消费金额）。
（4）点击“正常开票”。
（5）将开好的发票呈递给客人并在账单上加盖“发票已开”章。
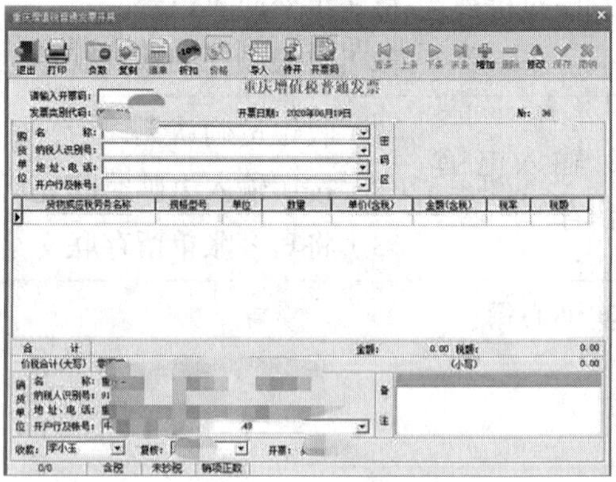
</td></tr>
<tr><td>5. 输机留存</td><td colspan="3">（1）收银员确认无误后，输机确认单笔消费完成。
（2）按照时间先后顺序，留存好单据。
（3）交给服务员，由服务员交给宾客留存。</td></tr>
<tr><td colspan="4">实训心得：</td></tr>
</table>

任务 7-2-4　银行卡结账

<table>
<tr><td>要点编码</td><td>7.2.4</td><td>实训要点</td><td>银行卡结账</td></tr>
<tr><td>要点适用性</td><td>通用性、个性化</td><td>实训方式</td><td>课堂教学、岗位实践</td></tr>
<tr><td>实训执行者</td><td>学校导师、企业导师</td><td>评价方式</td><td>理论、实操</td></tr>
<tr><td>实训步骤</td><td colspan="3">实训主要内容</td></tr>
<tr><td>1. 打印账单</td><td colspan="3">收银员核实结账客人的台号，核对客人消费项目，确认无误后，打印账单并递交给服务员。</td></tr>
<tr><td>2. 引领客人至收银台</td><td colspan="3">服务员带客人到收银台完成刷卡结账。</td></tr>
<tr><td>3. POS 机刷卡</td><td colspan="3">（1）收银员双手从客人手中接过银行卡。
（2）在 POS 机上按“消费”键，用客人的银行卡在 POS 机上刷卡。
（3）输入宾客消费金额，待宾客确认。
（4）请客人输入密码（收银员注意回避）。
（5）POS 机会自动打出两联单，第一联请客人在持卡人签名处签字后收回；有的酒店会让客人在 POS 机上签字确认。
（6）双手将第二联（客人存根联）、信用卡交还客人，并礼貌致谢。

</td></tr>
<tr><td>4. 开发票</td><td colspan="3">（1）请客人书写发票抬头。
（2）核对发票号和机打号是否一致。
（3）输入抬头及正确的金额（金额不允许大于消费金额）。
（4）点击“正常开票”。
（5）将发票呈递给客人并在账单上加盖“发票已开”章。</td></tr>
</table>

续表

5. 留存票据	按照时间先后顺序，留存好单据。
实训心得：	

任务 7-2-5　支票结账

<table>
<tr><td>要点编码</td><td>7.2.5</td><td>实训要点</td><td>支票结账</td></tr>
<tr><td>要点适用性</td><td>通用性、个性化</td><td>实训方式</td><td>课堂教学、岗位实践</td></tr>
<tr><td>实训执行者</td><td>学校导师、企业导师</td><td>评价方式</td><td>理论、实操</td></tr>
<tr><td>实训步骤</td><td colspan="3">实训主要内容</td></tr>
<tr><td>1. 打印账单</td><td colspan="3">收银员核实结账客人的台号，核对客人消费项目，确认无误后，打印账单并递交给服务员。</td></tr>
<tr><td>2. 核对检查</td><td colspan="3">（1）服务员核对支票有效期，检查支票的相关印章、电脑密码等，请客人出示有效证件、告知联系电话及单位地址。
（2）收银员填写支票，记下客人的证件号码和联系电话，并写在支票背后。
（3）将支票存根、相关证件交给服务员，由其送还客人。
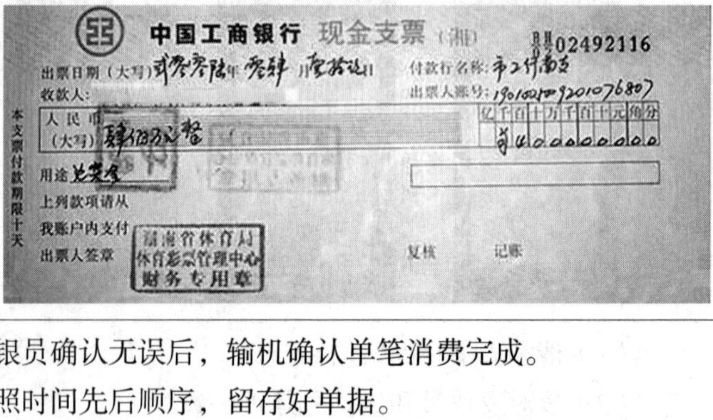
</td></tr>
<tr><td>3. 输机留存</td><td colspan="3">（1）收银员确认无误后，输机确认单笔消费完成。
（2）按照时间先后顺序，留存好单据。</td></tr>
<tr><td colspan="4">实训心得：</td></tr>
</table>

任务 7–2–6　网络结账

要点编码	7.2.6	实训要点	网络结账
要点适用性	通用性、个性化	实训方式	课堂教学、岗位实践
实训执行者	学校导师、企业导师	评价方式	理论、实操
实训步骤	实训主要内容		
1. 打印账单	收银员核实结账客人的台号，核对客人消费项目，确认无误后，打印账单并递交给服务员。		
2. 微信扫码收款	（1）收银员用 POS 机扫描客人微信的付款码。 （2）查看收款记录、支付详情。 （3）确认客人微信支付成功，双手将账单客人存根联递送客人。 （4）向客人礼貌致谢。		
3. 支付宝扫码收款	（1）收银员用 POS 机扫描客人支付宝的付款码。 （2）查看收款记录、支付详情。 （3）确认客人支付宝支付成功，双手将账单客人存根联递送客人。 （4）向客人礼貌致谢。		
4. 开发票	（1）请客人书写发票抬头。 （2）核对发票号和机打号是否一致。 （3）输入抬头及正确的金额（金额不允许大于消费金额）。 （4）点击“正常开票”。 （5）将发票呈递给客人并在账单上加盖“发票已开”章。		
实训心得：			

项目 7–3　营业结束

任务 7–3–1　清点账单

要点编码	7.3.1	实训要点	清点账单
要点适用性	通用性、个性化	实训方式	课堂教学、岗位实践
实训执行者	学校导师、企业导师	评价方式	理论、实操
实训步骤	实训主要内容		
1. 账单归类	按照账单编码顺序，仔细清点当日所有消费账单，特别检查账单及后附的明细是否一致。		
2. 清点现金	（1）仔细清点现金数目。将不同面值的钱币分开放置，100 张为一把，捆扎好；不足 100 张的，清点完毕后用笔写下数额；最后将各面值纸币数额累加，得出现金的总数额，对应填写“收银员缴纳袋”（写清收银员、部门、日期、班次起止时间），再用文件袋装好。 （2）清点备用金。将备用金装进专门的纸袋子里。		
3. 账单核对	（1）查看报表有无房账，如有则需要把房账本准备好，及时与前厅收银沟通衔接，并请前厅员工在账单专联签字。 （2）查看刷卡结账的账单汇总，将账单订在一起，注明总金额。 （3）查看网络结账的账单汇总，将账单订在一起，注明总金额。 （4）统计今日酒水销售数量，填写在指定文档内。 （5）核对现金、消费账单、收银账单。		
实训心得：			

任务 7–3–2　编制营业报表

要点编码	7.3.2	**实训要点**	编制营业报表
要点适用性	通用性、个性化	**实训方式**	课堂教学、岗位实践
实训执行者	学校导师、企业导师	**评价方式**	理论、实操
实训步骤	**实训主要内容**		
1. 制作营业报表	（1）收银员每日每班下班之前，需要根据清点的账单、收银票款的种类、挂账等情况，认真做好收入统计表 Income Statistics（手工单）和收银系统里的餐段营业报表。 （2）填手工单时注意核对结账方式和人数。		
2. 上交营业报表	（1）打印营业报表，收银员签字确认。 （2）值班经理应检查当班收银员所有报表并在各报表上签字。 （3）上交营业报表。		
实训心得：			

任务 7–3–3　营业结束的流程

要点编码	7.3.3	**实训要点**	营业结束的流程
要点适用性	通用性、个性化	**实训方式**	课堂教学、岗位实践
实训执行者	学校导师、企业导师	**评价方式**	理论、实操
实训步骤	**实训主要内容**		
1. 投账	（1）首先电话通知安保部告知投账，待安保人员到达后，关好备餐间门，拿好备用金钥匙、所有账单、房账本、现金袋，与安保人员一起，到指定地点投账。 （2）进入贵重物品室把备用金放进指定柜子，账单放进餐饮部的箱子里，在当日现金表格上按要求填写（注意核对表格右上角日期是否为当日日期）。 （3）完成后，安保部员工签字，备用金钥匙、房账本带回，放在指定位置。		

续表

2. 整理收银台	（1）关闭收银系统机、账单打印机、电脑和发票打印机。 （2）关闭音乐、空调。 （3）锁好收银台各柜子和库房。 （4）交接钥匙给下一班人员。
实训心得：	

线上学习		
收银员		
拓展知识	案例分析	课后习题
学习心得		

第三部分

西餐厅岗位培训要点的模块分解

模块 1
各岗位基本知识与技能

西餐厅是专门提供西式菜点、饮料及服务，展现西方传统饮食文化的餐厅。以经营法、意、英、德、俄、美等欧美主要国家菜式为主，其装饰与布置展示出欧洲文明的经典与辉煌，服务方式及气氛强调优雅、浪漫。西餐服务员须了解西餐特点、上菜次序、进餐方法、传统名菜、进餐礼仪等，也应了解相关的饮食文化知识，掌握不同西餐厅的服务方式、程序及差异，以顺利完成对客服务工作。

项目 1–1　基本知识

思维导图

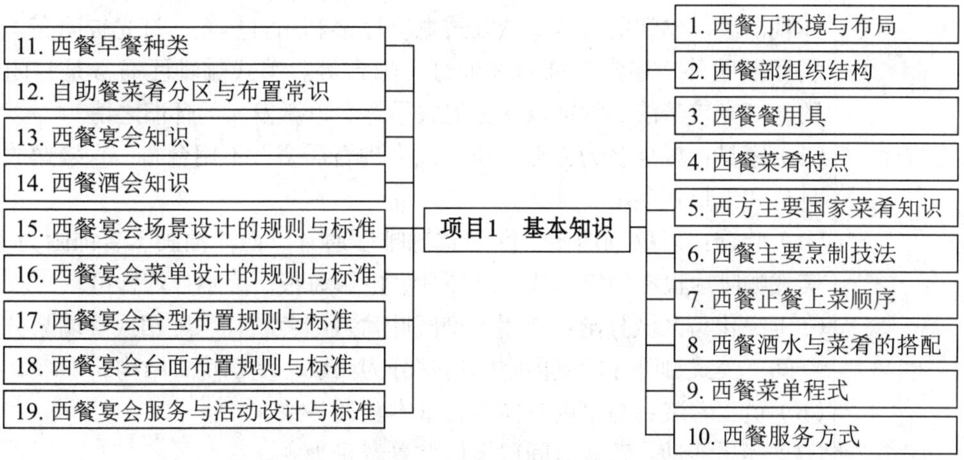

线上学习

各岗位基本知识	
课前自测	电子教案

任务 1-1-1　西餐厅环境与布局

要点编码	1.1.1	实训要点	西餐厅环境与布局
要点适用性	通用性、个性化	实训方式	课堂教学
实训执行者	学校导师	评价方式	理论
实训步骤	实训主要内容		
1. 环境布局特点	（1）体现西方用餐特点，讲究气氛，富有情调，突出背景音乐，照明以烛光为辅助。 （2）具欧美特色，反映欧美的餐饮文化、宗教风俗和风情礼仪等。		
2. 咖啡厅	（1）主题：欧陆式咖啡厅的主题通常清新、隽永、活泼，常以四季为主题。美式咖啡厅的主题则多体现不同文化艺术形式。 （2）色调、采光与灯饰：欧陆式咖啡厅的色调以清新明快为主，给人回归自然之感。美式咖啡厅的色调以桃木色为主，配以鲜艳明快的色彩，体现活泼、愉快的气氛。欧陆式咖啡厅多利用自然光，灯光较明亮，除餐厅照明外，还常配饰西式油灯、烛台等。美式咖啡厅通常是封闭式的，灯光较暗淡，常饰以铁劳尼式吊灯，以激发人的怀旧之情。 （3）家具：餐桌多为方形，质地以大理石居多，不用台布，直接摆放餐具垫和纸垫式菜单。 （4）装饰：以壁画居多。欧陆式咖啡厅通常以西洋油画、装饰画为主。美式咖啡厅没有固定形式，老照片、电影海报、金唱片等皆可。 （5）绿化与区域分割：常用大型阔叶盆栽绿色植物、雕塑或矮墙来分割空间。美式咖啡厅的室内空间通常分为两层，呈剧院式结构。 （6）员工着装：与室内总体布置基本色调一致。 （7）娱乐活动：营业时间以播放背景音乐为主。		
3. 扒房	（1）主题选择与设计：某个特定的历史朝代、欧洲的风情人物志、文化艺术形式为主题。 （2）主体色调、灯光与灯饰：主体色调多采用暖色调，尤以金色、古铜色配深红、枣红、咖啡色为传统。灯饰以古典西式吊灯、壁灯为主，蜡烛灯和油灯的造型居多，以此塑造豪华、富贵、高雅、浪漫的气氛。 （3）家具陈设：陈设豪华、舒适。 （4）装饰布置艺术：通过装饰油画、版画、水彩画等西洋绘画和汉白玉雕、浮雕等雕塑来表现主题，渲染进餐气氛。注重展台橱窗的装饰。		

续表

3. 扒房	（5）餐具用品与服务车：扒房的餐具用品力求豪华高档、品质精细、款式传统。 （6）绿化装饰：常用阔叶植物来绿化点缀餐厅和分隔空间，还用各种充满异国情调的花卉插花来美化席面。 （7）员工着装：员工服装质地优良、挺括庄重，色彩以黑色、白色为主，与扒房的气氛相辅相成。 （8）娱乐活动：以西方高雅音乐为主，旨在营造高雅、浪漫的就餐环境。
实训心得：	

任务 1-1-2　西餐部组织结构

要点编码	1.1.2	**实训要点**	西餐部组织结构
要点适用性	通用性、个性化	**实训方式**	课堂教学
实训执行者	学校导师	**评价方式**	理论
实训步骤	**实训主要内容**		
1. 西餐部	（1）结构：经理—副经理—主管 / 领班—服务员（迎宾员、服务员、传菜员）。 （2）参照中餐厅任务 1-1-1 中餐部组织结构、餐饮生产运行、生产部门职能等。		
2. 西厨房组织结构	（1）厨师长。 （2）西餐料理师。 （3）西点料理师。		
3. 送餐部	（1）领班。 （2）值班员。		
4. 酒吧	（1）主管。 （2）调酒师。 （3）吧员。		
实训心得：			

任务 1-1-3　西餐餐用具

要点编码	1.1.3	实训要点	西餐餐用具
要点适用性	通用性、个性化	实训方式	课堂教学、校内实训、岗位实践
实训执行者	学校导师、企业导师	评价方式	理论、实操
实训步骤	实训主要内容		
1. 餐叉类	餐叉通常用不锈钢、铝合金或银制成。常用的有主餐叉、鱼叉、甜品叉、海鲜叉、服务用叉。		
2. 餐刀类	餐刀也是西餐中不可缺少的用具。主要分主餐刀、牛排刀、鱼刀、甜品刀、黄油刀、水果刀。		
3. 餐匙类	西餐匙按形状、大小和用途可分为冰茶匙、甜点匙、汤匙、茶匙、咖啡匙。		
4. 专用餐具	龙虾叉、牡蛎叉、蚝叉、蜗牛叉等。		
5. 常见的服务用具	糖夹：主要用于夹取糖、椒盐等佐料。 蜗牛夹：与蜗牛叉配用，主要用于食用蜗牛等风味菜。 冰夹：是一种较大型的服务员用夹，主要用于夹取碎冰块。 蛋糕托：是一种形似铲子的用具，主要用来铲取蛋糕等糕点。 糕饼夹：形状和烫夹相似，主要用来夹糕饼。 通心面夹：是一种带锯齿的夹子，主要用来夹取通心粉。 蛋糕刀：与餐刀相似，主要用来切各种糕点。 蔬菜夹：主要用于盛装蔬菜类菜肴，为服务员派菜时所用。		
实训心得：			

任务 1-1-4　西餐菜肴特点

要点编码	1.1.4	实训要点	西餐菜肴特点
要点适用性	通用性	实训方式	课堂教学
实训执行者	学校导师	评价方式	理论
实训步骤	实训主要内容		
1. 选料精细	西餐在原料质量和规格上有严格要求，如牛肉要用黄牛、仔牛、乳牛的去骨无脂肪的瘦肉；鸡选用雏鸡，且应去头去爪等。		
2. 口味香醇	（1）制作西餐其除精选主料外，调料也十分讲究，制成一种菜肴，往往需要多种调料方可完成。 （2）乳制品、桂叶、柠檬、酒等都是常用的调味品，这些香料的使用使菜肴的香气和味道更加浓郁突出。		
3. 单独烹制调味汁	（1）调味汁（沙司）与菜肴主料分开烹调是西餐的一大特点。 （2）将单独制作的沙司浇在单独制作的菜肴上面，可起到调味、增色、保温的作用。		
4. 烹饪方法独特	（1）西餐常见的烹调方法有煎、炸、炒、烩、焖、烤、焗、铁扒、氽、串烧、锅烧、面拖、煮、烟熏等。 （2）其中锅烧、焗、烤、煎、铁扒等烹调方法是中餐中少见的，尤以铁扒、烤、焗最具特色，如烤火鸡（Roasted turkey）、焗蜗牛（Baked snail）、铁扒西冷牛排（Grilled sirloin steak）等。		
5. 注重肉类菜肴烹制的老嫩程度	（1）西餐中一些食草动物的肉（如牛、羊肉）、禽类（如鸭）和海鲜通常烹制得较为鲜嫩以保持其营养成分，有的甚至生食（如牡蛎）。但杂食动物类的肉及河鲜必须全熟方能食用。 （2）肉类菜肴的五个老嫩程度。一成熟（Rare）：肉表焦黄，中间为红色生肉，装盘后有血水渗出；三成熟（Medium Rare）：肉表焦黄，外层呈粉红色，中心为红色，装盘不见血，但切开后断面有血流下；五成熟（Medium）：肉表褐色，中间呈粉红色，切开不见血；七成熟（Medium Well）：肉表深红色，中间呈茶色，略见粉红色；全熟（Well Done）：肉表焦煳，中间全部为茶色。		
实训心得：			

任务 1-1-5　西方主要国家菜肴知识

要点编码	1.1.5	实训要点	西餐主要国家菜肴知识
要点适用性	通用性	实训方式	课堂教学
实训执行者	学校导师	评价方式	理论
实训步骤	实训主要内容		
1. 法式菜	（1）法国大餐公认为西餐的代表。法式菜式选料广泛，用料新鲜，加工精细，烹调考究，滋味鲜美，花色繁多，非常重视沙司的制作，调味品种类多样，善于用酒和香料调味，在享用时非常注重餐具的使用。 （2）代表菜：西冷牛排、焗蜗牛、鹅肝酱、巴黎龙虾、青蛙腿、牡蛎杯、马赛鱼羹、红酒焖鸡、法国洋葱汤、里昂带血鸭子、南特奶油梭鱼等。		
2. 意式菜	（1）意大利菜式汁浓味厚，讲究原汁原味，喜用橄榄油、番茄酱，调味用酒较重，以面制品见长，如通心粉、比萨饼等。 （2）代表菜：铁扒干贝、红焖牛仔肘子、馄饨、通心粉蔬菜汤、三色比萨、肉馅春卷、肉末通心粉等。		
3. 英式菜	（1）油少、清淡，较少用酒调味，少浓汁浓味菜，烹调技法和工艺简单，多以清煮、烩、炸、烤、蒸为主，禽类和野味大都整只或大块烹制。 （2）代表菜：牛尾浓汤、烤火鸡栗子酿馅、蘑菇奶油鸡片、烤鹅栗子馅、鸡丁沙拉、烤大虾苏夫力、薯烩羊肉等。		
4. 美式菜	（1）美式菜注重营养。口味喜甜，爱以水果配菜，很讲究甜食，口味上已由传统的咸鲜甜趋向清淡，烹调方法主要有煮、蒸、烤、铁扒等。 （2）代表菜：感恩节火鸡、菠萝焗火腿、苹果烤鸭、苹果黄瓜沙拉、华道夫沙拉、美式螃蟹杯、美式煮鱼、姜汁橘酱鱼片、圣诞节玉米粥等。		
5. 俄式菜	（1）口味以酸、甜、辣、咸为主，烹调中多用酸奶油、奶渣、柠檬、辣椒、酸黄瓜、洋葱、奶油、小茴香、香叶作调料，以烤、熏腌技法为特色。 （2）代表菜：罗宋汤、黑鱼子酱、红烩牛肉、黄油鸡卷、莫斯科式烤鱼、什锦冷盘、酸黄瓜汤、冷苹果汤、鱼肉包子等。		
6. 德式菜	（1）德国菜中的生鲜菜较多，口味以酸咸为主，浓而不腻。 （2）代表菜：柏林酸菜猪肉、酸菜焖法兰克福肠、汉堡肉扒、鞑靼牛扒。		
实训心得：			

任务 1–1–6　西餐主要烹制技法

要点编码	1.1.6	实训要点	西餐主要烹制技法
要点适用性	通用性	实训方式	课堂教学
实训执行者	学校导师	评价方式	理论
实训步骤	实训主要内容		
1. 以水为介质的烹制方法	（1）煮：将原料放入清水或清汤中旺火烧沸，再改用中小火煮熟原料。 （2）汆：待水烧开，放入原料，水再开时加入调料。 （3）炖：食物原料加入汤水及调味品，旺火烧沸后转成中小火，长时间烧煮原料至成熟。		
2. 以油为介质的烹调方法	（1）烩：将原料经过初加工（过油或腌制）后加入浓汤汁和调料，先用大火后用小火使原料成熟。 （2）焖：将原料初加工（一般为过油或着色）后放入焖锅，加入少量沸水或浓汤（一般浸没原料的 1/2 或 2/3）用微火长时间加热使原料成熟。 （3）煎：西餐中使用较为广泛的烹调方法之一，原料加工成型后加调料使之入味，在平底锅或扒板上倒少量油，用较高油温加热成熟。 （4）炸：将原料加工成型后调味，在对原料进行挂糊后投入油量多、油温高的油锅中加热成熟。		
3. 以空气为介质的烹调方法	（1）炒：将加工成丝、丁、片等小型原料投入油量少的油锅中急速翻炒，使原料在较短时间内成熟。 （2）烤：将各种经过初加工成熟的原料放入耐热容器内，加调味沙司后放入烤箱或焗炉加热至成熟。		
4. 以铁条或木材为介质的烹调方法	（1）铁扒：将加工成型（一般为片状）的原料加调料腌制后放入扒炉，加热至规定的成熟度。 （2）炭烧：采用特殊木材作为燃料，用炭火所烘烤出来的食物会带有木香味。		
实训心得：			

任务 1–1–7　西餐正餐上菜顺序

要点编码	1.1.7	实训要点	西餐正餐上菜顺序
要点适用性	通用性	实训方式	课堂教学
实训执行者	学校导师	评价方式	理论
实训步骤	实训主要内容		
1. 开胃头盘	（1）有冷、热之分，一般量较少、色泽鲜艳、装饰美观，多用清淡的海鲜、熟肉、蔬菜、水果制作，旨在开胃，刺激宾客的食欲。 （2）有名的开胃头盘：鹅肝酱、鱼子酱、烟熏三文鱼、焗蜗牛等。		
2. 汤	（1）有冷汤与热汤、清汤与浓汤之分，讲究原汤、原色、原味。 （2）有名的汤：法国洋葱汤、意大利菜汤、俄国红菜汤等。		
3. 沙拉	（1）也称沙律、沙拉，即凉拌生菜，具有开胃、帮助消化的作用。 （2）可分为水果沙拉、素菜沙拉和荤素沙拉。水果沙拉常在主菜前上，素沙拉可作为配菜与主菜一起食用，而荤素沙拉可单独作一道菜用。 （3）有名的沙拉有：厨师沙拉、什锦沙拉、华尔道夫沙拉等。 （4）常用沙拉汁：蛋黄酱/沙拉油汁（Mayonnaise）、法汁（French Dressing）、鸡尾汁（Sauce Cocktail）、千岛汁（Thousand Island dressing）、油醋汁（Oil Vinegar）、罗佛汁（Roguefort Cheese dressing）等。		
4. 主菜	（1）西餐正餐中最主要的部分，是整套菜的灵魂，制作考究，既要考虑菜肴的色、香、味、形，又应考虑菜肴的营养价值，多用海鲜、牛羊、猪肉和禽类作主要原料。 （2）有名的主菜有：西冷牛排、T 骨牛排、肉眼牛排、腓利牛排、爱尔兰烩羊肉、美式火鸡、马里兰炸鸡、烤羊马鞍、黄油鸡卷、蘑菇焗鳟鱼、苹果烤鹅、意式红焖猪排、鞑靼牛排、红酒烩腰花、熏鲳鱼、巴黎龙虾等。 （3）主要的主菜调味汁有：配羊排的薄荷汁（Mint sauce）、薄荷啫喱汁（Mint jelly）；配牛排的贝耐汁（Bearnaise sauce）、培西汁（Bercy sauce）、蘑菇汁（Creamy mushroom sauce）等；配猪排的苹果汁（Apple sauce）、勃朗汁（Brown sauce）等；配鸡肉等家禽的黄汁（Yellow meat–sauce）、车沙汁（Chasseua sauce）、番茄汁（Catchup）等；配鱼类菜肴的荷兰汁（Hollandaise sauce）、奶油汁（Bechamele sauce）、奶酪汁（Morney sauce）、鞑靼汁（Tartare sauce）、美国汁（American sauce）、鳀鱼汁（Anchovy sauce）、白葡萄汁（White wine sauce）等。		

续表

5. 甜品	（1）甜品包括奶酪和甜点。 （2）食用奶酪时，要用胡椒和盐调味，并跟配黄油、面包、芹菜条、胡萝卜等。 （3）甜点有冷热之分，常见的甜点有：煎饼（Pancake）、烤饼（Scone）、松饼（Muffin）、各种蛋糕（Cake）等。
6. 咖啡或茶	（1）常见的咖啡有：爱尔兰咖啡（Irish coffee）、皇室咖啡（Royal coffee）、意大利浓咖啡（Espresso）、意大利咖啡（Cappuccino）、冰咖啡（Ice coffee）等。 （2）常见的茶有：红茶（Black tea）、绿茶（Green tea）等。
实训心得：	

任务 1–1–8　西餐酒水与菜肴的搭配

要点编码	1.1.8	**实训要点**	正餐酒水与菜肴的搭配
要点适用性	通用性	**实训方式**	课堂教学
实训执行者	学校导师	**评价方式**	理论
实训步骤	**实训主要内容**		
1. 搭配原则	（1）颜色：遵循“红配红，白配白”的原则。 （2）味道：一般咸味菜肴选用干、酸型酒类，辣食选用强香型酒类，甜食选用甜型酒类。		
2. 一般规律	（1）餐前需饮开胃酒，如味美思（Vermouth）、苦艾酒（Bitter）、茴香酒（Anisette）或鸡尾酒（Cocktail）。 （2）头盘：搭配干白葡萄酒，但鱼子酱配饮伏特加酒。 （3）汤：不喝酒，或配白葡萄酒或雪利酒，如深色的雪利酒（Sherry）或马德拉酒（Madeira）。 （4）鱼类菜肴：搭配干白葡萄酒或玫瑰葡萄酒。 （5）肉类菜肴：搭配干红葡萄酒。 （6）奶酪：搭配甜葡萄酒，或继续饮用主菜的酒类。		

续表

2. 一般规律	（7）甜品：搭配甜葡萄酒或加汽葡萄酒，如利口酒（Liqueur）、钵酒（Port）或鸡尾酒（Cocktail）等。 （8）香槟酒和玫瑰露葡萄酒：搭配任何西菜。
3. 主菜与酒水搭配	（1）海鲜类：酒精含量 12%~14% 的无甜味干白葡萄酒。 （2）小牛肉、猪肉和鸡肉等白肉类：酒精度不太高的酒，如酒精含量 11%~13% 干红葡萄酒。 （3）牛肉、羊肉和火鸡等红肉类：酒精度较高的，如酒精含量 13% 以上的红葡萄酒。
实训心得：	

任务 1-1-9　西餐菜单程式

要点编码	1.1.9	**实训要点**	西餐菜单程式
要点适用性	通用性	**实训方式**	课堂教学
实训执行者	学校导师	**评价方式**	理论
实训步骤	**实训主要内容**		
1. 西餐早餐菜单程式	水果或果汁、谷物类食品、肉蛋类食品、面包及黄油等。		
2. 西餐午餐菜单程式	头盘、汤类、主菜类（海鲜、鱼虾、牛猪羊肉、禽）、蔬菜类、甜点、餐后饮料。		
3. 西餐晚餐菜单程式	头盘、汤类、主菜沙拉、主菜、烤肉、餐间冷饮、蔬菜、甜点、餐后酒类。		
4. 咖啡厅菜单程式	厨师特选、头盘、汤类、沙拉、主菜、海鲜、风味小吃、三明治与汉堡包、甜品、酒水饮料。		
5. 西餐宴会菜单的一般程式	头盘、汤、鱼、肉、鸡鸭、沙拉、干果、甜食、水果、咖啡或茶水。		
实训心得：			

任务 1-1-10　西餐服务方式

要点编码	1.1.10	实训要点	西餐服务方式
要点适用性	通用性	实训方式	课堂教学、校内实训
实训执行者	学校导师	评价方式	理论、实操
实训步骤	实训主要内容		
1. 法式服务	（1）又称里兹服务、正规服务、手推车服务，由恺撒·里兹（Caesar Ritz）首创，用于豪华酒店，酒店的扒房一般采用法式服务。 （2）注重现场烹制表演，菜肴在厨房中略加烹调后，置于手推车上，由服务员推出，在宾客面前进行烹制表演或切割装盘，分盛餐盘中端给宾客。 （3）一般由 2 名服务员同时服务，一名烹调制作，另一名开餐上菜。 （4）上菜时，除黄油、面包、沙拉从宾客左边上外，其余菜肴和酒水都用右手从宾客右边送上，右边撤下。 （5）热菜用热盘上，冷菜用冷盘上。		
2. 俄式服务	（1）又称为国际式服务，源于俄国沙皇时代，拿破仑战争时期传到欧洲，西餐宴会可采用俄式服务，大量使用银器。 （2）通常由 1 名男服务员为 1 桌宾客服务，食物预先在厨房烹制好，并装入银盘中，由服务员托入餐厅，送上餐桌供宾客观赏，然后左手垫餐巾托起银盘，右手持分菜叉、勺，从每位宾客左侧用右手派菜。 （3）服务规则：加热后的空盘从右边，按顺时针方向绕台摆放，派送食物则从左边按逆时针方向进行，斟酒、上饮料和撤盘都在宾客右侧进行。		
3. 英式服务	（1）又称为家庭式服务，多用于私人宴会。 （2）服务员从厨房拿出已盛好的菜肴、食品的大盘和加温的餐盘，放在男主人面前，由男主人分菜。男主人分好菜后，将餐盘递给站在他左边的服务员，再由服务员分送给女主人、主宾和其他宾客。 （3）调味汁料、配菜放在餐桌上，由宾客自取并相互传递。		
4. 美式服务	（1）又称为盘式服务、飞碟服务，咖啡厅和西餐宴会多采用美式服务。 （2）食物预先在厨房内烹制好，分好单人份，装好盘，服务员只需按顺序把菜迅速送到宾客面前。 （3）上菜时，用左手从宾客的左边送上所有食物，用右手从宾客右边送上饮料，从宾客右边撤走脏盘。		

续表

5. 大陆式服务	（1）揉合了法式、俄式及美式的服务方式，根据不同菜肴特点来选择服务方法的综合服务方式。 （2）原则：既方便宾客就餐又方便服务员操作。 （3）美式服务——上开胃品和沙拉。 俄式服务——上汤或主菜。 法式服务——上主菜或甜品。
实训心得：	

任务 1-1-11　西餐早餐种类

要点编码	1.1.11	**实训要点**	西餐早餐种类
要点适用性	通用性	**实训方式**	课堂教学
实训执行者	学校导师	**评价方式**	理论
实训步骤	**实训主要内容**		
1. 西式早餐	（1）西式早餐一般在咖啡厅内提供。 （2）早餐散餐的内容大致有：果汁类、水果类、谷麦类、鸡蛋类、肉类、面包类、热饮类等。		
2. 欧陆式早餐	也称为标准早餐、健康式早餐。内容包括： （1）果汁或水果。 （2）面包类，如牛角包、丹麦包、全麦包或小圆面包等（仅供应其中一种），配黄油或果酱。 （3）咖啡、鲜奶或茶。		
3. 美式早餐	被称为营养早餐，包括： （1）水果或果汁。 （2）鸡蛋类，如煎蛋、炒蛋、煮蛋、水波蛋或蛋卷等。 （3）肉类，如火腿、熏肉、香肠等。 （4）面包类，配黄油、果酱或蜂蜜等。 （5）饮料类，如咖啡、茶、酸奶、鲜奶等。		

续表

4. 英式早餐	现一般为饭店的零点早餐，内容丰富，数量充足，包括： （1）果汁或水果。 （2）面包类，配黄油、果酱或蜂蜜。 （3）冷或热的谷物类食品。 （4）鸡蛋或鱼类。 （5）肉类。 （6）咖啡、茶或可可。
5. 行政式早餐	（1）除美式早餐的 5 项内容外，可另点菜和扒类。
实训心得：	

任务 1–1–12　自助餐菜肴分区与布置常识

要点编码	1.1.12	**实训要点**	自助餐菜肴分区与布置常识
要点适用性	通用性	**实训方式**	课堂教学
实训执行者	学校导师	**评价方式**	理论
实训步骤	**实训主要内容**		
1. 自助餐台布置原则	（1）醒目而富有吸引力。 （2）方便客人取菜。 （3）餐台设计应结合场地特点。 （4）餐台设计应具有灵活性和多变性。 （5）餐台设计有主题性。		
2. 自助餐餐台常用的组合台型及适用范围	根据餐厅的场地特点和宾客的需求，可将不同的台面拼合成各种新颖别致、美观流畅的台型。常见的台型有： （1）基本台型：长方形、椭圆形、梯形，常靠餐厅四周墙壁摆放，可放置食品也可用于陈列装饰品。 （2）扇环台、扇形台、长方半圆组合台和“L”形组合台，一般放于餐厅一角，作为小型餐台或用来摆放装饰品。		

续表

2. 自助餐餐台常用的组合台型及适用范围	（3）圆台一般放于餐厅中央或餐台中央，用于放置食品或装饰品（如食雕、冰雕、黄油雕、各种花草等）。 （4）圆环台一般适用于长方形餐厅，放置于餐厅中央，在圆形台中央可配厨师，帮助宾客取菜或切割大块食品。 （5）组合椭圆台、环形椭圆台一般放于长方形餐厅中央。 （6）“S”形组合台一般用于不规则形状餐厅。 （7）形似“几”字的钟形台一般放于餐厅的一面或对称两面，是可用于除夕夜的台型，寓意“撞钟”。
3. 自助餐布置餐台顺序	（1）第一步：先上炖品、汤羹、甜品、烧、焖制的菜肴。 （2）第二步：上冷菜，炸、烤制的菜肴和点心。 （3）第三步：上爆炒的菜肴和蔬菜。
4. 菜点摆放要求	（1）自助餐菜点陈列一般按照开胃品，汤，羹，冷菜，烤、炸制菜肴，其他热菜，蔬菜，甜品，水果的进餐顺序排列。 （2）甜品、水果或切割烧烤类等特色菜肴可分台摆放，摆放顺序同上。 （3）热菜用保温锅盛放。 （4）在每道菜品前面正对宾客取菜方向摆上菜名（中、英文）指示牌，每道菜肴都要摆放一副取菜用的公用叉、匙，各种跟配的调料与菜品放在一起，以便宾客取用。 （5）宾客取菜用的餐盘放于餐台最前端，20 个餐盘一摞，码放整齐。餐刀、餐叉、汤匙及餐巾花整齐放于餐盘前方（有的餐厅放在餐桌上）。 （6）摆放菜点时要注意色彩的搭配，颜色相同的菜品尽量错开位置。 （7）餐台装饰物布置合理，如食雕、冰雕、黄油雕、鲜花等，可放置在中央或两边，将冷菜、热菜、点心、水果分隔开，起到美化餐台的作用。 （8）酒水台单独设置，酒水分门别类按照杯高矮次序排列，并注意色彩搭配。
实训心得：	

任务 1-1-13　西餐宴会知识

要点编码	1.1.13	实训要点	西餐宴会知识
要点适用性	通用性	实训方式	课堂教学
实训执行者	学校导师	评价方式	理论
实训步骤	实训主要内容		
1. 西餐宴会特点	（1）菜点以欧美菜式为主，饮品以洋酒为主，使用刀、叉等西式餐具。 （2）环境布局、场景设计、台面设计、餐具用品、伴餐音乐等均突出西式格调，餐桌为长方形，乘用西式台面布置，采取分餐制等。 （3）采用西式服务，席间播放背景音乐、服务程序和礼仪都有严格要求。 （4）宴席形式多样，如正式宴会、自助餐会、冷餐酒会、鸡尾酒会等。 （5）根据菜式与服务方式的不同，又可分为法式宴会、俄式宴会、英式宴会和美式宴会。		
2. 西餐正式宴会	（1）采用西餐宴会摆台，品尝西式菜肴，按西餐礼仪提供服务。 （2）餐桌一般用长台桌，根据宴会菜肴道数摆放刀叉等餐具。 （3）采用分餐制。每人每一道菜用不同的餐盘，配用不同的刀叉餐具，配饮不同的酒及酒杯。 （4）宴会厅灯光柔和、偏暗，点蜡烛。宴会进行中有乐队伴奏或播放轻音乐。		
实训心得：			

任务 1-1-14　西餐酒会知识

要点编码	1.1.14	实训要点	西餐酒会知识
要点适用性	通用性	实训方式	课堂教学
实训执行者	学校导师	评价方式	理论
实训步骤	实训主要内容		
1. 冷餐酒会	（1）冷餐酒会是以自助餐的形式举行的宴会。 （2）一般不排席位，但可设桌椅，宾客自由入座或站立进餐，必要时可设贵宾区。 （3）菜肴以冷菜为主，可辅以热菜或烧烤菜，食品可中式菜、西式菜或中西式菜结合，菜肴需提前陈列在自助餐台上，供宾客自取，酒水可设专门的酒水台，也可由服务员托盘运送。 （4）冷餐会可在室内、室外或花园举行。因其形式灵活，多为政府部门或企业界举行人数众多的盛大庆祝会、欢迎会、开业典礼等活动采用。		
2. 鸡尾酒会	（1）鸡尾酒会具有欧美传统的集会交往形式。 （2）形式灵活，一般不设座位，没有主宾席，宾客可随意走动。 （3）以酒水为主，略备三明治、点心、小串烧、炸薯片等小吃。酒水和小吃由服务员用托盘送呈，或部分置于小桌上。 （4）举办时间灵活，可单独举行，也可在正式宴会前举行，还可结合举办记者招待会、新闻发布会、签字仪式等活动。		
实训心得：			

任务 1–1–15　西餐宴会场景设计的规则与标准

要点编码	1.1.15	实训要点	西餐宴会场景设计的规则与标准
要点适用性	通用性、个性化	实训方式	课堂教学
实训执行者	学校导师	评价方式	理论
实训步骤	实训主要内容		
1. 通用原则	（1）西餐宴会场景具有鲜明的西方特色，突出主题。 （2）利用灯光、色彩、装饰物、声音、温湿度、绿色植物等多种元素为宾客营造理想的宴会氛围。		
2. 西餐正式宴会场景设计	（1）场景设计突出主题，可选择室内或室外场地。如举办节日宴会可布置烘托节日气氛的装饰物。 （2）宴会区域划分，包括背景板位置、出入口、走道、用餐区、服务区、休息区。 （3）致辞台一般放在主席台后方或右侧方，台前用鲜花装饰。 （4）选择合适场地布置餐前鸡尾酒会。		
3. 冷餐酒会场景设计	（1）突出自助餐台，设计流畅的人群流动线路，并注意突出冷餐会主题。 （2）坐式冷餐会的自助餐台可设在宴会厅两侧，餐桌位于中央部分，注意突出主桌。 （3）站式冷餐会的自助餐台可设在宴会厅四周或中央，整体布置更显宽敞，分区域摆设小桌，台上摆放纸巾篮、鲜花等简单物品。		
4. 鸡尾酒会场景设计	（1）可选择户外场地，不设餐桌。 （2）营造浪漫氛围，可以从环境、餐具、桌布、饰品等细节方面进行设计。 （3）餐台可选择漂亮的小摆设、具有清新气息的鲜花做装饰。		
实训心得：			

任务 1-1-16　西餐宴会菜单设计的规则与标准

要点编码	1.1.16	实训要点	西餐宴会菜单设计的规则与标准
要点适用性	通用性、个性化	实训方式	课堂教学
实训执行者	学校导师	评价方式	理论
实训步骤	实训主要内容		
1. 宴会菜点	（1）正式宴会的菜点包括面包、黄油、开胃头盘、汤、鱼、副菜、主菜（可配沙拉）、甜品、水果等内容，其中主菜是整套菜的灵魂。 （2）冷餐会的菜点以冷菜为主，热菜为辅，菜点品种丰富多样，一般都在 20 种以上，各式菜品搭配和谐、比例适中。 （3）鸡尾酒会以饮为主，以吃为辅，菜点相对较少，结构为：鸡尾小点（canapes）、冷盘类（cold cut）、热菜类（hot item）、现场切肉类（carving item）、绕场服务小吃（pass around or special addition）、甜点及水果类（pastries & fruit plate）、佐酒小吃（condiments），一般讲究菜点精美、小巧。		
2. 菜名设计	（1）须根据宴会的性质和主题，采用有寓意的命名方法，使菜名主题鲜明、寓意深刻。 （2）力求名副其实，使菜名足以体现菜品的特色或反映菜品的全貌。 （3）力求雅致得体，强调菜肴是采用西餐原料或西餐烹调方法制作出来的。		
3. 菜单装帧	（1）选择合适的制作材料。 （2）确定菜单的形状、大小、色彩、款式、字体及印刷种类。 （3）菜单和酒水单应别致、新颖，符合宴会主题。		
实训心得：			

任务 1-1-17　西餐宴会台型布置规则与标准

<table>
<tr><td>要点编码</td><td>1.1.17</td><td>实训要点</td><td>西餐宴会台型布置规则与标准</td></tr>
<tr><td>要点适用性</td><td>通用性、个性化</td><td>实训方式</td><td>课堂教学</td></tr>
<tr><td>实训执行者</td><td>学校导师</td><td>评价方式</td><td>理论</td></tr>
<tr><td>实训步骤</td><td colspan="3">实训主要内容</td></tr>
<tr><td>1. 西式宴会桌型的基本组合</td><td colspan="3">（1）西式宴席以中、小型为主，餐桌是长桌，大型多采用自助餐形式。大型西式宴席，主餐桌选用条桌，其他餐桌大多选用圆桌。
（2）台型设计
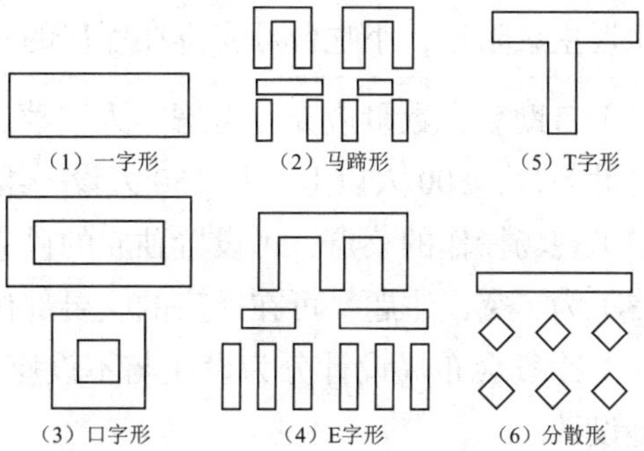

（3）西餐宴会座次设计
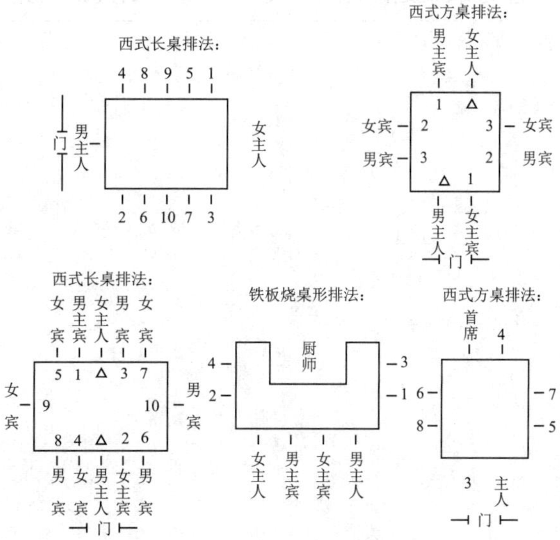
</td></tr>
</table>

续表

2. 鸡尾酒会台型布置	（1）鸡尾酒台型设计无定式。 （2）用餐区只布置小圆桌，不设菜台与座位。在厅室的左右两侧摆好酒台，供服务人员送酒和备餐之用。 （3）宴会前的鸡尾酒会：小型酒会可设在休息厅内，或在宴会厅内一角设置。如在休息厅设置鸡尾酒会，则需在靠近入口处安排酒水台，并在厅房中间放一些高圆台，视厅房面积安排，约每 20 平方米放一张。 （4）宴会后的鸡尾酒会：场地可选择休息厅、宴会厅的休息区域，可利用现成的沙发茶几，另设提供咖啡、酒水的酒吧台和小吃台。 （5）商务型鸡尾酒会：大型酒会据需搭建舞台，供主人讲话或小型乐队演奏使用。会场内可摆放一些高圆台，不设椅子。按照菜单与参会人数摆放酒台与小吃台，通常每 100 人摆放 1 张。酒台可设在门口或靠近主桌附近，小吃台可安排在厅房的中间。
3. 冷餐宴会台型布置	（1）自助餐台数量应充分考虑客人取菜进度，一般每 80~120 人设一组自助餐台，500 人以上可每 150 人设一组自助餐台。 （2）现场操作的菜点，可设置独立的供应摊位。 （3）为了突出主题，可在厅房的主要部位布置 1 张装饰台。 （4）冷餐会布局设计分为设座与不设座两种形式，可参照自助餐台台型设计。 （5）要注意客人取菜路线的流向，人流的交汇处应在取菜口上，而不能是取菜处的尾部，尽量与加菜厨师的线路分开。
实训心得：	

任务 1–1–18　西餐宴会台面布置规则与标准

要点编码	1.1.18	实训要点	西餐宴会台面布置规则与标准
要点适用性	通用性、个性化	实训方式	课堂教学
实训执行者	学校导师	评价方式	理论
实训步骤	实训主要内容		
1. 西餐宴会台面布置一般规则	（1）确定主题，围绕主题进行台面元素的设计，包括台布、口布、椅套、餐具、中心装饰物、烛台与菜单等所有展示在西餐台面上的物品。 （2）可邀请客人共同构思台面设计，凸显西方文化。		
2. 布草的选择	（1）西餐宴会台面中主色调的营造主要靠台布、口布和椅套，在确定了主题之后，选择在颜色、款式、造型等方面与主题搭配的布草。 （2）宜选用白色、银灰色等素雅简洁的颜色，同时为美化餐台、丰富台面颜色，可在餐桌中心正副主位方向铺设桌旗。口布的选择应与台布、椅套、餐具的颜色相协调，花型设计应简约挺括大方、吻合主题。如父亲节主题选用折叠衬衫、领带等花型，圣诞节主题选用折叠蜡烛、圣诞树等花型。		
3. 中心装饰物的设计	（1）中心装饰物是整个台面最能体现主题的关键物品，主要包括插花造型类和艺术品综合造型类。 （2）插花类造型设计应根据主题和客人的习俗忌讳选择花器、花材，要注意不同花的花语，注意花材颜色的选择，确保整个台面的协调搭配。 （3）艺术品类综合造型设计通过表达主题的摆件、雕塑等艺术品营造氛围，再配以花草做造型和造景，达到一种整体的和谐之美。		
4. 餐具的选择	根据主题选择餐具，注意颜色、形状和餐具花边的设计等细节。		
实训心得：			

任务 1-1-19　西餐宴会服务与活动的设计与标准

<table>
<tr><td>要点编码</td><td>1.1.19</td><td>实训要点</td><td>西餐宴会服务与活动设计与标准</td></tr>
<tr><td>要点适用性</td><td>通用性、个性化</td><td>实训方式</td><td>课堂教学</td></tr>
<tr><td>实训执行者</td><td>学校导师</td><td>评价方式</td><td>理论</td></tr>
<tr><td>实训步骤</td><td colspan="3">实训主要内容</td></tr>
<tr><td>1. 服务程序与标准设计</td><td colspan="3">（1）西餐宴会十分注重气氛，但它与中餐宴会的热闹不同，是在一种幽雅安静的气氛中进行的。
（2）西餐宴会多采用美式服务，有时也采用俄式服务，个别菜肴采用法式服务。
（3）服务员要反应灵敏，注意自己的动作，步履要轻快，动作要敏捷干脆，不得有响声。</td></tr>
<tr><td>2. 服务方式设计</td><td colspan="3">（1）西餐宴会服务要注意给客人以一种艺术的美感。
（2）上菜方式：若是方台，摆盘的位置距离要大致相等并成一条直线，主造型正对客人。
（3）服务的具体动作：服务时，始终遵循女士优先的原则。为每位宾客同步上菜、揭盖，做到动作一致。宾客离座时，要帮助拉椅、整理餐巾；宾客回座时，要协助宾客入座。</td></tr>
<tr><td>3. 席间乐和活动设计</td><td colspan="3">（1）背景音乐要柔和，为客人营造一种美妙的气氛，体现高雅的情调。
（2）席间乐不影响宴会的主要活动，如进餐、致辞等。
（3）活动要与服务过程协调配合。</td></tr>
<tr><td colspan="4">实训心得：

</td></tr>
</table>

线上学习		
各岗位基本知识		
拓展知识	案例分析	课后习题
学习心得		

项目 1–2　基本技能

思维导图

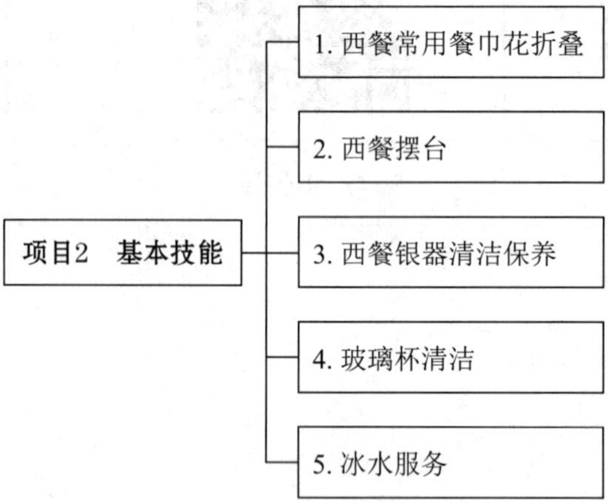

线上学习

各岗位基本技能

课前自测	电子教案

任务 1–2–1　西餐常用餐巾花折叠

要点编码	1.2.1	实训要点	西餐常用餐巾花折叠
要点适用性	通用性、个性化	实训方式	校内实训、岗位实践
实训执行者	学校导师、企业导师	评价方式	实操
实训步骤	实训主要内容		
1. 法式褶	（1）先将餐巾平铺，左右对折成长方形后上下对折一次。 （2）餐巾被分为四层，最上面一层餐巾对角对折后，再把下面几层餐巾依次对折，下层餐巾每对折一次要比上一层多出 1/5 左右，最后将整块餐巾翻到反面并对折成长方形即可。 （3）此餐巾折叠可用于摆放刀叉。		
2. 领结	（1）先将餐巾平铺开，向中间对折两次变成长方形。 （2）再把长边一头从 3/10 处对折，另一头从 2/10 处对折，两头对折后刚好压在一起。 （3）再用相同颜色的束带从中间缠绕几圈，最后翻至正面摆放即可。		
3. 三明治	（1）反面朝上，将餐巾三等分，从两边向中间折叠。 （2）以餐巾的横向中心线为基线，将上下两边巾边按三等分向内翻折。 （3）提起中间向背面折拢。 （4）整理，放入盘内。		
4. 皇冠	（1）反面朝上，折叠成长方形。 （2）将右上角与左下角相对，向中线翻折成平行四边形。 （3）翻转餐巾，将上边向下翻折，与底边重合。 （4）将左右巾角分正反面插入夹层。 （5）撑开成形，放入盘内。		
5. 主教帽	（1）反面朝上，对角折叠。 （2）将两底角折至顶角，形成正方形，菱形摆放。 （3）将底角翻折，折至此正方形的一半位置处，并反折至底边。 （4）将两侧角反折于背面，将其中一个角塞入另一个角内。 （5）撑开成形，把上面两个松散的角拉出，使其突出于两边。 （6）整理成形，放入盘内。		

续表

6. 扇面送爽	（1）反面朝上，对折。 （2）将双边向上呈长方形折叠。 （3）均匀折五个折。 （4）撑开成扇形，放入盘内。
实训心得：	

任务 1-2-2　西餐摆台

要点编码	1.2.2	**实训要点**	西餐摆台
要点适用性	通用性、个性化	**实训方式**	校内实训、岗位实践
实训执行者	学校导师、企业导师	**评价方式**	实操
实训步骤	**实训主要内容**		
1. 不同餐别个人餐位摆台顺序	（1）早餐：铺台布（或早餐垫纸）→餐巾花定位→摆正餐刀、汤匙和正餐叉→摆面包盘、黄油刀和黄油碟→摆咖啡杯、咖啡碟和咖啡匙→摆水杯→摆椒盐瓶、糖盅、花瓶、台号牌及其他物品（如广告牌）。 （2）午晚餐：铺台布→餐盘定位→摆正餐刀、汤匙和正餐叉→摆面包盘、黄油刀和黄油碟→摆水杯→摆餐巾花→摆椒盐瓶、糖盅、花瓶、蜡烛台（晚餐）、台号牌及其他物品（如广告牌）。 （3）宴会：铺台布→摆蜡烛台→餐椅定位→摆装饰盘（垫盘）→摆主菜刀、鱼刀、汤匙和头盘刀→摆主菜叉、鱼叉和头盘叉→摆水果刀、叉和甜品匙→摆面包盘、黄油刀和黄油碟→摆酒杯（水杯、红葡萄酒杯和白葡萄酒杯）→摆餐巾花→摆椒盐瓶、糖盅、花瓶、菜单、座次卡等。		

续表

2. 西餐早餐摆台要求	（1）西餐早餐一般不铺台布，铺早餐垫纸于餐位正中，距离桌边 1 厘米。 （2）将餐刀、餐叉分别摆放在纸垫式菜单的右左侧，刀口向左，叉尖朝上，刀、叉尾端距桌边 1 厘米，刀叉之间相距 30 厘米左右。 （3）在餐叉左侧 1 厘米处放面包盘，盘边距桌边 1 厘米；黄油刀放于面包盘内右侧三分之一处，刀口朝左，与其他刀叉平行。 （4）咖啡杯放于餐刀右侧，咖啡杯反扣在咖啡碟上，咖啡碟距餐刀 1 厘米，咖啡杯柄、咖啡匙把朝右，并与桌边呈 45° 角。 （5）刀、叉之间放餐巾花。 （6）花瓶、胡椒瓶、盐瓶、糖盅等物品摆放在餐台中心位置上。
3. 西餐午晚餐摆台要求	（1）西餐午晚餐要铺台布。 （2）装饰盘摆在餐位正中，距离桌边 1 厘米；盘中放餐巾花，也可不放装饰盘而直接放餐巾花。 （3）在装饰盘右侧 1.5 厘米处放餐刀和汤匙，刀口朝左，匙面向上，餐刀和汤匙间距 1 厘米，刀、匙尾端距离桌边 1 厘米。 （4）在装饰盘左侧 1.5 厘米处放餐叉，餐叉左侧 1 厘米处放沙拉叉，叉尖向上，叉子尾端距离桌边 1 厘米。 （5）沙拉叉左侧 1 厘米处摆面包盘，面包盘内右侧三分之一处放黄油刀，刀口朝左。面包盘距离桌边 1 厘米，牛油碟摆在黄油刀刀尖正上方 1 厘米处。 （6）在餐刀刀尖正上方 1 厘米处放水杯。 （7）花瓶、胡椒瓶、盐瓶、糖盅等物品摆放在餐台中心位置上。餐桌正中除放花瓶外，还可放烛台。
4. 西餐宴会摆台要求	（1）摆台前的准备：西餐餐具用品较多，不同菜式要选用不同餐具，且需根据上菜的道数和人数准备相应数量的餐具。此外，还要准备公用餐具、盐瓶、胡椒瓶、牙签筒、蜡烛台、花瓶等。 （2）铺台布、摆蜡烛台、餐椅定位：西餐宴会通常使用方台拼成各种形状，台布由外向里铺。铺台布时，先用拇指和食指夹在台布的中叠骨，食指和中指则夹住台布下层骨边，抖开台布，身体稍向前倾，使台布的上层骨边垂落于餐台的对边，再改用拇指和食指捏住台布的下层骨边，慢慢向内抖、提、拉，直至靠身的台布边缘时再放手，然后整理台布，让中叠骨居中对称，用手将台面及垂下部分扫平。所有的

续表

4. 西餐宴会摆台要求	台布都要求做到正面朝上，中心线对正，台布压贴方法和距离一致，台布两侧下垂部分均匀、美观、整齐。按规定摆放蜡烛台，将餐椅定位（每个餐位间距至少 60 厘米），餐椅的边沿应正好接触到台布下沿。 （3）摆装饰盘（垫盘、装饰盘）：摆餐盘时，用左手垫上餐巾托住盘底，从主人位置开始，按顺时针方向用右手在每个餐位正中摆放餐盘，盘子的图案和店徽要摆端正，盘与盘之间的距离要相等，盘边距离桌边 1 厘米。 （4）摆刀叉：从餐盘的右侧 1 厘米处开始，从左到右依次摆放主菜刀、鱼刀、汤匙、开胃品刀，刀口向左，匙面向上，刀把、匙把距离桌边 1 厘米；从餐盘的左侧 1 厘米处开始，从右到左依次摆放主菜叉、鱼叉、开胃品叉，叉面向上，叉把与刀平行，距离桌边 1 厘米，鱼刀、鱼叉距离桌边 5 厘米；各刀、各叉间距 0.5 厘米。 （5）摆水果刀、水果叉和甜品匙：在餐盘的正前方依次摆放水果刀、水果叉（或甜品叉）和甜品匙，刀把向右，刀口向餐盘；水果叉叉齿向右，叉把向左，与水果刀平行摆放；甜品匙与水果刀平行横放于餐盘正上方，匙把向右。 （6）摆面包盘、黄油刀和黄油碟：在开胃品叉的左侧摆面包盘，面包盘中心与餐盘中心取齐，盘边距餐叉 1 厘米；黄油刀放于面包盘内右侧三分之一处，刀口朝左，与其他刀叉平行。牛油碟摆在黄油刀刀尖正上方 1 厘米处。 （7）摆酒杯：酒杯摆放在水果刀、水果叉和甜品匙的右侧，一般有一字形和品字形两种摆法。一字形：红酒杯摆放于主菜刀刀尖正上方适当位置；水杯摆在红酒杯左上方适当位置；白酒杯摆于红酒杯右下方适当位置；三杯成一条直线，并与台边呈 45° 角。品字形：将水杯摆放在主菜刀刀尖正上方 1 厘米处；白酒杯摆于水杯右上方适当位置；红酒杯摆在水杯和红酒杯下方适当位置；三杯间距 1 厘米。 （8）摆餐巾花：将叠好的餐巾花摆在餐盘正中，注意搭配摆放不同式样、高度的餐巾花。 （9）摆放其他用品：胡椒瓶、盐瓶、牙签筒按照 4 人一套的标准摆放在餐台中线位置；花瓶放在餐台中线位置，若只放一个花瓶，则要放在台中心位置；菜单最好每人一份，但不得少于每桌 2 份，并设座次卡等。

续表

<table>
<tr><td>4. 西餐宴会摆台要求</td><td>（10）摆台时，按照“一底盘、二餐具、三酒杯、四调料用具、五艺术摆设”的程序进行，边摆边检查餐具、酒具，发现不清洁或有破损的要马上更换。摆放在台上的各种餐具要横竖交叉成线，有图案的餐具要使图案方向一致。</td></tr>
<tr><td>5. 西餐早餐、午晚餐、宴会摆台示意图</td><td>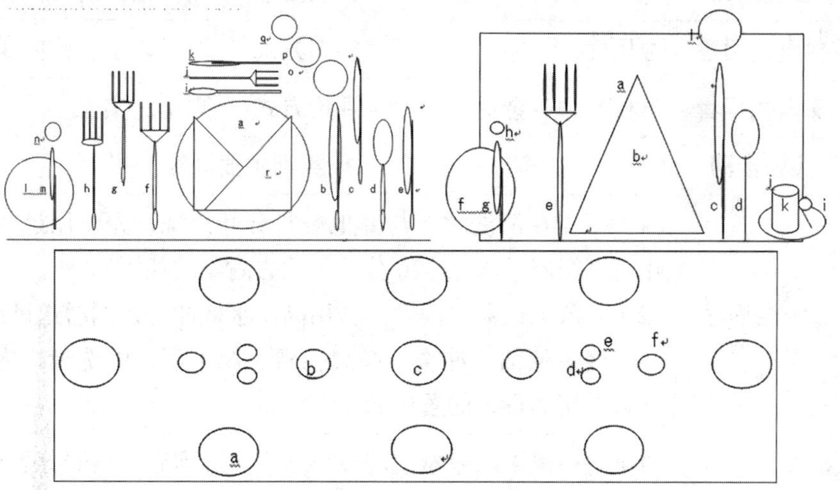</td></tr>
<tr><td colspan="2">实训心得：</td></tr>
</table>

任务 1–2–3　西餐银器清洁保养

要点编码	1.2.3	实训要点	西餐银器清洁保养
要点适用性	通用性	实训方式	课堂教学、校内实训、岗位实践
实训执行者	学校导师、企业导师	评价方式	理论、实操
实训步骤	实训主要内容		
1. 洗涤程序	（1）银器在清洗时要与其他餐具分开清洗，先将用过的银器浸泡在专用药剂浸泡槽内 15~20 分钟，除去附着的油污。 （2）再放入银器清洗筐内，用高压水柱冲洗，然后送进洗碗机清洗。 （3）经过清洁、冲洗、高温消毒、烘干后，由洗碗机内取出，交由服务人员用消毒过的餐巾分类及擦拭。		
2. 擦拭方法	（1）将待擦拭的银器浸泡在热水中，浸泡后将银器分类放在垫布上。 （2）用餐巾包握住刀、叉、匙来擦拭，擦完后，检查是否干净无污渍即可。		
3. 存放保养	（1）将擦拭干净的银器分类存放，可垫上垫布以防止滑动和互相碰撞，从而留下划痕和印记，并注意要定期换洗垫布，保持卫生。 （2）贵重餐具要分类造册，定期盘点。 （3）保持银器的清洁、光亮、卫生，轻拿轻放，分类存放。 （4）银器还要定期进行保养，保养时可将银器浸泡在相应的化学溶液里，使其恢复光泽，再进行抛光。		
实训心得：			

任务 1-2-4　玻璃杯清洁

要点编码	1.2.4	实训要点	玻璃杯的清洁
要点适用性	通用性	实训方式	课堂教学、校内实训、岗位实践
实训执行者	学校导师、企业导师	评价方式	理论、实操
实训步骤	实训主要内容		
1. 洗碗机洗涤程序	分类装架→冲刷→机内清洗→卸架（戴消过毒的手套）→擦拭→分类存放。		
2. 餐具消毒方法	（1）煮沸消毒法。（2）蒸汽消毒法。（3）高锰酸钾溶液消毒法。 （4）漂白粉溶液消毒法。（5）红外线消毒法。（6）84 消毒液消毒法。		
3. 水晶杯清洗（手洗）	（1）温水冲洗，水温以手感稍热即可，可以借助专用的清洁布，对口部或底部容易附着污垢的地方可使用洗涤剂搓洗。 （2）冲洗后，将杯子倒放在平整的清洁布上，让水自然流下。 （3）杯身水控干后，用干清洁布轻轻擦拭留下的水痕。擦拭时，先从底部开始，再杯柱，最后是杯身。 （4）擦拭完的玻璃杯应做到干净透亮、无水痕，并分类存放。		
4. 玻璃器皿的使用保养	（1）运送及取用时用托盘，不可叠放；拿取时要握杯柄或杯子的下半部；摆台时要仔细检查杯子的完好程度，确保客人安全。 （2）先用冷水浸泡，除去酒味后再洗涤消毒。 （3）擦杯时使用干净软布，力度适当，手不得直接接触杯身。		
实训心得：			

任务 1–2–5　冰水服务

要点编码	1.2.5	实训要点	冰水服务
要点适用性	通用性	实训方式	课堂教学、校内实训、岗位实践
实训执行者	学校导师、企业导师	评价方式	理论、实操
实训步骤	实训主要内容		
1. 冰水制作	（1）向冰水壶内加 2/3 的冰块。 （2）加上约 1/3 开水。 （3）加水时不要加得太满，倒水容易溢出，通常加水至壶身的 3/4 即可。 （4）待冰水壶微微挂霜时，可以为客人斟倒。		
2. 冰水服务程序	（1）冰水杯放在餐刀的上方（可以在摆台时预先摆放）。 （2）现代的国际性大饭店都使用有内胆的冰水壶，这样就不会在水壶的外壁产生冷凝水滴。 （3）使用没有内胆的水壶时要用餐巾包住水壶。 （4）倒冰水时，用右手拿住冰水壶（和餐巾一起），慢慢地把水倒入玻璃杯，至 3/4 处。 （5）从客人的右边倒冰水，注意水壶的出水口不要碰到玻璃杯的边缘。 （6）在整个用餐过程中，应不时添加冰水。		
实训心得：			

线上学习		
各岗位基本技能		
拓展知识	案例分析	课后习题
学习心得		

项目 1–3　西餐服务礼仪

<table>
<tr><td colspan="2">思维导图</td></tr>
<tr><td colspan="2">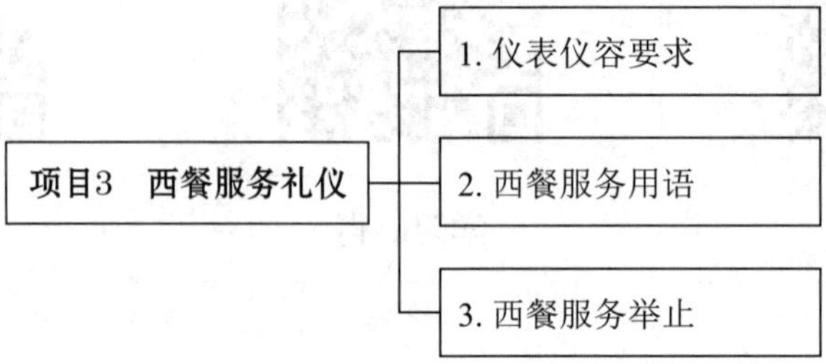
</td></tr>
<tr><td colspan="2">线上学习</td></tr>
<tr><td colspan="2">西餐服务礼仪</td></tr>
<tr><td>课前自测</td><td>电子教案</td></tr>
<tr><td></td><td></td></tr>
</table>

任务 1-3-1　仪表仪容要求

要点编码	1.3.1	**实训要点**	仪表仪容要求
要点适用性	通用性、个性化	**实训方式**	课堂教学、校内实训、岗位实践
实训执行者	学校导师、企业导师	**评价方式**	实操
实训步骤	**实训主要内容**		
1. 头发修饰	（1）男服务员：短发整洁，前发不挡额头，侧发不遮耳朵，后发不触衣领；不留不染怪发型，不用气味浓烈的发胶。 （2）女服务员：头发梳理整齐，不遮脸、不挡眼；若留长发应盘起，可用大小合适、黑色及无珠亮片的发饰及橡皮筋；不染夸张发色。 		
2. 面容装饰	（1）男服务员：每天清洁面部、剃须，不留大鬓角。 （2）女服务员：上班化淡妆并及时补妆，不宜选用太浓的口红和腮红。		
3. 个人卫生	（1）手：勤洗手和剪指甲，指甲长度不可长过指尖，不涂指甲油。 （2）口腔：及时刷牙漱口，保持口腔卫生，上班前不吃带有刺激性气味的食物。 （3）身体：勤洗澡及换洗衣服，上班不涂气味浓烈的香水。		
4. 着装要求	（1）制服：穿规定制服，不随意搭配。制服要干净平整，无损坏、无污渍，系好纽扣，不卷袖子。如果有领带、领结要按规定系正。名牌端正地挂在左胸前。 （2）首饰：除一枚简单的婚戒和一块手表以外，不佩戴任何首饰。 （3）鞋袜：穿黑色平跟鞋、低跟皮鞋或布鞋，鞋面光亮干净，无破损。男服务员穿黑色或深色袜子，袜口不短于裤腿。女服务员穿裙装应配肉色无破洞的连袜裤。		
实训心得：			

任务 1–3–2 西餐服务用语

要点编码	1.3.2	实训要点	西餐服务用语
要点适用性	通用性、个性化	实训方式	校内实训、岗位实践
实训执行者	学校导师、企业导师	评价方式	理论、实操
实训步骤	实训主要内容		
1. 称呼语	在西餐服务中正确使用称呼语可以拉近客人与服务员之间的距离，使客人倍感亲切。有需要时，应用英语与客人沟通交流。 （1）接待中的常用称呼：先生、×× 先生、小姐、夫人、女士、太太等。 （2）在比较熟悉的客人面前可使用职位或职务称呼：刘经理、张教授，谢总等。		
2. 问候语	问候语是指服务中对客人表示尊重、关心、问候、致意的语言。 （1）标准式问候："您好""大家好"等。 （2）时效式问候："早上好""下午好""晚上好""晚安""欢迎光临""节日快乐""新年好""圣诞快乐""祝您生日快乐"等。		
3. 迎送语	客人到来和离开餐厅时，服务员应使用迎送语表示欢迎和道别。 （1）欢迎语："欢迎""欢迎光临""欢迎您的到来"。 （2）道别语："再见，祝您一路平安""再见，欢迎下次再来""请慢走，欢迎再次光临"。		
4. 请托语	当服务员需要客人帮忙或对客人提出要求时，应使用请托语。如："请稍等""请让一让""请坐"。		
5. 征询语	服务中，为了了解客人的想法和意见，服务员需要使用征询语。 （1）"请问先生 / 小姐有预订吗？" （2）"先生，您坐这里可以吗？" （3）"方便打扰一下吗？" （4）"请问先生，现在可以上菜了吗？" （5）"请问还有别的事吗？" （6）"抱歉，没听清您说的话，再说一遍好吗？"		

续表

5. 征询语	（7）“请问您需要……吗？” （8）“请问有什么可以帮到您？” （9）“请问这样做可以吗？” （10）“您觉得满意吗？”
6. 应答语	应答语是服务员在接待服务中回答客人问话时使用的语言。 （1）肯定式应答：“好的，我马上安排”“好的，明白了”“好的，没问题”“好的，请稍等”。 （2）谦恭式应答：“您过奖了”“不客气，这是我们应该做的”。
7. 致谢语	使用致谢语是为了表达感激之情。当受到客人赞美、得到客人支持、感谢客人的善意时都可以使用致谢语。 （1）标准式致谢：“谢谢”“十分感谢”。 （2）具体式致谢：“感谢您的提醒”“感谢您的意见”“感谢您的光临”等。
8. 道歉语	接待服务中，服务员因某些原因而打扰客人、影响客人或给客人带来不便时，应使用道歉语。 （1）“抱歉，让您久等了。” （2）“实在对不起，我们重新为您……好吗？” （3）“对不起，打扰一下。” （4）“对不起，请稍等，马上就好。”
实训心得：	

任务 1-3-3　西餐服务举止

<table>
<tr><th>要点编码</th><td>1.3.3</td><th>实训要点</th><td>西餐服务举止</td></tr>
<tr><th>要点适用性</th><td>通用性、个性化</td><th>实训方式</th><td>校内实训、岗位实践</td></tr>
<tr><th>实训执行者</th><td>学校导师、企业导师</td><th>评价方式</th><td>实操</td></tr>
<tr><th>实训步骤</th><th colspan="3">实训主要内容</th></tr>
<tr><td>1. 站立要求</td><td colspan="3">（1）头正肩平，收腹挺胸，双目平视，面带微笑。
（2）双手自然下垂或交叉于腹前，男服务员可交叉于后背。
（3）站立要端正，不背靠旁倚。双腿并拢或分开，男服务员可双脚与肩同宽，女服务员脚尖呈“V”字形或“Y”字形。
（4）常用站姿有：丁字步站姿（女性适用），侧放式站姿（男女均可），前交叉式站姿（男女均可），后背式站姿（男性适用）等。
</td></tr>
<tr><td>2. 坐姿要求</td><td colspan="3">（1）左侧入座，动作轻缓。右脚后退半步，若穿裙装，双手应轻轻向前拢裙并顺势坐下，然后双脚并齐。
（2）端坐时，腰身挺直，双肩放松，目光平视，下巴微收，面带微笑。双手自然放在双腿上或座位扶手上。坐时不把椅子坐满或坐在边沿上，可坐椅子的 1/3~2/3 左右。切忌跷二郎腿和抖腿。
（3）起坐时，不弄响座椅。右脚后收半步，起立站好，从左侧离开。
（4）常用坐姿有：标准式坐姿（男女均可），开膝式坐姿（男性适用），叠放式坐姿（男女均可）等。</td></tr>
<tr><td>3. 行走要求</td><td colspan="3">（1）上身挺直，挺胸收腹，头正肩平，下巴微收，面带微笑，目视前方。手臂伸直放松，前后轻微摆动。
（2）行走时，男服务员双脚跟走两条直线，女服务员双脚内侧走在同一条直线上。步幅不宜太大，每分钟 60~110 步。
（3）行走要轻稳，不摇头晃脑，扭腰晃臂，左顾右盼。
（4）遇到客人要点头致意，尽量靠右行，不走中间，不与客人抢道先行。若因工作需要必须超越客人时要礼貌致歉。</td></tr>
</table>

续表

4. 蹲姿要求	（1）下蹲时应屈膝，臀部向下，上身挺直，不低头。 （2）左脚在前，全脚着地，小腿基本垂直于地面；右脚在后，重心下落，脚后跟提起，左膝高于右膝，右膝内侧靠于左小腿内侧，男服务员两腿间可有适当距离。
5. 手势要求	（1）手掌伸直，掌心向上，手指并拢，手腕与小臂成一直线，肘关节自然弯曲。做手势时要目视对方，面带微笑。 （2）常用手势有：指引方向用直臂式手势；表示“请进”“请”用横摆式手势；请客人落座用斜摆式手势；当一只手拿着物品或扶门时，引领客人用前摆式手势等。 
6. 表情要求	脸部放松，面带微笑，目光柔和。与客人交流时，保持目光接触，聚精会神，认真倾听，给人以受尊重之感。
7. 鞠躬要求	（1）迎送客人时，服务员呈端正站姿，面带微笑，目视对方，上身向前倾斜 30 度，视线也随鞠躬下垂。 （2）鞠躬时与服务用语结合并用。如：“欢迎光临！”“再见！”。
8. 递送物品要求	（1）递交物品时应站立，尽量使用双手，把方便客人接取和阅读的一面朝向客人。 （2）递交物品的动作要轻稳，当距离客人较远时，主动走近对方，把物品直接递交至客人手上。 （3）若递送带尖刃的物品，服务员应把尖刃朝向自己或其他地方，不能对着客人。 
9. 不良举止	（1）不能在客人面前挠痒、挖耳、剔牙、揉眼睛。 （2）不能在客人面前打哈欠、打喷嚏、打饱嗝儿、伸懒腰。 （3）与客人交谈时，不可手舞足蹈，动作过大。 （4）服务时不可打闹嬉戏、哼唱、吹口哨、打响指。
实训心得：	

线上学习		
西餐服务礼仪		
拓展知识	案例分析	课后习题
学习心得		

模块 2 值台服务员

项目 2-1 咖啡厅正餐服务

咖啡厅，英文为“Coffee Shop”或“Cafe”，营业时间通常为 18~24 小时。风格上可分为欧陆式咖啡厅和美式咖啡厅两种。欧陆式咖啡厅的主题一般较为清新、活泼，常以四季为主题，色调以清新明快为主，多利用自然光，灯光较明亮，有的咖啡厅甚至将室内与露台合二为一，与自然融为一体。美式咖啡厅的主题多体现不同文化艺术形式之间相互渗透，色调以桃木色为主，配以鲜艳明快色彩，体现活泼、愉快的气氛。通常是封闭式的，灯光较为暗淡，以激发人的怀旧之情。

<table>
<tr><th colspan="2">思维导图</th></tr>
<tr><td colspan="2">
</td></tr>
<tr><th colspan="2">线上学习</th></tr>
<tr><td colspan="2">咖啡厅正餐服务</td></tr>
<tr><td>课前自测</td><td>电子教案</td></tr>
<tr><td></td><td></td></tr>
</table>

任务 2–1–1　准备物品

要点编码	2.1.1	实训要点	准备物品
要点适用性	通用性、个性化	实训方式	课堂教学、校内实训、岗位实践
实训执行者	学校导师、企业导师	评价方式	理论、实操
实训步骤	实训主要内容		
1. 棉织品	（1）种类：台布、餐巾等。 （2）要求：干净、熨烫平整、无任何污渍或破损，数量充足，整齐摆放在台布柜里，注意及时补充。		
2. 瓷器用具	（1）种类：装饰盘、面包盘、黄油碟等。 （2）要求：干净、光亮、完好无损，要分类整齐叠放，注意安全高度。发现不洁或破损要及时更换，手不可触摸盘面。		
3. 不锈钢用具	（1）种类：各类刀、叉、勺。 （2）要求：款式相配，干净、光亮，徽饰图案无褪色，发现不洁及时更换，手不可触摸餐具前部。		
4. 玻璃用具	（1）种类：水杯、红葡萄酒杯、白葡萄酒杯等。 （2）要求：款式相配，光亮、完好无损，发现不洁或破损及时更换，手不可触摸杯口。		
5. 其他物品	（1）盐瓶和胡椒瓶：干净、装满，瓶口无堵塞，无变质。 （2）奶缸、水壶、咖啡壶、牙签盅等放于指定位置。 （3）冰桶干净、擦拭亮洁。 （4）托盘、菜单、饮料单、餐垫、花边纸、花瓶、纸巾等整齐摆放在工作台上。 （5）备好咖啡豆、牛奶、开水、冰水、柠檬、冰块等。 		
实训心得：			

任务 2–1–2　布置餐桌

咖啡厅的餐桌多为方形，质地以大理石居多，还可以根据客人人数随意拼接。餐椅较闲适、雅致。多数咖啡厅不用台布，仅在光滑台面上直接放置餐具垫、纸垫式菜单。在咖啡厅中央或入口处，一般布置有展示台，以突出咖啡厅的主题和特色。

<table>
<tr><td>要点编码</td><td>2.1.2</td><td>实训要点</td><td>布置餐桌</td></tr>
<tr><td>要点适用性</td><td>通用性、个性化</td><td>实训方式</td><td>校内实训、岗位实践</td></tr>
<tr><td>实训执行者</td><td>学校导师、企业导师</td><td>评价方式</td><td>实操</td></tr>
<tr><td>实训步骤</td><td colspan="3">实训主要内容</td></tr>
<tr><td>1. 布置原则</td><td colspan="3">（1）方便顾客取用：左叉，右刀匙，上放点心餐具。
（2）摆放标准一致：叉尖、匙面朝上，直摆刀刃朝左，横摆刀刃朝下。
（3）整洁、美观、艺术：相同形状的一般不同时摆一起，横平竖直斜线齐。

（4）方便服务操作：操作前清洁双手、注意卫生，轻拿轻放。</td></tr>
<tr><td>2. 布置餐桌</td><td colspan="3">（1）台布铺设：检查台布尺寸，确保干净无破损。铺设平整四角齐。按需铺设台布或餐垫。
（2）摆台：可参照“西餐厅任务 1–2–2 西餐摆台”细节要求。</td></tr>
<tr><td>3. 检查调整</td><td colspan="3">（1）根据西餐摆台标准和原则检查餐桌并调整摆放位置。
（2）整体美观和谐，符合客人用餐需求。</td></tr>
<tr><td colspan="4">实训心得：</td></tr>
</table>

任务 2–1–3　推销酒水

<table>
<tr><td>要点编码</td><td>2.1.3</td><td>实训要点</td><td>推销酒水</td></tr>
<tr><td>要点适用性</td><td>通用性、个性化</td><td>实训方式</td><td>课堂教学、校内实训、岗位实践</td></tr>
<tr><td>实训执行者</td><td>学校导师、企业导师</td><td>评价方式</td><td>理论、实操</td></tr>
<tr><td>实训步骤</td><td colspan="3">实训主要内容</td></tr>
<tr><td>1. 倒水服务</td><td colspan="3">（1）欢迎客人，简单自我介绍：“欢迎光临，很高兴为您服务。”
（2）在客人右侧为客人倒温水或柠檬水，八分满，水壶勿接触杯缘。</td></tr>
<tr><td>2. 呈送酒单</td><td colspan="3">（1）准备酒单、笔、下单纸等工具。
（2）双手递送，打开首页，呈上酒单，退后立于近旁，随时回应客人。
（3）客人示意点酒时，迅速站到客人右侧，身体微倾，问好并协助点单：“这位先生您好，请问需要些什么酒水？”
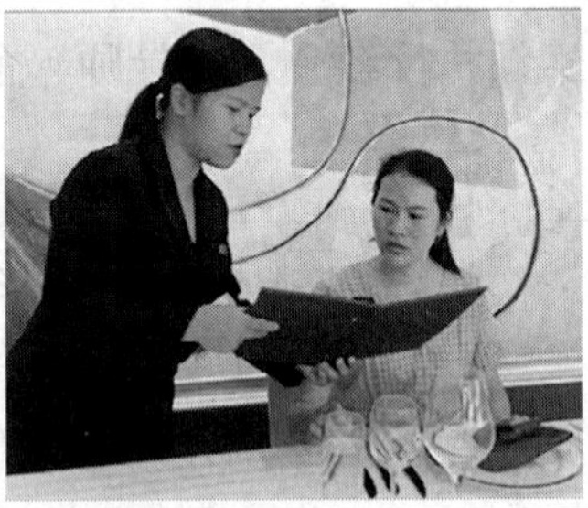</td></tr>
<tr><td>3. 酒水推销</td><td colspan="3">（1）回应：回答客人问题，接受点酒。
（2）介绍：若客人需要，根据客人类型，依次推荐高价位、中低价位酒水，男士推荐葡萄酒，女士推荐饮料等。要根据餐厅酒水供应情况，提供建议性选择。
（3）推销：征得客人同意后，适时推荐特选酒、月度推销酒等：“本月有特别的 ×× 酒，您要试下吗？”。
（4）引导：客人犹豫不定时，主动引导客人做出选择。
（5）重点：问清数量、年份等信息。</td></tr>
<tr><td>4. 记录复单</td><td colspan="3">（1）记录客人点单，复述酒名、数量、年份等信息，加以确认。
（2）问清何时开酒、上酒和服务。
（3）收回酒单，后退 2 步行礼。</td></tr>
<tr><td>5. 及时下单</td><td colspan="3">进入系统下单或按实际操作要求下单。</td></tr>
<tr><td>6. 酒单跟进</td><td colspan="3">留意酒吧出品情况，及时服务。</td></tr>
<tr><td colspan="4">实训心得：

</td></tr>
</table>

任务 2–1–4　点菜服务

咖啡厅宾客的流动量大，服务快捷简便，菜单菜肴品种以简单、快捷的西餐为主，并辅以当地的风味小吃，有较多的半成品和简易制作的菜品。

要点编码	2.1.4	实训要点	点菜服务
要点适用性	通用性、个性化	实训方式	课堂教学、校内实训、岗位实践
实训执行者	学校导师、企业导师	评价方式	理论、实操
实训步骤	实训主要内容		
1. 点菜准备	准备好菜单（电子菜单）、纸、笔等点菜服务用品。		
2. 呈送菜单	（1）双手递送，呈上菜单（电子菜单），退于近旁，随时回应。 （2）记录日期、台号、就餐人数等。 （3）客人示意点菜，迅速到位，身体微倾，问好协助，先女后男，“女士，您好，请问可以为您点菜吗？”		
3. 点菜服务	（1）若客人需要，根据客人情况和店内特色主动推荐菜品，提供建议性选择；若是熟客，则根据喜好询问是否需点喜欢的菜肴，并适时推荐新菜。 （2）听清菜名，准确记录，如有特别要求，一并标明。 （3）若有煮蛋、牛排等，问清生熟度；煎蛋问单双面；沙拉问配汁；意面问配料；比萨问尺寸。 （4）若所点菜品制作用时较长，需及时提醒客人，合理更换。 （5）若所点菜品菜单上没有，则咨询厨房后回复，若无法制作，表示歉意并推荐换菜。		
4. 复述确认	（1）点单完毕，清楚复述所点菜品进行确认。 （2）复述完毕，收回菜单，致谢并请客人稍候。		
5. 及时下单	进入系统下单或按实际操作要求下单。		
6. 餐前服务	（1）开餐巾：先女宾或主宾，其余宾客顺时针操作，从客人右边双手轻解，将餐巾正面向上、平铺于客人双膝（如餐巾太大，可折叠成三角形或长方形），开口一侧朝向桌子。 （2）调整餐具：根据客人人数撤下空位餐具；根据所点菜品撤下不用的餐具。左手托盘右手撤餐具，左侧餐盘左侧撤，右侧餐盘右侧撤。 （3）留意厨房出品情况，及时准备上菜服务。		
实训心得：			

任务 2–1–5　酒水服务

要点编码	2.1.5	实训要点	酒水服务
要点适用性	通用性、个性化	实训方式	课堂教学、校内实训、岗位实践
实训执行者	学校导师、企业导师	评价方式	理论、实操
实训步骤	实训主要内容		
1. 示酒	（1）熟悉各种酒水示酒的流程与操作技巧，可参照“中餐厅任务 1–2–5 酒水斟倒”。 （2）熟悉各种酒水的摆放与领取。		
2. 斟酒流程与技巧	（1）询问时机：客人用完汤，将要用海鲜、鱼类菜肴之前，上前询问可否开白葡萄酒；上主菜前，询问可否开红酒；上咖啡前，询问可否开白兰地酒或利口酒。征得客人同意后，为其开酒。 （2）熟悉各种酒水的开酒、斟酒、添酒流程与操作技巧，可参照“任务 1–2–5 酒水斟倒”。		
实训心得：			

任务 2–1–6　菜肴服务

要点编码	2.1.6	实训要点	菜肴服务
要点适用性	通用性、个性化	实训方式	课堂教学、校内实训、岗位实践
实训执行者	学校导师、企业导师	评价方式	理论、实操
实训步骤	实训主要内容		
1. 准备	（1）准备好所需用品。 （2）核对台号、菜品及特殊要求。		

续表

2. 取菜	（1）顺序：根据厨房进度和客人就餐进度，按序取菜。 （2）检查：告知厨房台号、菜名，取菜放于托盘，热菜须盖好；检查数量、是否符合要求等。 （3）配料（汁）：正确选用，摆放平整。 （4）卫生：餐具边缘洁净无瑕，手指勿触及盘内，大拇指端盘边，四指托底，保持平稳，避免汁液溅出。
3. 上菜	（1）托盘至桌，核对台号、座号，知会客人，将观赏面朝向客人，报菜名。 （2）上菜顺序：面包、开胃菜、汤、主菜、甜品、水果、咖啡或茶。 （3）特殊处理，如上错菜等。
4. 面包黄油	（1）从左侧送上面包篮。 （2）托盘送上黄油，用服务匙辅助放入黄油碟。  
5. 开胃菜	（1）托盘内准备好开胃菜和调味汁，按点菜单检查是否备齐。 （2）从右侧上菜，先宾后主，女士优先。
6. 汤	（1）根据汤的种类选用不同汤盆或汤碗盛放。 （2）汤或盘较热，需提醒客人注意安全。
7. 主菜	从右侧上菜，先宾后主、女士优先。
8. 甜品	（1）征求客人同意，撤走用过的餐具，保留水杯和继续使用的酒杯。 （2）及时摆放甜点及餐具。
9. 咖啡或茶	（1）征求客人同意，撤走用过餐具，保留水杯、继续使用的酒杯。 （2）咖啡配糖和牛奶，应放在餐桌适当的位置上。
实训心得：	

任务 2-1-7　巡台服务

<table>
<tr><td>要点编码</td><td>2.1.7</td><td>实训要点</td><td>巡台服务</td></tr>
<tr><td>要点适用性</td><td>通用性、个性化</td><td>实训方式</td><td>课堂教学、校内实训、岗位实践</td></tr>
<tr><td>实训执行者</td><td>学校导师、企业导师</td><td>评价方式</td><td>理论、实操</td></tr>
<tr><td>实训步骤</td><td colspan="3">实训主要内容</td></tr>
<tr><td>1. 服务内容</td><td colspan="3">（1）服务原则：主动关注，提前服务，不影响客人用餐或交流。
（2）服务内容：添酒水、撤餐具、清桌面、催菜等。</td></tr>
<tr><td>2. 添酒水等</td><td colspan="3">（1）添水：水少于 1/3 杯时，从右侧及时添水，保持全桌水杯 8 分满。
（2）添酒：酒水少于 1/3 杯时，征询后从客人右侧及时添加。
（3）面包、牛油少于 1/3 时可添加。</td></tr>
<tr><td>3. 撤餐具</td><td colspan="3">（1）准备：观察用餐情况，若刀叉平行放于餐盘上，或客人示意可收餐具时，上前询问并撤走餐具，注意每次撤餐具都需征得客人同意。
（2）餐盘：在客人左侧或按实际情况灵活站位，顺时针撤走用过的餐碟、刀叉。餐盘所剩食物集中摆放在一个餐盘内。
（3）杯子：用餐完毕，从客人右侧撤杯，除水杯、未喝完的酒杯，其他空杯均可收走。
 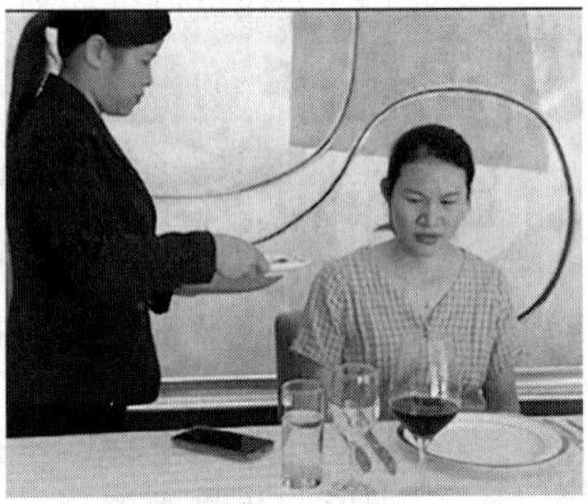
（4）送洗餐具：将撤下的餐具按规定送至洗碗区，动作轻柔，分类摆放。</td></tr>
<tr><td>4. 清桌面</td><td colspan="3">（1）工具准备：折成小四方形服务巾一块，点心盘一个，均干净无污渍。
（2）清理桌面：每次撤餐具后，如桌面有垃圾及时清理，从客人两侧将桌上的面包屑及杂物轻扫至点心盘中，注意不要触碰到客人。</td></tr>
</table>

续表

5. 催菜	出菜速度慢或客人催菜时：致歉→及时沟通厨房→反馈客人。
6. 其他	（1）菜上至 1/3 时，可征求客人对菜品的满意度。 （2）提醒照看好随身物品。 （3）若打翻酒杯、水杯等，要及时擦拭，更换餐具，安慰客人。 （4）遇客醉酒，要及时递送毛巾、热茶，备好塑料袋防吐，并上报。 （5）协助客人中途离座。
实训心得：	

任务 2–1–8　收台工作

要点编码	2.1.8	**实训要点**	收台工作
要点适用性	通用性、个性化	**实训方式**	课堂教学、校内实训、岗位实践
实训执行者	学校导师、企业导师	**评价方式**	理论、实操
实训步骤	**实训主要内容**		
1. 协助结账	（1）去收银台打印并检查账单，客人示意结账后 3 分钟内呈递。 （2）按照餐厅和客人实际方式协助结账。  		

续表

2. 送客	（1）客人起身离开时，双手拉椅谢客。 （2）检查并提醒带好随身物品，客人走后发现遗留物品及时上交餐厅负责人。 （3）客人离开时致谢，道别，欢迎下次光临。  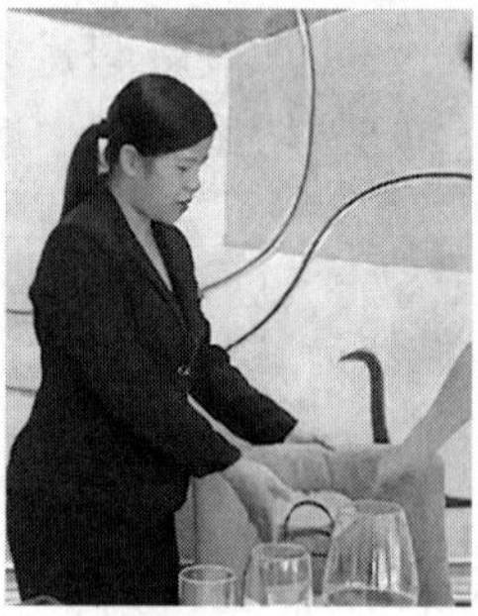
3. 收台	（1）清点收拾口布、桌号牌等。 （2）撤餐具：用托盘分类收撤咖啡杯、勺，甜品餐具、玻璃杯等，检查数量后送至清洗区分类摆放，动作应轻拿轻放。 （3）撤台布：撤下脏台布放在指定位置。 （4）清理桌椅：使用干湿抹布，先湿后干，擦拭桌脚、餐椅后摆放整齐，要求无油污、无灰尘。 （5）清理所负责区域卫生，无灰尘、无杂物，无污渍，符合卫生标准。  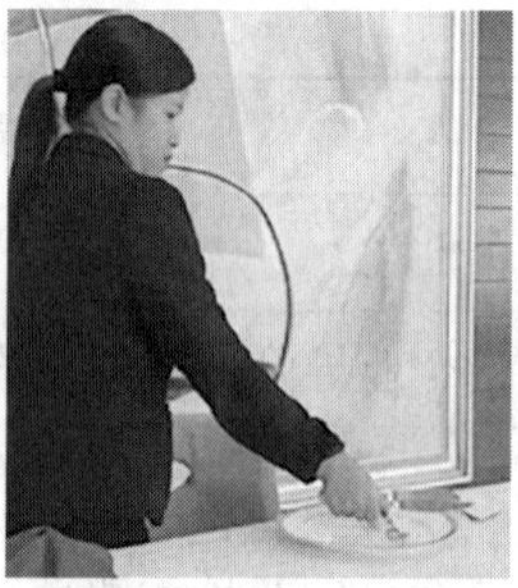 
实训心得：	

线上学习		
咖啡厅正餐服务		
拓展知识	案例分析	课后习题
学习心得		

项目 2–2　自助餐服务

自助餐源于西方，据说起源于 1890 年，由美国堪萨斯城（Kansus）基督教女青年会（Young Women's Christian Association）首创。20 世纪 80 年代初进入中国。

自助餐是由宾客自己动手，在餐厅事先布置好的餐台上任意选菜，自行取回到座位享用的自我服务的用餐形式。宾客吃自助餐时不用点菜，直接选用即可，因此，服务员开餐前的准备工作非常重要，除了零点餐厅的准备工作外，还要进行自助餐台的设计并布置好。

思维导图

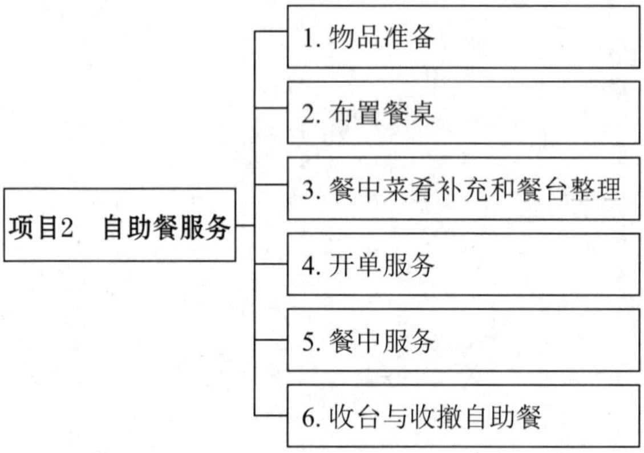

线上学习

自助餐服务

课前自测	电子教案

任务 2–2–1　物品准备

要点编码	2.2.1	实训要点	自助餐物品准备
要点适用性	通用性、个性化	实训方式	课堂教学、校内实训、岗位实践
实训执行者	学校导师、企业导师	评价方式	理论、实操
实训步骤	实训主要内容		
1. 自助餐物品准备	（1）准备好各类桌子、凳子及装饰品。 （2）准备客用物品：备足托盘、餐巾、餐具；根据菜品数量准备相应的调味品和餐具，如自助餐锅、主餐盘、餐巾纸、牙签盅、奶盅、糖缸等。 （3）准备自助餐台用品：自助餐锅、酒精炉、食品展示柜台、杯架等，做到整洁有序。 （4）准备服务用具：如保温热菜的布菲炉若干，并配备相应的布菲炉用的酒精盒；摆台用具、自助餐取菜盘、取菜夹（叉、匙）、菜名指示牌、菜盆（锅、碟、篮等）；准备饮料设施及其他设施；适当安排组合服务用具。 （5）物品数量：一般来说，可依据用餐人数，准备多于人数 1/3 数量的餐具。		
2. 检查物品	（1）擦拭并检查所有物品和用具。 （2）检查所有自助餐设备是否能正常使用。		
实训心得：			

任务 2–2–2　布置餐桌

<table>
<tr><td>要点编码</td><td>2.2.2</td><td>实训要点</td><td>自助餐餐桌布置</td></tr>
<tr><td>要点适用性</td><td>通用性、个性化</td><td>实训方式</td><td>课堂教学、校内实训、岗位实践</td></tr>
<tr><td>实训执行者</td><td>学校导师、企业导师</td><td>评价方式</td><td>理论、实操</td></tr>
<tr><td>实训步骤</td><td colspan="3">实训主要内容</td></tr>
<tr><td>餐桌布置</td><td colspan="3">餐桌一般使用方台和长方台，有时也用圆台，用长台时宾客数量不限。
（1）按西餐零点摆台规格进行摆台，但一般不摆装饰盘。摆台基本要领是左叉右刀，先里后外，刀口朝盘，各种餐具成线。摆台前，应对摆台所用的餐、酒用具进行检查，发现不洁或有破损的餐具要及时更换，用时要保证用品符合干净、光亮、完好的标准。摆放时，手不可触摸盘面和杯口。摆台时，要用托盘盛放餐具、酒具及用具。摆放金、银器皿时，应佩戴手套，保证餐具清洁，防止污染。
（2）台面摆设：花瓶放在桌子中央，花瓶前摆盐和胡椒，盐和胡椒前面放牙签筒。
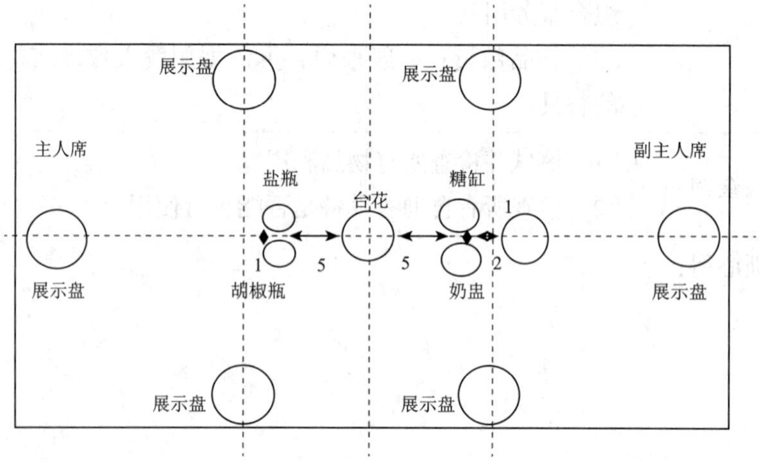
</td></tr>
<tr><td colspan="4">实训心得：</td></tr>
</table>

任务 2-2-3　餐中菜肴补充与餐台整理

要点编码	2.2.3	实训要点	餐中菜肴补充与餐台整理
要点适用性	通用性、个性化	实训方式	课堂教学、校内实训、岗位实践
实训执行者	学校导师、企业导师	评价方式	理论、实操
实训步骤	实训主要内容		
1. 餐中菜肴补充	(1) 注意整理菜点，保持丰盛、整洁、美观。耐心解答宾客的询问，认真听取宾客的意见。 (2) 及时添加菜品，保证客人享用。如果某些菜点消耗速度较快，应安排传菜员及时通知厨房补充。盛放菜肴的容器不能见底，通常少于二分之一时就要及时补充，以免宾客觉得菜肴不够丰盛。 (3) 随时检查菜点的温度，做到热菜要热，冷菜要冷。 (4) 随时添加咖啡、红茶，为客人斟倒软饮。		
2. 餐台整理	(1) 随时查看自助餐台卫生，保持干净整洁。 (2) 注意布菲炉的酒精蜡燃烧情况，以免发生意外。 (3) 注意餐具、酒具使用情况，随时补充。 (4) 及时更换或清洁服务叉、匙和点心夹，并随时补充餐盘等餐具。		
实训心得：			

任务 2–2–4　开单服务

要点编码	2.2.4	实训要点	开单服务
要点适用性	通用性、个性化	实训方式	课堂教学、校内实训、岗位实践
实训执行者	学校导师、企业导师	评价方式	理论、实操
实训步骤	实训主要内容		
1. 迎宾服务	（1）客人到达餐厅，迎宾员要主动上前问候，如客人需要，提供衣帽寄存服务。 （2）迎宾员要询问客人是否预订有餐位。如果客人已订餐位，迎宾员要热情地引领客人入座；如客人没有预订，则根据客人需求和餐厅营业状况，或引领客人入座、或安排到休息处休息、或安排到酒吧喝些饮料。		
2. 开单服务	（1）如是自助早餐，需客人出示房卡，若超出含早标准人数，按超出人数收费。 （2）如是自助午晚餐，当客人到齐后，值台服务员与迎宾员核实人数，核定收费标准（是网络团购还是前台购买，是否有小孩），根据人数收费。		
实训心得：			

任务 2–2–5　餐中服务

要点编码	2.2.5	实训要点	餐中服务
要点适用性	通用性、个性化	实训方式	课堂教学、校内实训、岗位实践
实训执行者	学校导师、企业导师	评价方式	理论、实操
实训步骤	实训主要内容		
1. 餐中服务	（1）热情地为宾客介绍菜点，必要时应客人需求帮其取餐。 （2）主动为宾客斟倒冰水、饮料，当大多数宾客进食得差不多时，正是饮料和酒水需求的高潮。此时，服务员应频繁为宾客添加。 （3）客人离位取食物时，要将客人的餐位整理好。 （4）负责自助餐台的员工要保持自助餐台和食品夹的干净整洁，随时检查食品的色泽、温度以及数量等情况，并及时提醒厨房添加菜肴，确保客人有足够的食品享用，不出现空盘的现象。		
2. 巡台服务	（1）随时保持客人桌面的清洁。 （2）及时撤走桌面上的空盘及更换面包碟。如桌面上有用过的纸巾、贝类壳等杂物，应用垃圾夹及时予以清洁。 （3）给客人做任何服务工作时都要做到有声服务，先提醒客人，然后从客人的右手边操作。		
实训心得：			

任务 2–2–6　收台与收撤自助餐

要点编码	2.2.6	实训要点	收台与收撤自助餐
要点适用性	通用性、个性化	实训方式	课堂教学、校内实训、岗位实践
实训执行者	学校导师、企业导师	评价方式	理论、实操
实训步骤	实训主要内容		
1. 收台工作	（1）收餐应按收餐的顺序进行，快速检查台面，整理餐椅并定位，整理花瓶和台号卡。 （2）先收拾口布、杯具、易耗品，再收拾不锈钢的餐具，收走所有脏的瓷器，收拾脏纸垫并重新摆台。		
2. 收撤自助餐	（1）宾客全部离开后，服务员才能清台。撤台清台，清理场地。 （2）清理餐台时，手法要迅速卫生，应首先注意熄灭保温锅的火源。 （3）妥善保管自助餐台的装饰品。 （4）在保证质量的前提下，回收剩余的食品与饮料，妥善保管。 （5）收拾所有餐具、酒具，送至工作台或洗碗间清洗并收回。 （6）室外自助餐则应在现场清点完所有物品后，按规定装车运货。		
实训心得：			

线上学习		
自助餐服务		
拓展知识	案例分析	课后习题
学习心得		

项目2–3　扒房服务

扒房（Grill Room）是指拥有高档装饰，展现一流西餐服务水准的高级西餐厅。扒房多采用法式装潢与设计，展示欧洲文明的经典与辉煌，洋溢着神秘、浪漫、富丽的情调和氛围，充分体现最为高级优雅的服务姿态。扒房以提供午、晚餐为主，有的只提供晚餐。供应法式大餐、提供法式服务，每桌客人由两名服务员进行服务。因扒房服务节奏较慢，用餐时间较长，座位周转率低，因此客人一般要提前预订。

思维导图

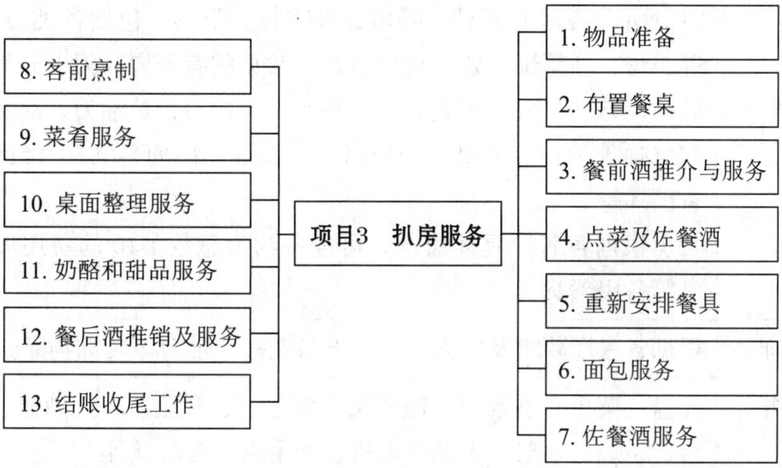

线上学习

扒房服务

课前自测	电子教案

任务 2–3–1　物品准备

要点编码	2.3.1	实训要点	物品准备
要点适用性	通用性、个性化	实训方式	课堂教学、校内实训、岗位实践
实训执行者	学校导师、企业导师	评价方式	理论、实操
实训步骤	实训主要内容		
1. 清洁双手	清洗双手，保持手部清洁。有些餐厅需要戴好手套进行准备，戴手套前同样需要净手。		
2. 准备餐酒用具	（1）所需餐具、酒具、餐巾、咖啡具、茶具，包括各类刀、叉、勺、碟、盘、杯等银、瓷、玻璃器皿。常见的有开胃品刀、开胃品叉、汤匙，鱼刀、鱼叉、主餐刀、主餐叉、牛排刀，黄油刀、甜品叉、甜品勺、咖啡勺、装饰盘、面包盘、黄油碟、白葡萄酒杯、红葡萄酒杯、香槟杯等。 （2）根据各餐厅具体需求，可准备约为总数 1/10 的备用刀叉勺和餐盘等备用餐具。		
3. 准备装饰物	根据各餐厅要求及客人需求，准备花瓶、烛台等装饰物品。		
4. 准备服务用具	托盘、菜单、酒水单、服务叉、服务勺、开瓶器、红酒篮、冰桶、烛台、蜡烛、火柴、雪茄打火机、洗手盅、餐巾纸等。		
5. 准备酒水等	备好各种酒水饮料等，根据不同餐厅需要提前备好冰水或柠檬水。		
6. 准备调味品	准备橄榄油和醋汁、胡椒瓶、盐瓶、柠檬角、辣椒汁、番茄酱、奶酪粉以及各种沙拉酱等。		
7. 物品摆放原则	使用频率高的物品放在易取、明显的位置，高物放在内侧，矮物放在外侧。		
实训心得：			

任务 2–3–2　布置餐桌

要点编码	2.3.2	实训要点	摆台
要点适用性	通用性、个性化	实训方式	校内实训、岗位实践
实训执行者	学校导师、企业导师	评价方式	理论、实操
实训步骤	实训主要内容		
1. 摆放桌椅	（1）根据餐厅布局及客人需求，摆放相应数量的餐桌和餐椅。 （2）确保桌椅无污渍、破损。如有椅套，提前套好。		
2. 铺台布	（1）台布正面朝上，如为两块台布，则中线要对齐，主人位方向台布交叠在副主人位方向台布上。 （2）台布铺设平整、四边下垂均等。		
3. 餐椅定位	（1）餐椅之间距离基本相等，相对餐椅的椅背中心要对准。 （2）餐椅边沿不影响台布下垂，且各椅边沿对齐。		
4. 摆放餐用具	（1）参照“西餐厅任务 1–2–2 西餐摆台”午晚餐摆台要求摆台。 （2）戴手套摆放也应拿握餐具柄的两侧、杯具的杯柱等部位。		
5. 检查调整	再次检查摆放物品，确认无污渍、无破损，数量齐全，摆放位置合适。		
实训心得：			

任务 2–3–3　餐前酒推介与服务

要点编码	2.3.3	实训要点	餐前酒推介与服务
要点适用性	通用性、个性化	实训方式	课堂教学、校内实训、岗位实践
实训执行者	学校导师、企业导师	评价方式	理论、实操
实训步骤	实训主要内容		
1. 推介	递上酒水单，询问客人喜好，然后进行针对性的建议。也可把本餐厅特色的餐前酒介绍给客人，以供客人选择，忌强行推销。		
2. 下单	（1）依次记录每位客人的选择，并记下特殊需求。 （2）向客人复述所点酒水，确认无误后下单。 （3）礼貌地请客人稍等。		
3. 准备工作	（1）到餐厅相应位置取酒，核对酒信息，根据餐厅规定做好相应销售记录。 （2）擦拭酒瓶外壁。 （3）准备客人饮酒所需吸管、搅拌棒、冰块等用具。		
4. 问询	（1）若是整瓶酒，需向客人示酒，确认年份、品牌等信息。 （2）若是调制酒，且有特殊需求，可向客人再次确认所需比例。		
5. 开瓶	（1）若是整瓶酒，征得客人同意后开启酒瓶。 （2）保管好酒塞，根据餐厅要求和客人需求展示给客人。		
6. 斟倒	顺时针方向斟倒，避免滴洒，斟酒时按照先宾后主、女士优先的原则进行操作。		
7. 整理	随手整理相关用具，及时做好酒的保存。		
实训心得：			

任务 2–3–4　点菜及佐餐酒

要点编码	2.3.4	实训要点	点菜及佐餐酒
要点适用性	通用性、个性化	实训方式	课堂教学、校内实训、岗位实践
实训执行者	学校导师、企业导师	评价方式	理论、实操
实训步骤	实训主要内容		
1. 呈递菜单	将菜单打开至第一页，送至客人手上。		
2. 菜肴及佐餐酒推介	（1）客人浏览菜单时注意观察，及时解答客人问题，服务人员要熟悉并根据客人的需求适时推介贴近客人喜好的餐厅特色菜肴。制作耗时长的菜肴要及时告知客人。 （2）如需为客人指菜单上的菜肴，要避免单指指字，可将五指并拢，指关节稍有弯度，手心向字、手背朝上，指尖指向相应内容。与客人沟通时要有眼神交流、保持合适距离，微笑服务，语言柔和、吐字清晰、语速适当。 （3）熟悉菜肴与酒水的搭配，可在点餐的同时推介佐餐酒，点餐之后亦可，视具体情况而定。 （4）记录准确。细心记录每个顾客所点菜肴及客人所坐位置，要特别关注客人的特殊需求。 （5）成熟度、配菜及酱汁。若客人点的菜肴有牛排，要问清成熟度，如客人不确定，可针对餐厅的特色进行成熟度推介，如有可选的配菜及酱汁，要问清每一位点这道菜的客人并详细记录。 （6）如客人有特殊需求，要及时与厨师沟通，确定之后再回复客人。		
3. 重复所点内容	（1）清楚地重复客人所点菜肴、佐餐酒、相应的名称及特殊需求。佐餐酒要关注年份等信息。 （2）收回菜单、酒水单并请客人稍候。		
4. 下单后随时关注客人需求	下单后继续关注客人举动，及时续水，如单人用餐可视情况与客人适当交谈，避免客人因等待而感到无聊。		
实训心得：			

任务 2-3-5　重新安排餐具

要点编码	2.3.5	实训要点	重新安排餐具
要点适用性	通用性、个性化	实训方式	课堂教学、校内实训、岗位实践
实训执行者	学校导师、企业导师	评价方式	理论、实操
实训步骤	实训主要内容		
1. 整理原则	客人点餐后，根据所点菜肴及酒水重新安排餐具、酒具，原则是把不需要的撤掉，并及时添加所需餐用具。		
2. 拿餐具的手法	（1）摆放时拿握餐具柄的两侧和杯具的杯柱。根据餐厅要求佩戴白手套操作。 （2）手指拿住盘沿位置。 （3）托盘操作。 （4）轻声操作，尽量避免打扰客人。		
3. 调整餐具时段	（1）客人点完餐，上菜之前。 （2）每一道菜用餐完毕，应及时连同菜肴配套刀叉勺撤走，如桌面事先未摆放新餐具，则要及时摆上。上牛排前，要先检查牛排刀是否准备就位。 （3）及时清理桌面。 （4）主菜撤下后，奶酪或甜点上桌前，要进行甜点餐具的放置或调整。		
实训心得：			

任务 2-3-6　面包服务

要点编码	2.3.6	实训要点	面包服务
要点适用性	通用性、个性化	实训方式	课堂教学、校内实训、岗位实践
实训执行者	学校导师、企业导师	评价方式	理论、实操
实训步骤	实训主要内容		
1. 准备工作	（1）清洁双手。 （2）提供切开服务的面包应在面包车上操作。准备叉匙、面包刀、切板等相关用具。面包篮用洁净的餐巾垫好。 （3）提供直接服务的面包。准备面包篮、面包夹或叉勺即可。		
2. 提供黄油（油醋或其他配料）	（1）若事先摆好黄油碟或配料碟，站到客人左侧，把黄油分到每个客人的碟中，或摆在桌面上由客人自行取用。 （2）若桌上事先没有摆放黄油碟或配料碟，可将配料放在黄油碟中，再用托盘统一分让到每个客人面前。注意拿黄油碟时要卫生操作，减少手指触碰。		
3. 提供面包	如果不是放在桌子上供客人自行取用的面包，则需要服务人员进行提供面包。 （1）从客人的左侧上面包，左手持面包篮，身体微前倾，将面包篮送到客人的左前方，礼貌地请客人选择喜欢的面包品种，然后右手持面包夹或叉匙将面包夹送至客人的面包盘里。 （2）每服务完一位客人，要将面包夹或叉匙放回面包篮里或移动到面包篮上方，同时后退一步，再转身为下一位客人服务，不可将面包篮直接从客人头上绕过去。 （3）按女士优先、先宾后主的原则进行服务。		
4. 整理、添加	（1）如有面包车，及时整理面包碎屑，然后再添加面包。 （2）根据客人需要随时添加面包。		
实训心得：			

任务 2–3–7　佐餐酒服务

要点编码	2.3.7	实训要点	佐餐酒服务
要点适用性	通用性、个性化	实训方式	课堂教学、校内实训、岗位实践
实训执行者	学校导师、企业导师	评价方式	理论、实操
实训步骤	实训主要内容		
1. 准备工作	（1）取酒水并擦拭瓶身。 （2）根据客人所点酒水准备相应器具：开酒器、冰桶、冰块、醒酒器、酒杯等。		
2. 佐餐酒服务	（1）征得客人同意后开酒 。 （2）参照中餐厅项目 4–2 下各种酒水服务标准服务客人。		
3. 整理	（1）斟倒完毕放回到工作台上，酒标朝向点酒客人。 （2）若整瓶快要斟完应及时向点酒人确认是否加酒。如加其他品种的酒，则及时撤旧杯，上新杯。如不加，则及时撤走空杯。 （3）若客人只点一杯，确认客人不再需要，将酒还至吧台储存。		
实训心得：			

任务 2-3-8　客前烹制

要点编码	2.3.8	实训要点	客前烹制
要点适用性	通用性、个性化	实训方式	课堂教学、校内实训、岗位实践
实训执行者	学校导师、企业导师	评价方式	理论、实操
实训步骤	实训主要内容		
1. 客前烹制准备	（1）客前烹制菜肴，如为客人切牛排，或在客前烹制车上制作沙拉或甜品等，此项服务要求服务人员要具有娴熟的服务技能，注意操作安全和卫生，烘托餐厅气氛，提升客人的用餐兴趣。 （2）点单。根据客人所点甜品或主菜进行准备。牛排确认好成熟度、配菜及酱汁。		
2. 客前烹制甜品——以火焰香蕉为例	（1）材料准备（1 人份）：1 个炉子、1 个双金属炉、1 个夹子、2 个热甜点盘、3 个竖切半香蕉（1 人份）、1 份糖浆、10 克黄油、1 个洒水器、1 瓶白朗姆酒、1 瓶黑朗姆酒 。 （2）点燃炉子，加热锅底，制作焦糖。当焦糖变为所需颜色时，加入 10 克黄油。 （3）加入 3 汤匙糖浆，将半香蕉平坦的一面对上放置煮并上色。轻轻把香蕉翻过来，再煮一下，让其也煮上棕色。 （4）在火焰外，倒入客人选择的朗姆酒（2.5 毫升）并点燃火焰，燃烧时再次喷洒，随后将香蕉放到热甜点盘中。 （5）从客人右侧上甜品，上菜前确认甜品叉勺已上桌。		
3. 客前烹制牛排	（1）材料准备（2 人份）：1 块切板、1 个板子、1 把切割刀、2 个钳子、1 个甜点刀、2 个甜点盘、热板、1 个加热烤架。 （2）将配菜放在一个盘子里，将烤牛排放在砧板上，从每块肉的边缘轻切。 （3）按 45 度切角将肉切成 6~8 片。 （4）放平切好的烤牛排，添加配菜。 （5）及时将牛排上桌，上桌前确认配套餐具牛肉刀和叉。		
4. 整理	（1）迅速完成必要的整理工作。 （2）将餐车推到工作间，进行深度清理和整理。		
实训心得：			

任务 2–3–9　菜肴服务

要点编码	2.3.9	实训要点	菜肴服务
要点适用性	通用性、个性化	实训方式	课堂教学、校内实训、岗位实践
实训执行者	学校导师、企业导师	评价方式	理论、实操
实训步骤	实训主要内容		
1. 上菜	（1）上菜时用虎口夹住餐盘边沿，避免手指过多触碰餐盘。 （2）从客人右侧操作各类菜品，左侧送上面包、黄油。依次从客人右侧递送开胃菜、汤、沙拉、主菜、甜品、咖啡或茶，同时报菜名，并请客人慢用。如遇客人交谈等特殊情况，可变换服务位置，以不打扰客人为前提。 （3）按女士优先、先主后宾的原则，顺时针方向进行操作。 （4）上完菜后及时记录。		
2. 撤换餐具	（1）客人每用完一道菜，应将所用餐盘及餐具一起撤下，在下一道菜未上前及时补充相应的餐具。 （2）准备新餐具。在工作台上准备好下一道菜所需要的餐具。 （3）关注客人用餐情况。当看到客人盘子中刀叉并拢摆放时说明可以撤走这道菜，如果刀叉呈八字形摆放，说明还要继续食用，不能撤走。遇到不确定的情况，适时轻声询问客人，得到客人同意后再撤走。 （4）撤换餐盘时，使用过的餐具要与干净新餐具分离，避免造成污染。 （5）避免发出过大声响，安全操作。		
3. 服务汤	（1）撤掉上一道菜及相应餐具后补充汤勺。 （2）汤碟及所有菜肴的餐盘与桌边距离 2cm 左右，避免碰洒。		
4. 服务主菜	（1）主菜的最佳部位靠近客人摆放。 （2）主菜的沙拉要立即跟汁，沙拉盘应放在客人的左侧。 （3）若是餐盘较烫要及时提醒客人。 （4）如是扒房特色菜肴，可根据情况适当讲解特色及食用方法。		
5. 及时关注客人	（1）在客人享用菜肴时随时观察，及时续上酒水。 （2）撤每道菜的时候可适时询问顾客的满意度。		
实训心得：			

任务 2-3-10　桌面整理服务

要点编码	2.3.10	实训要点	桌面整理服务
要点适用性	通用性、个性化	实训方式	课堂教学、校内实训、岗位实践
实训执行者	学校导师、企业导师	评价方式	理论、实操
实训步骤	实训主要内容		
1. 撤走主菜餐具及其他餐用具	（1）在上甜品时，除桌面装饰物及酒杯外，原则上其他餐具都应撤下，包括主餐盘、主菜餐具、面包盘、黄油碟、椒盐瓶，面包篮等。如客人有特殊需求保留，则遵从客人意愿。 （2）如操作空间有限，可以先撤掉距离餐桌边近的餐用具，再撤距桌边较远的。		
2. 扫台服务	（1）在客人用甜品前要重点为客人扫台。 （2）站在客人左侧，一手持扫台笔一手持碟，将面包屑扫至碟中。 （3）操作时提示顾客，注意不要将污渍弄到客人身上。 （4）动作迅速，确保台面整洁。		
实训心得：			

任务 2–3–11 奶酪和甜品服务

<table>
<tr><td>要点编码</td><td>2.3.11</td><td>实训要点</td><td>奶酪和甜品服务</td></tr>
<tr><td>要点适用性</td><td>通用性、个性化</td><td>实训方式</td><td>课堂教学、校内实训、岗位实践</td></tr>
<tr><td>实训执行者</td><td>学校导师、企业导师</td><td>评价方式</td><td>理论、实操</td></tr>
<tr><td>实训步骤</td><td colspan="3">实训主要内容</td></tr>
<tr><td>1. 奶酪服务</td><td colspan="3">（1）点单。主菜清理结束，沙拉服务结束后，请客人点单。如客人事先已点单，则服务人员要避免在午餐或晚餐开始时就下单，准备过早不利于保证奶酪的品质。
（2）奶酪的服务方式。
①餐盘奶酪服务。餐盘奶酪必须由多种奶酪构成，这些奶酪的口味品质要选择最受客户欢迎的品种。在传统饮食当中，奶酪最合适的（不论品种多少）分量约为 60 克。
②自助奶酪服务。准备移动餐车，将不同品种的奶酪放在餐车中。当客人选择时尽量将餐车放在客人的右侧。为了避免客人不当切割而造成的损失，建议由服务人员进行切割。如客人数量多，为保证服务效率，在切第一种奶酪时便可以问客人第二种选择是什么。</td></tr>
<tr><td>2. 甜品服务</td><td colspan="3">（1）推介甜点、咖啡、茶。如果客人事先没有点甜品，则第一步从询问客人需要什么样的甜品开始。
（2）从客人右侧送上甜品单，可适时为顾客进行推介。
（3）准备餐具。根据客人所点甜品准备好相应餐具，并从客人的右侧摆放餐具。
（4）上甜品。如有冰激凌为配料的甜品要及时上桌。</td></tr>
<tr><td>3. 咖啡或茶</td><td colspan="3">（1）服务咖啡或茶之前应先摆好糖缸和奶缸等。
（2）咖啡杯或茶杯放在客人的右手边，杯把朝向客人方便取用的一侧。</td></tr>
<tr><td colspan="4">实训心得：

</td></tr>
</table>

任务 2–3–12　餐后酒推销及服务

要点编码	2.3.12	实训要点	餐后酒推销及服务
要点适用性	通用性、个性化	实训方式	课堂教学、校内实训、岗位实践
实训执行者	学校导师、企业导师	评价方式	理论、实操
实训步骤	实训主要内容		
1. 餐后酒推介	（1）酒水员将餐后酒车推至桌前，为客人推销餐后酒。亦可提供酒单给客人，适时进行推介。 （2）根据客人选择，准备餐后酒、所需杯具及用具。		
2. 餐后酒服务	（1）啤酒服务。为客人上啤酒杯，开啤酒前确保啤酒静置一段时间，操作时背向客人避免喷洒。慢速斟倒，使酒液沿杯壁缓慢流下。 （2）白兰地酒服务。 ①准备白兰地酒杯、热杯器等。示酒后经客人同意后方可开酒。 ②点燃热杯器，在架子上放白兰地酒杯，用中指按着杯底，顺时针方向转动酒杯，直到看到杯中雾气逐渐消失，杯子透明为止。 ③手拿杯柱，切勿触碰杯肚。取下架子，用热杯器盖子熄灭火。 ④站在客人右侧，托盘服务，将酒摆放在客人右手边，及时提醒客人酒杯有温度。 ⑤若客人按杯点，热杯倒酒后上桌。 ⑥根据客人需要上冰水。		
实训心得：			

任务 2–3–13　结账收尾工作

要点编码	2.3.13	实训要点	结账服务和收台工作
要点适用性	通用性、个性化	实训方式	课堂教学、校内实训、岗位实践
实训执行者	学校导师、企业导师	评价方式	理论、实操
实训步骤	实训主要内容		
1. 结账准备	（1）在为客人上完菜之后，值台员要到收银处核对账单。 （2）当客人要求结账时，应请客人稍等，并立即去收银台取回账单。 （3）核查账单上的台号、人数、菜品及饮品消费额是否准确。 （4）将账单放在账单夹内，注意要确保账单夹打开时，账单的正面正好朝向客人。如为签单客人，则应事先准备好笔。		
2. 递交账单	（1）值台员走至结账客人右侧，打开账单夹，右手持账单夹上端，左手轻托账单夹下端，递至结账客人面前，请客人核对账单，注意不要让其他客人看到账单，并对主人（结账客人）说："先生，这是您的账单。" （2）如单独递送笔，注意笔尖不要朝向客人，且双手递送。		
3. 结账收台服务	（1）根据客人的结账方式流程结账，可参照中餐厅项目 7–2。 （2）根据客人需求给客人开具发票或停车票。 （3）清理台面、地面。		
4. 总结	（1）经理检查收尾工作，召开餐后会，作简短总结并与接班人员进行交接手续，交代遗留问题。 （2）填写工作记录，整理客人意见并提出下一步工作要点。如是当日结束营业时间，则应关闭各种电器设备，关好门窗。		
5. 客史档案收集整理	（1）客史档案设立后，把重要顾客就餐的菜单收到客史档案中去，并注明顾客对菜品的评价，以便作出相应调整。 （2）客史档案是餐饮部经营和销售活动中的机密文件。除餐饮部领导、厨师长、销售人员可借阅外，非经餐饮部经理同意，其他无关人员不得查阅。 （3）安排专人负责客史档案的整理、编排、清理、存放等。		
实训心得：			

线上学习		
扒房服务		
拓展知识	案例分析	课后习题
学习心得		

项目 2–4　西餐宴会服务

西餐宴会一般按照西方国家的习俗，遵循西方的饮食习惯，采取分餐制以品尝西菜，使用西式餐具，讲究酒水与菜肴的搭配，其布局、台面布置和服务等具有鲜明的西方特色。服务员需能根据西餐服务规范快速地进行宴会服务。

思维导图

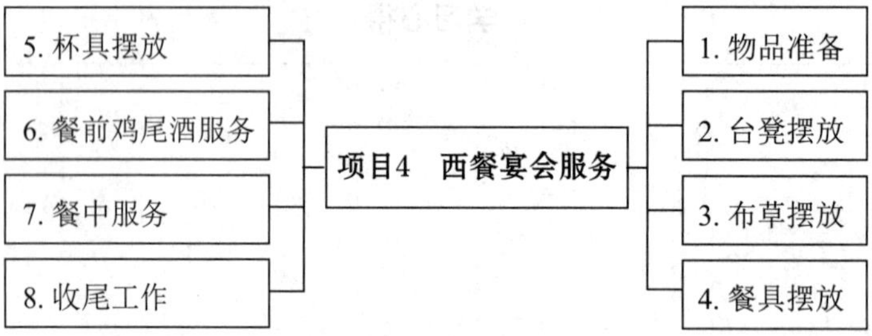

线上学习

西餐宴会服务

课前自测	电子教案

任务 2-4-1　物品准备

要点编码	2.4.1	实训要点	物品准备
要点适用性	通用性、个性化	实训方式	课堂教学、岗位实践
实训执行者	学校导师、企业导师	评价方式	理论、实操
实训步骤	实训主要内容		
1. 餐具和杯具的准备	（1）金属器具：西餐中的金属器具一般有头盘刀、头盘叉、汤匙、鱼刀、鱼叉、主餐刀、主餐叉、黄油刀、甜品叉、甜品勺、水果刀、水果叉、咖啡勺、服务叉、服务勺等。 （2）餐用具：西餐中的金属餐用具一般有装饰盘、汤盘、面包盘、黄油碟、咖啡杯、咖啡碟、糖盅、奶盅、牙签盅、椒盐瓶、花瓶等。 （3）杯具：西餐宴会杯具一般要根据客人选用的酒类而定。主要有水杯、红葡萄酒杯、白葡萄酒杯、香槟杯、鸡尾酒杯、白兰地杯、威士忌杯和利口酒杯等。 （4）除了按照宴会人数备齐每位客人的餐具外，还需要准备一定数量的备用餐具和酒具，以供客人在特殊情况下使用。		
2. 棉织品的准备	西餐常用到的棉织品主要有台布、桌裙、净布、餐巾（客用餐巾和服务餐巾）、托盘垫巾、消音垫等。		
3. 服务用具和特殊菜品用具的准备	（1）服务用具一般有托盘、面包篮、席位卡、烛台、蜡烛、开瓶器、冰桶架和冰桶、洗手盅、餐巾纸等。 （2）西餐常用到的特殊菜品用具有蜗牛夹和蜗牛叉、通心面夹、龙虾夹、龙虾钳和龙虾叉、坚果处理器等。		
4.酒水、饮料、果品和调味品的准备	（1）酒水：根据酒水供应温度提前降温，在开宴前半小时擦净瓶身，整齐摆放在工作台上。 （2）饮料：按要求调制鸡尾酒、多色酒和其他饮料。 （3）果品：挑选检查并清洗果品，备好削皮器并及时去皮。 （4）调味品：如芥末、沙拉酱等，同时备好面包和黄油等。		
实训心得：			

任务 2–4–2 台凳摆放

<table>
<tr><td>要点编码</td><td>2.4.2</td><td>实训要点</td><td>台凳摆放</td></tr>
<tr><td>要点适用性</td><td>通用性、个性化</td><td>实训方式</td><td>课堂教学、岗位实践</td></tr>
<tr><td>实训执行者</td><td>学校导师、企业导师</td><td>评价方式</td><td>理论、实操</td></tr>
<tr><td>实训步骤</td><td colspan="3">实训主要内容</td></tr>
<tr><td>1. 台凳摆放原则</td><td colspan="3">（1）突出主桌：原则上，主桌在宴会厅最显眼的位置，所有宾客都能看到。通常在面对大门口的宴会厅上方，或者在宴会厅的中心位置。
（2）统一规格：宴会使用的台凳、台裙、台布等型号颜色要一致。
（3）布局合理：餐台左右对称、方便客人出入。</td></tr>
<tr><td>2. 台型与人数匹配原则</td><td colspan="3">（1）“一”字形长台：一般适用于 20 人以下的西餐宴会。有两种排列方式，一是长台方形，二是长台弧形。

（2）“回”字形台：中空台型，适用于宴会人数超过 20 人的情况。中空位置可用于布置装饰物。

（3）“U”字形台：又称为马蹄形台。一般适用于 40 人左右的西餐宴会。凹处可做表演处或者布置装饰物。

（4）“E”字形台：适用于约 60 人的西餐宴会。注意三翼长度相等。

（5）“T”字形台：一般适用于 60 人以上的西餐宴会。
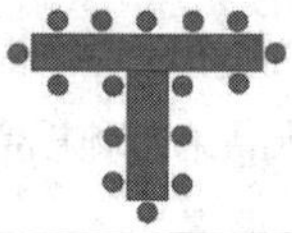</td></tr>
<tr><td colspan="4">实训心得：</td></tr>
</table>

任务 2-4-3　布草摆放

要点编码	2.4.3	实训要点	布草摆放
要点适用性	通用性、个性化	实训方式	课堂教学、岗位实践
实训执行者	学校导师、企业导师	评价方式	20 分钟
实训步骤	实训主要内容		
1. 台布和人员准备	(1) 西餐宴会一般使用洁净的白色台布，需要熨平。西餐宴会常使用长方台，所以经常使用数张台布进行拼接。 (2) 认真细致地对每块台布进行检查，如发现台布有破损、过旧和污渍等问题，要予以更换。 (3) 铺台布一般由两人一组合作完成。		
2. 铺台布	(1) 一般先用毡、绒等软垫物按台子的尺寸铺台面，然后用布绳扎紧。 (2) 台布的中凸线向上放置在餐台的横向中心，四周均匀下垂。 (3) 拼接台布的接缝朝里，中凸线方向一致，台布边缘重叠，下垂部分平行。 (4) 铺台布时服务员分别站在餐桌两侧，将第一块台布定好位，然后按要求依次将台布铺完。 (5) 由里往外进行铺台，台布平整无褶皱。		
实训心得：			

任务 2–4–4　餐具摆放

要点编码	2.4.4	实训要点	餐具摆放
要点适用性	通用性、个性化	实训方式	课堂教学、岗位实践
实训执行者	学校导师、企业导师	评价方式	理论、实操
实训步骤	实训主要内容		
1. 准备餐具	（1）根据宴会需求准备客用餐具：刀、叉、杯、盘等。 （2）数量充足，图案花纹和尺寸统一。 （3）洁净卫生、无破损，有一项不合格不予使用。		
2. 餐具摆放顺序	（1）个人餐具摆放顺序：餐盘 – 餐刀、叉、勺 – 面包盘、黄油刀、甜品叉、甜品勺。 （2）席面餐具摆放顺序：从主人位开始，按顺时针摆放。 （3）宴会可根据菜品和餐具规格等实际情况，酌情增减餐具。		
3. 餐具摆放要求	（1）可参照“西餐　任务 1–2–2 西餐摆台”相关要求摆放。 （2）摆放后检查是否有遗漏、是否规范、是否符合要求。		
实训心得：			

任务 2-4-5　杯具摆放

要点编码	2.4.5	实训要点	杯具摆放
要点适用性	通用性、个性化	实训方式	课堂教学、岗位实践
实训执行者	学校导师、企业导师	评价方式	理论、实操
实训步骤	实训主要内容		
1. 杯具摆放	（1）酒杯摆放在水果刀、水果叉和甜品匙的右侧。 （2）“一”字形：红酒杯摆放于主菜刀刀尖正上方适当位置；水杯摆在红酒杯左上方适当位置；白酒杯摆于红酒杯右下方适当位置；三杯成一条直线，并与台边成 45 度角。 （3）“品”字形：将水杯摆放在主菜刀刀尖正上方 1 厘米处；白酒杯摆在水杯右上方适当位置；红酒杯摆在水杯和红酒杯下方适当位置；三杯间距 1 厘米。		
2. 摆餐巾花	餐巾折花摆在餐盘正中。花形搭配适当，观赏面朝向客人。		
3. 摆装饰花	装饰花摆放在餐台中心，不遮挡客人落座后的视线。		
4. 摆烛台	在装饰花左右两侧摆放两个烛台，位于台布中骨线上，距装饰花 10 厘米。		
5. 摆盐椒瓶	盐椒瓶按四人一套的规格，摆放在烛台两侧，距烛台 5 厘米，位于中骨线上，左盐右椒，间距 1 厘米。		
实训心得：			

任务 2–4–6　餐前鸡尾酒服务

要点编码	2.4.6	实训要点	餐前鸡尾酒服务
要点适用性	通用性、个性化	实训方式	课堂教学、岗位实践
实训执行者	学校导师、企业导师	评价方式	理论、实操
实训步骤	实训主要内容		
1. 问候	客人进入休息室，服务员应主动向客人问候，送上餐前酒。		
2. 介绍酒水	递上酒水前为客人做酒水介绍，征询客人的意见，如有需要及时更换酒水。		
3. 递酒水	（1）如果客人是坐饮，在客人面前的茶几上放好杯垫，再上酒水。 （2）如果客人是立饮，先向客人递上餐巾纸，再上酒水。		
4. 鸡尾酒服务	（1）将客人引领至吧台前，由调酒师现场为客人调制。 （2）也可先请客人入座，再将客人所需鸡尾酒送至客人面前。		
5. 小吃服务	（1）茶几或者小方桌上备上佐酒小吃如干果、虾条等。 （2）服务员托送佐酒小吃，为客人巡回提供。		
6. 引领入席	宾客到齐，主人示意可入席时，服务员应及时引领客人至宴会厅。		
实训心得：			

任务 2–4–7　餐中服务

要点编码	2.4.7	实训要点	餐中服务
要点适用性	通用性、个性化	实训方式	课堂教学、岗位实践
实训执行者	学校导师、企业导师	评价方式	理论、实操
实训步骤	实训主要内容		
1. 面包服务	（1）宴会开始前几分钟摆上黄油，从客人左侧送上佐餐面包。 （2）一旦面包盘空了，随时给客人续添。 （3）宴会中不要撤掉面包盘，直到和主菜盘一起撤下。		
2. 开胃菜服务	（1）根据开胃菜选配适合的开胃酒，先为宾客斟酒，再从客人左侧送上开胃菜。 （2）如果是冷开胃菜，可以在开宴前 10 分钟先上。 （3）待客人用完开胃菜后，从客人右侧撤盘和刀叉。		
3. 上汤服务	（1）先加垫盘，再从客人左侧把汤送上。 （2）喝汤时一般不喝酒，但如果安排了酒类，则先斟酒后上汤。 （3）待客人喝完汤后，从客人右侧撤下汤盘和汤匙。		
4. 海鲜菜肴服务	（1）海鲜菜肴应搭配冰镇白葡萄酒。先请主人品尝认可后，按次序斟酒再从客人左侧上菜。 （2）斟白葡萄酒时，须在瓶身用餐巾包裹好，但不要遮挡住商标。 （3）待客人吃完海鲜菜肴后，从客人右侧撤下餐盘和鱼刀叉。		
5. 主菜服务	（1）主菜应搭配红葡萄酒。先请主人品尝认可，再按次序斟酒。 （2）检查客人的面包盘，及时补充面包和黄油。 （3）一名服务员从客人左侧送上主菜和蔬菜，菜肴的主要部分要靠近客人。 （4）另一名服务员随后从客人左侧为客人分派沙司，所配沙拉放在左侧。 （5）待客人吃完主菜后，从客人右侧撤下主菜盘、刀叉、沙拉盘、黄油碟、面包盘和黄油刀。		

续表

6. 甜点和水果服务	（1）用一块叠成四方块的口布清理台面上的面包屑，摆好甜品叉匙或者水果刀叉。 （2）若有宾主讲话，则在讲话之前，为客人先斟倒香槟酒或者有汽葡萄酒，再送上甜品。 （3）如有水果，从客人左侧送上水果，再从客人左侧端上洗手盅，盅内有温水、一片柠檬和数片花瓣。
7. 咖啡和茶服务	（1）待客人用完甜点或水果后，询问宾客喝咖啡或者茶，随后摆上糖缸和奶盅。 （2）咖啡杯或茶杯要摆放在客人的右手边，用咖啡壶或者茶壶依次斟上。
实训心得：	

任务 2–4–8　收尾工作

要点编码	2.4.8	**实训要点**	收尾工作
要点适用性	通用性、个性化	**实训方式**	课堂教学、岗位实践
实训执行者	学校导师、企业导师	**评价方式**	理论、实操
实训步骤	**实训主要内容**		
1. 结账服务	（1）上完咖啡和茶后，应清点核对菜品、饮料和酒水等，快速准备好账单。 （2）宴会结束后，将账单交给宴会主人或其助手，按照规定办理结账手续。 （3）主动征询客人对本次宴会的意见或者建议，并填写意见调查表，向宾客致谢。		

续表

2. 欢送客人	（1）宴会结束，客人起身离席时，主动为客人拉椅，方便客人离开。 （2）迅速扫视台面四周，为客人检查是否有遗留物品。 （3）宾客出宴会厅时，衣帽间的服务员根据取衣牌，及时准确将衣帽递给客人，主动帮助客人穿戴。 （4）与客人道别，再次表示感谢并欢迎客人下次光临。
3. 撤桌清场	（1）及时收拾餐厅和休息室，包括撤餐台、收餐椅、做好宴会厅卫生等。 （2）各项工作基本结束后进行全面检查。 （3）关上电灯，切断电源，关好门窗。
实训心得：	

线上学习		
西餐宴会服务		
拓展知识	案例分析	课后习题
学习心得		

项目 2-5　酒吧服务

酒吧一词源自英文 Bar，原意为栅栏，引意为出售酒品的柜台。现代人将酒吧定义为经营各种酒和饮品的设施和场所，包括经营酒水的场所、吧台及提供酒水服务的设施。酒吧服务是调酒师和服务员在酒吧从事的各项服务工作的统称。酒吧服务包括服务程序和服务技巧。酒吧服务员需要掌握基本的服务技巧。

<table>
<tr><td colspan="2">思维导图</td></tr>
<tr><td colspan="2">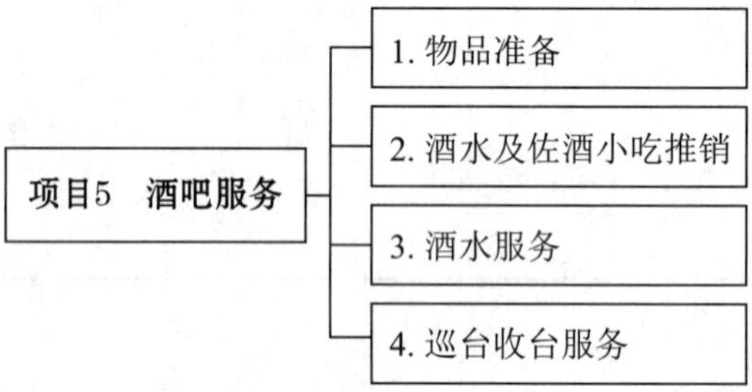
</td></tr>
<tr><td colspan="2">线上学习</td></tr>
<tr><td colspan="2">酒吧服务</td></tr>
<tr><td>课前自测</td><td>电子教案</td></tr>
<tr><td></td><td></td></tr>
</table>

任务 2–5–1　物品准备

要点编码	2.5.1	实训要点	物品准备
要点适用性	通用性、个性化	实训方式	课堂教学、校内实训、岗位实践
实训执行者	学校导师、企业导师	评价方式	理论、实操
实训步骤	实训主要内容		
1. 领取物品、小食品	（1）填写领货单，送交酒吧经理签名，持签过名的领货单到库房保管员处领取。 （2）杯垫、吸管、鸡尾酒签、餐巾纸、原子笔、各种表格等易耗品，一般每周领取 1~2 次。 （3）领取时应依据领货单，认真核对名称和清点数量。在核对正确无误后，领货人在领货单上“收货人”一栏签名，以备核查。 （4）酒杯和器具领回酒吧后，要先清洗、消毒才能使用。		
2. 摆放酒水、小食品	（1）将领回的酒水、小食品分类并按其饮用要求放置在合理的位置，白葡萄酒、起泡酒、碳酸饮料、瓶装或听装果汁以及啤酒应提前放入冷藏柜冰镇。 （2）补充酒水时一定要遵循“先进先出”的原则。		
3. 摆放瓶装酒	（1）瓶装酒摆设的原则是美观大方、方便取用、搭配合理、富有吸引力。 （2）摆放方法主要有以下几种：①按酒的类别摆放，即将不同品种的酒水（如威士忌、白兰地、利口酒等）分展柜依次摆放；②按酒的价值摆放，即将价值昂贵的酒同便宜的酒分开摆放；③按酒水的生产销售公司摆放，即当酒水的生产销售公司买断某个或某几个展柜来陈列该公司的酒水时，按照该公司的要求进行摆放。 （3）摆放瓶装酒时，还应注意瓶与瓶之间的间隙，以便调酒师取拿。 （4）将常用酒与陈列酒分开，一般常用酒放在操作台前伸手可及的位置，而陈列酒则放在展柜的高处。		

续表

4. 摆放酒杯	（1）酒杯的摆设采用悬挂与摆放两种方式。悬挂式摆设是指将酒杯悬挂于吧台面上部的杯架内，这类酒杯一般不使用，只为装饰。摆放式摆设是指将酒杯分类整齐地码放在操作台上，以方便调酒师工作时取拿。 （2）摆放酒杯还应注意，习惯添加冰块的酒杯（如柯林斯杯、古典杯等）应放在靠近制冰机的位置，而啤酒杯、鸡尾酒杯则应放在冷藏柜内冷藏备用，不需要加冰块的酒杯则放于工作台其他空位上。 （3）应严格遵循酒杯的清洁、消毒程序，为宾客提供晶莹剔透、清洁卫生的杯具。
5. 准备辅助性原材料	在酒吧正式营业前，应将各种酒水供应所需要的装饰性配料、调味类配料、热水、冰水、冰块、各种糖浆等辅助性原材料提前制作妥当，并按照要求整齐地摆放在工作台上。
6. 准备工具	（1）准备好刀、砧板、调酒器、吧匙、扎壶、分酒器等，至于开酒器、火机、笔等物品随身携带。 （2）吧匙、量杯、冰夹等要浸泡在干净的水槽中，杯垫架内的杯垫应补充齐全，吸管、调酒棒和鸡尾酒签也应按酒吧规定，放入专用器皿中并在工作台上摆放整齐。
实训心得：	

任务 2–5–2　酒水及佐酒小吃推销

要点编码	2.5.2	实训要点	酒水及佐酒小吃推销
要点适用性	通用性、个性化	实训方式	课堂教学、校内实训、岗位实践
实训执行者	学校导师、企业导师	评价方式	理论、实操
实训步骤	实训主要内容		
1. 推销酒水及佐酒小吃	（1）熟悉各种酒水的价格、准备时间、原料、产地、口味、特点等，可按照价格的中、低、高顺序介绍，使用礼貌用语为客人提供合理建议。 （2）递上酒水单后，服务员要及时向客人推荐、解释和介绍酒水单上的品种，主动询问客人的爱好。 （3）推销时可按洋酒、红酒、啤酒、饮料的顺序来推。点完酒水后，应主动询问客人是否需要小吃、果盘等。 （4）点单完毕后，服务员应询问客人是否有会员卡，牢记所点酒水（尽量记住新客喜欢的酒水，注意将其培养成为老顾客，方便下一次推销），并核算。礼貌地请客人买单。		
2. 点酒服务	（1）客人入座后，3 分钟内为客人点酒水，并适当介绍不同类型的酒水品牌和类别。 （2）询问客人对酒水的细节要求，如是否加冰，单份还是双份。 （3）记住每个客人各自点的酒水。 （4）复述所点酒水及服务要求。 （5）准确下单。		
实训心得：			

任务 2–5–3　酒水服务

要点编码	2.5.3	实训要点	酒水服务
要点适用性	通用性、个性化	实训方式	课堂教学、校内实训、岗位实践
实训执行者	学校导师、企业导师	评价方式	理论、实操
实训步骤	实训主要内容		
1. 出品检查	（1）5 分钟内将酒水提供给客人。 （2）做好质量把关：检查杯具、装饰物、分量是否符合出品标准。		
2. 酒水服务	（1）服务员应将酒水用托盘从客人的右侧送上。 （2）给客人上酒水时，应先摆杯垫，注意将饭店标志或图案正面朝向客人。 （3）送酒时应先放好杯垫和免费提供的佐酒小吃，递上餐巾后再上酒，报出饮品的名称并说："这是您（或你们）的，请慢用。" （4）如客人所点酒水是罐装、瓶装或混合饮料，在客人面前打开，询问客人并斟倒相应分量。 （5）如客人所点是杯装葡萄酒，应主动示酒，待客人确认后，少量斟倒请客人品尝，如果客人满意则斟倒相应分量。瓶内的葡萄酒分量不少于 1/2。 （6）酒水服务时注意手法卫生，手指不触及杯口，轻拿轻放。		
3. 酒水存放服务	（1）结束送餐后，如客人所点酒水有剩余，询问客人是否需要保存酒水。 （2）填写存酒卡：姓名、单位、联系电话、酒水名称、剩余量、存放时间、保管期限。 （3）将存酒标签贴在所存酒瓶瓶身上，并做好签字登记。 （4）存酒卡一式两份，客人和酒吧各持一份。 （5）在客人下次消费时，主动提示客人享用。 （6）定期与客人联系并提醒。		
实训心得：			

任务 2–5–4　巡台收台服务

要点编码	2.5.4	实训要点	巡台收台服务
要点适用性	通用性、个性化	实训方式	课堂教学、校内实训、岗位实践
实训执行者	学校导师、企业导师	评价方式	理论、实操
实训步骤	实训主要内容		
1. 清洁台面	（1）保持台面清洁，更换将燃尽的蜡烛。 （2）及时收撤客人的空杯、空瓶和空罐。		
2. 添加酒水及佐酒小吃	（1）当客人酒水不足 1/2 时为客人添酒。 （2）当酒水剩余 1/6 瓶时询问是否再来一瓶。 （3）当客人饮料剩余 1/3 时询问是否需要添加。 （4）当客人冰水剩余 1/2 时为客人添加。 （5）佐酒小吃剩余 1/5 时为客人添加。		
3. 收台工作	（1）当客人离开酒吧后，立即清理吧台并检查是否有遗留物品。 （2）及时清理吧台和地面，并把吧椅复原，准备迎接下一位客人光临。		
实训心得：			

线上学习		
酒吧服务		
拓展知识	案例分析	课后习题
学习心得		

项目 2–6　鸡尾酒调制

鸡尾酒（Cocktail）是一种混合饮品，是由两种或两种以上的酒、饮料、果汁、汽水按一定的配方、比例和调制方法混合而成的一种含酒精的饮料，有一定的营养价值和欣赏价值。调酒员需要了解鸡尾酒的构成，掌握基本的调酒方法，为客人提供鸡尾酒。

思维导图

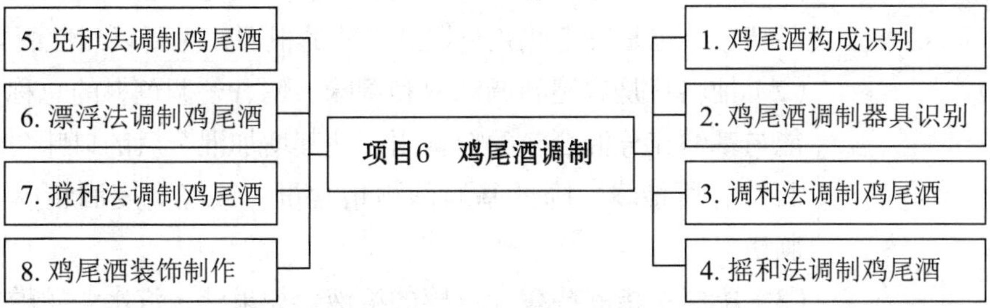

线上学习

鸡尾酒调制

课前自测	电子教案

任务 2-6-1　鸡尾酒构成识别

要点编码	2.6.1	实训要点	鸡尾酒构成识别
要点适用性	通用性	实训方式	课堂教学
实训执行者	学校导师	评价方式	理论
实训步骤	实训主要内容		
1. 鸡尾酒的构成	（1）基酒：又称酒基，是构成鸡尾酒的主体，它决定鸡尾酒的酒品特色，也是决定此款鸡尾酒口味的根源，主要以烈性酒为主。 （2）辅料：是鸡尾酒调和料和调味、调香、调色料的总称，它们能与基酒充分混合，配合基酒，使其增加混合后的口味，还可对酒精有所稀释，降低基酒的酒精含量，减轻高度酒精嗅觉上的刺激。 （3）配料：指一些缓和口感的溶液，如果汁、汽水、碳酸饮料及一些果味酒，有调味功能，发挥鸡尾酒的特色，而且能增添鸡尾酒的色彩。 （4）附加料：是指盐、胡椒、糖、辣椒汁等，主要为了突出特殊口感。 （5）载杯：鸡尾酒杯。 （6）装饰物：鸡尾酒的装饰物、杯饰。主要是利用各个季节时令水果，起到“锦上添花”的作用，制作鸡尾酒装饰物是一门艺术，有些鸡尾酒的装饰物是约定俗成的，有些是依靠调酒师的想象力去创造的，更能显示调酒师艺术和美的创造力功底。		
2. 常见基酒	（1）金酒（Gin），荷式金酒，英式金酒。 （2）白兰地（Brandy）。 （3）威士忌（Whiskey）。 （4）特基拉（Teqiula）。 （5）朗姆酒（Rum）。 （6）伏特加（Vodka）。		

续表

3. 常见辅料	（1）开胃酒（Aperitif）：味美思、茴香酒、苦味酒。 （2）餐后甜酒（利口酒 Liqueur）：君度柑橘利口酒、樱桃白兰地、白可可奶油利口酒、棕可可奶油利口酒、卡鲁瓦咖啡利口酒、荷兰蛋黄酒、百利甜酒、绿薄荷利口酒、蓝橙利口酒。
4. 常见配料	苏打水（Soda Water）、汤力水（Tonic Water）、干姜汁（Ginger Ale）、七喜（Seven up）、雪碧（Sprite）、可乐（Coca Cola）、橙汁（Orange Juice）、菠萝汁（Pineapple Juice）、西柚汁（Grapefruit Juice）、番茄汁（Tomato Juice）、柠檬汁（Lemon Juice）、青柠汁（Lime Juice）、牛奶（milk）等。
5. 常见附加料	生鸡蛋（Fresh Egg）、糖水（Syrup）、红石榴糖浆（Grenadine）、苦精（Bitter）、豆蔻粉（Nutmeg Powder）、胡椒粉（Pepper powder）、辣椒汁液（Tobasco）等。
6. 常见载杯	经典鸡尾酒杯（Classical Cocktail Glass）、古典杯（Old-fashioned Glass）、高杯（Highball Glass）、柯林士杯（Collins Glass）、库勒杯（Cooler Glass）、子弹杯（Short Glass）、爱尔兰咖啡杯（Brandy Snifter）、浅碟形香槟杯（Champagne source Glass）、郁金香型香槟杯（Flute Glass）、酸酒杯（Sour Glass）、利口酒杯（Liqueur Glass）、玛格丽特鸡尾酒杯（Margarita Glass）、飓风鸡尾酒杯（Hurricane Glass）、宾治杯（Punch Bowl）。
7. 常见装饰物	红樱桃挂杯边、柠檬片、柠檬楔、吸管穿红樱桃、杯口蘸盐、杯口蘸糖、黄瓜片、豆蔻粉。
实训心得：	

任务 2-6-2　鸡尾酒调制器具识别

要点编码	2.6.2	实训要点	鸡尾酒调制器具识别
要点适用性	通用性	实训方式	课堂教学
实训执行者	学校导师	评价方式	理论
实训步骤	实训主要内容		
1. 认识调酒常用工具	（1）英式标准摇壶：由壶身、滤冰器和壶盖三部分组成，按容量大小分为 250 毫升、350 毫升和 530 毫升等多种规格。 （2）美式波士顿摇壶：因其操作快捷方便，是花式调酒专用的工具，包括带刻度的玻璃调酒杯和不锈钢壶身，也有的由直径不同的两只不锈钢壶身组合而成。 （3）量酒器：是酒水分量的度量工具，有不锈钢和玻璃两种材质。其中不锈钢量杯最常见的容量为 28 毫升和 42 毫升。 （4）吧匙：是一种带有螺旋状手柄的调酒工具，是调和法制作鸡尾酒的常用工具，根据长短，还分为大、中、小型号。 （5）滤冰器：是用于过滤冰块的工具，不锈钢材质，常与美式摇壶或调酒杯组合使用，分为两脚、四脚和无脚三种。 （6）挤汁器：专门用来挤压果汁丰富的柠檬、橘子、橙子等水果的工具。 （7）冰铲：多为不锈钢或塑料材质，用于从冰槽或冰桶中铲出冰块。 （8）冰夹：常用于夹取冰块或饮品装饰物，一般用不锈钢制成。 （9）冰锥：是用于分离冰块的工具。 （10）冰桶：用于盛放冰块或客人饮用白葡萄酒、香槟时供冰镇使用，用不锈钢制成，规格、型号大小不一。 （11）把刀：用不锈钢制成，用于切水果及饮品装饰物。 （12）砧板：用塑料制成，与把刀配合，用于切水果及饮品装饰物。 （13）削皮刀：适用于削出线状柠檬皮的专用刀。 （14）压棒：是在调酒杯里压榨果汁的专用工具，有木头和塑料两种材质。 （15）吸管：是方便客人饮用加冰或大容量饮品的饮管。		

续表

1. 认识调酒常用工具	（16）搅棒：常置于装有冰块的柯林杯或高杯中，方便客人搅拌杯中饮料。 （17）鸡尾酒签：用于穿装饰物。 （18）杯垫：用纸或皮革制成，用于垫杯或瓶装饮品，具有美观和吸水防滑的作用。 （19）果汁瓶：是带有倒嘴的塑料容器，用于装果汁及其他软饮料，有多种容量规格。 （20）挤汁壶：是装糖浆、蛋清等原料的塑料容器。 （21）酒嘴：插在酒瓶口上，倒酒时更容易控制流量，酒嘴用不锈钢或塑料制成，分慢速、中速、快速三种型号。 （22）定量酒嘴：插在酒瓶口上，将酒瓶倒置并安装在酒架上。按酒嘴开关，能快速准确地流出定量酒液。 （23）酒吧开刀：用于开启红、白葡萄酒瓶的木塞，也可用于开汽水瓶、果汁罐头。 （24）盐边盒：是做盐边杯、糖边杯的专用工具，塑料材质，可开合装饰物盒。 （25）装饰物盒：用于盛放装饰物的专用工具，塑料材质，能起保鲜作用。 （26）吸管 / 餐巾盒：是将吸管等精致小物品集中在一起的工具，方便拿取。 （27）吧垫：是铺在吧台内工作区域的塑料垫。把摇壶、调酒杯及饮品成品等摆放在吧垫上，既能防水，又能起到保护吧台的作用。
2. 认识调酒常用设备	（1）奶昔机：多用于搅拌奶昔，个别用摇和法调制的饮品，它也可以代劳。 （2）搅拌机：一种带刀片高速旋转的电动工具，常用于鲜果饮品的调制。 （3）榨汁机：用来压榨鲜果汁的工具。 （4）碎冰机：将冰块碾磨成碎粒状的工具。使用搅拌机制作饮品时一般都要使用碎冰机。 （5）制冰机：制作冰块的机器。不同型号或品牌的制冰机，制成的冰块形状也不同，常见的有四方体、圆体、扁圆体和长方条等多种形状。四方实心冰块不易融化，适合酒吧使用，选择制冰机主要是根据制冰机 24 小时的制冰量来确定的。 （6）咖啡暖炉：使成品咖啡保持一定温度的工具。

续表

2. 认识调酒常用设备	（7）半自动咖啡机：制作意大利特浓咖啡的专用设备。使用时，因需通过人工磨粉、压粉的环节配合，故称“半自动”，此类机器有多种型号。 （8）咖啡研磨机：研磨咖啡豆的专用工具，能准确研磨出有碎度要求的咖啡粉。 （9）酒吧清洗槽：酒吧清洗工具器皿的设备。 （10）酒槽：用于盛放常用酒水的不锈钢槽，一般置于调酒工作区域的下方，方便操作。 （11）冷柜：属于酒吧的制冷设备，分立式和卧式两种。
实训心得：	

任务 2–6–3　调和法调制鸡尾酒

要点编码	2.6.3	**实训要点**	调和法调制鸡尾酒
要点适用性	通用性、个性化	**实训方式**	校内实训、岗位实践
实训执行者	学校导师、企业导师	**评价方式**	实操
实训步骤	**实训主要内容**		
1. 调和法调制鸡尾酒原理	选择用调和法来调制鸡尾酒，大部分主辅料采用澄清易于混合均匀的酒水，在调制过程中可以使酒品达到快速冷却的效果，口感趋于柔顺平衡。		
2. 操作前准备	（1）准备用具：去冰调和法——调酒杯、滤冰器、量酒器、吧匙、载杯、冰铲、冰桶、塑料砧板、刀、杯垫、洁布等；连冰调和法——量酒器、吧匙、冰铲、冰夹、冰桶、柠檬夹、汁类容器、塑料砧板、刀、搅棒、吸管、杯垫、洁布等。 （2）备齐酒水、配料和装饰物原料，备齐工具和载杯并清洗干净。 （3）摆放好调酒工具和调制中需要的原材料。		

续表

3. 调和法的操作程序	（1）持握酒杯下部，对光检查载杯的清洁情况，无指纹、口红、裂痕等。 （2）去冰调和鸡尾酒要进行冰杯处理，用冰铲将新鲜的冰块加入载杯，预冷杯具（或从挂霜机中拿出酒杯）进行上霜，上霜过程中注意杯口不能潮湿；连冰调和鸡尾酒则在酒杯中直接用冰铲加入新鲜的碎冰块。 （3）用新鲜水果制作装饰物和混合原料。 （4）去冰调和法在准备好的调酒杯里加入新鲜冰块。 （5）完成传瓶动作，向客人展示所需酒水原料。 （6）使用量酒器，按配方规定的分量倒入酒水滤冰，或连冰依次倒入调酒杯中。若有碳酸类汽水饮料或有气泡的酒品，不做摇和处理，最后将其直接倒入酒杯。 （7）用左手食指和拇指持握调酒杯或酒杯底部，右手中指与无名指夹捻吧匙，将吧匙贴着调酒杯或酒杯的内壁按顺时针方向搅动数次，左手感觉冰凉或调酒杯外壁析出水珠即可，切忌剧烈搅拌或搅动时间过长。 （8）去冰调和法需放置已经预冷好的酒杯，用滤网迅速把调酒杯中的冰块过滤掉并将酒液倒入冷却的酒杯中，加入装饰物；连冰调和法则直接在酒杯上添加装饰物。长饮类鸡尾酒加入吸管和搅拌棒。 （9）向客人做一个请的手势。
4. 操作后的清理	酒水原料归位、清洗工具，最后整理吧台完成操作。
实训心得：	

任务 2-6-4　摇和法调制鸡尾酒

要点编码	2.6.5	实训要点	摇和法调制鸡尾酒
要点适用性	通用性、个性化	实训方式	校内实训、岗位实践
实训执行者	学校导师、企业导师	评价方式	实操
实训步骤	实训主要内容		
1. 摇和法调制鸡尾酒原理	摇和法又称摇荡法、摇晃法，就是将冰块和调酒材料按照配方的要求，依照一定的顺序放入调酒壶中。选择用摇和法可以使较难混合在一起的材料充分融合，并使酒品达到快速冷却的效果，使酒精含量较高的酒品稀释，降低其酒精含量，口感趋于柔顺温和。		
2. 操作前的准备工作	（1）准备工具：摇壶、量酒器、冰铲、冰夹、汁类容器、冰桶、塑料砧板、刀、杯垫、洁布等。 （2）备齐酒水、配料和装饰物原料，备齐工具和载杯，并清洗干净。 （3）摆放好调酒工具和调制过程中需要的原材料。		
3. 摇和法的操作程序	（1）持握酒杯下部，对光检查载杯的清洁情况，无指纹、口红、裂痕等。 （2）短饮类鸡尾酒要进行冰杯处理，用冰铲将新鲜的冰块加入载杯，预冷杯具（或从挂霜机中拿出酒杯），进行上霜，上霜过程中杯口不能潮湿，长饮类鸡尾酒直接用冰铲将新鲜的碎冰块加入酒杯。 （3）用新鲜水果制作装饰物和混合原料，准备其他所需辅料（如鸡蛋白）。 （4）在准备好的摇壶里用冰铲加入新鲜冰块，不宜用碎冰。 （5）完成传瓶动作，向客人展示所需酒水原料。 （6）使用量酒器，按配方规定，依次往摇壶里加入酒水原料。 （7）在用大号摇壶时，右手拇指压着壶盖，其他手指轻轻拢在壶身周围；左手中指托着壶底，左手食指、无名指及小拇指夹住壶身，左手拇指压住滤冰器与壶身接口，把摇壶提到高于肩膀的位置上，用力上下摇晃；在使用小号摇壶时，可采用单手摇的方法，用右手食指卡住壶盖，其余四指均匀地握住壶身，依靠手腕的力量用力摇荡。两种摇和方法动作要规范、标准、快速、美观，摇至壶表面起薄霜即可。		

续表

3. 摇和法的操作程序	（8）放好已预冷或装有新鲜碎冰的酒杯，迅速将摇匀的酒水滤入杯中。 （9）在载杯口挂上已制作好的装饰物，把整杯成品放在杯垫上。 （10）向客人做一个请的手势。
4. 操作后的清理工作	酒水原料归位、清洗工具，最后整理吧台完成操作。
实训心得：	

任务 2-6-5　兑和法调制鸡尾酒

要点编码	2.6.4	**实训要点**	兑和法调制鸡尾酒
要点适用性	通用性、个性化	**实训方式**	校内实训、岗位实践
实训执行者	学校导师、企业导师	**评价方式**	实操
实训步骤	**实训主要内容**		
1. 兑和法调制鸡尾酒原理	兑和法又称直调法，在杯中直接调制鸡尾酒等混合饮料，根据配方的要求，根据各种酒水之间的不同比重，借助吧匙按照标准分量将酒水缓缓倒入杯中产生叠层效果。		
2. 操作前的准备工作	（1）准备用具：量酒器、吧匙（水杯）、载杯、杯垫、洁布等。 （2）备齐酒水、配料和装饰物原料，备齐工具和载杯并清洗干净。 （3）摆放好调酒工具和调制过程中需要的原材料。		
3. 兑和法的操作程序	（1）持握酒杯下部，对光检查载杯的清洁情况，无指纹、口红、裂痕等。 （2）完成传瓶动作，向客人展示所需酒水原料。 （3）进行第一层操作，使用量酒器，按配方规定，直接向杯里倒入酒水原料。 （4）进行第二层的操作，使用量酒器，按配方规定，将酒水倒入盎司杯，右手持吧匙，左手持盎司杯，将酒水经吧匙贴紧酒杯内壁缓缓流入杯中，使载杯中的酒水产生分层效果。		

续表

3. 兑和法的操作程序	（5）制作第三层和之后制作起层的过程中，每次都应更换吧匙和量酒器或清洗擦干量酒器，根据配方的要求，把标准分量的原料酒品倒入量酒器后，右手拿吧匙，左手持盎司杯将要起层的酒水经吧匙贴紧酒杯内壁缓缓流入，使载杯中酒水自然分层，层次间距离相等、层次分明。 （6）完成酒品后把整杯成品放在杯垫上，并在杯旁做一个请的手势。
4. 操作后的清理工作	酒水原料归位、清洗工具，最后整理吧台完成操作。
实训心得：	

任务 2–6–6　漂浮法调制鸡尾酒

要点编码	2.6.6	**实训要点**	漂浮法调制鸡尾酒
要点适用性	通用性、个性化	**实训方式**	校内实训、岗位实践
实训执行者	学校导师、企业导师	**评价方式**	实操
实训步骤	**实训主要内容**		
1. 漂浮法调制鸡尾酒原理	漂浮法适用调酒杯或壁厚的玻璃杯，根据配方的要求，按标准分量将原料酒品直接倒入杯中，不需搅拌或轻微搅拌即可。		
2. 操作前的准备工作	（1）准备用具：量酒器、冰铲、冰桶、载杯、塑料砧板、刀、搅拌棒、吸管、杯垫、洁布等。 （2）备齐酒水、配料和装饰物原料，备齐工具和载杯并清洗干净。 （3）摆放好调酒工具和调制过程中需要的原材料。		
3. 漂浮法的操作程序	（1）持握酒杯下部，对光检查载杯的清洁情况，无指纹、口红、裂痕等。 （2）完成传瓶动作，向客人展示所需酒水原料。 （3）属于短饮类鸡尾酒要进行冰杯处理，用冰铲将新鲜的碎冰块加入载杯，预冷杯具（或从挂霜机中拿出酒杯），进行上霜，上霜过程中杯口不能潮湿。		

续表

3. 漂浮法的操作程序	（4）用新鲜水果制作装饰物和混合饮料。 （5）在准备好的摇壶里加入新鲜冰块。 （6）再在杯中加入新鲜的冰块。 （7）向客人展示所需酒水原料。 （8）使用量酒器，按配方规定的分量倒入酒水原料。 （9）依次把酒水原料直接倒入杯中。 （10）如果有碳酸类汽水饮料或者有气泡的酒品，最后直接冲倒入杯中。 （11）在杯口挂好已制作好的装饰物。 （12）插入吸管和搅拌棒。 （13）把整杯成品放在杯垫上，并在杯旁做一个请的手势。
4. 操作后的清理工作	酒水原料归位、清洗工具，最后整理吧台完成操作。
实训心得：	

任务 2–6–7　搅和法调制鸡尾酒

要点编码	2.6.7	**实训要点**	搅和法调制鸡尾酒
要点适用性	通用性、个性化	**实训方式**	校内实训、岗位实践
实训执行者	学校导师、企业导师	**评价方式**	实操
实训步骤	**实训主要内容**		
1. 搅和法调制鸡尾酒原理	搅和法是用果汁机或电动搅拌机来调制果子露、雪泥类鸡尾酒等混合饮料的方法。按配方及成品要求，在电动搅拌机的搅拌杯中加入果汁、牛奶、冰激凌、切配的果粒、酒品以及碎冰等，根据成品要求，选择挡数及运转时间，完成后关闭电源开关，根据成品的要求，将搅拌机中的混合饮品倒入大于 10 安士的杯中。若有带有雪泥的酒品，要避免雪泥凝结成块儿状，用吧匙轻微搅拌即可。		

续表

2. 操作前的准备工作	（1）准备用具：搅拌机、碎冰机、量酒器、吧匙、冰铲、冰桶、载杯、塑胶砧板、刀、果签、短搅棒、短吸管、电源及插座、杯垫、洁布等。 （2）备齐酒水、配料和装饰物原料，备齐工具和载杯并清洗干净。 （3）摆放好调酒工具和调制过程中需要的原材料。
3. 搅和法的操作程序	（1）用新鲜水果制作装饰物。固体原料要切成 1~2 立方厘米大小的粒状。 （2）持握酒杯下部，对光检查载杯的清洁情况，无指纹、口红、裂痕等。 （3）把冰块放入碎冰机中打成碎冰。 （4）从搅拌机上取下搅拌杯，打开杯盖，将碎冰机中的碎冰加入搅拌杯中。 （5）向客人展示所需酒水原料。 （6）使用量酒器，按配方规定的分量依次向搅拌杯里加入酒水原料。 （7）盖上杯盖，把搅拌杯放回基座上，启动开关约 10 秒，关闭开关。 （8）待马达停止后提起搅拌杯，打开杯盖并把已混合好的成品倒入杯中。 （9）把搅拌杯放在一旁待清洗，在杯口挂上已制作好的装饰物。 （10）插入吸管和搅棒。 （11）把整杯成品放在杯垫上，并在杯旁做一个请的手势。
4. 操作后的清理工作	酒水原料归位、清洗工具，最后整理吧台完成操作。
实训心得：	

任务 2-6-8　鸡尾酒装饰制作

要点编码	2.6.8	实训要点	鸡尾酒装饰制作
要点适用性	通用性、个性化	实训方式	校内实训、岗位实践
实训执行者	学校导师、企业导师	评价方式	实操
实训步骤	实训主要内容		
1. 准备常见装饰物原料	（1）水果类：腌制樱桃、柠檬、青柠檬、鲜橙、西柚、菠萝、草莓、苹果、西瓜、哈密瓜、香桃、杨桃、水橄榄、咸橄榄等。 （2）蔬菜类：芹菜、薄荷叶、珍珠洋葱、芹菜、新鲜青瓜、酸黄瓜、红萝卜条等。 （3）花卉类：丁香花、玫瑰、热带兰花、蔷薇、菊花、洋兰等。 （4）人工饰品类：花色酒签、花色吸管、异型酒杯、调酒棒、小花伞等。 （5）其他类：糖粉、盐、豆蔻粉、肉桂棒等。		
2. 进行常见装饰物操作	（1）樱桃挂杯口：把樱桃从底部切开后夹在杯口装饰。 （2）鸡尾酒签穿橄榄：用鸡尾酒签穿起橄榄，直接放入酒中装饰。 （3）一束薄荷叶：把一束薄荷叶插入杯口中作为装饰。为使薄荷叶香气更好地散发出来，可将薄荷叶放于掌心。双手拍击后再放入杯中。 （4）半月形橙片、柠檬片：橙子或柠檬横放，由中心下刀，切成两半，平面朝下，切片成适当厚度。 （5）橙子、柠檬及青柠檬切圆片：把水果放直，下刀划约 1 厘米深，横放下刀，切成 3 毫米的薄片。 （6）青柠檬、柠檬角。 切法一：柠檬横放，切去头、蒂，由中央横向下刀一切为二，切面果肉朝下，再切成四等份或八等份。切成的柠檬角挤出果汁后放入饮料中（一般不挂杯边）。 切法二：柠檬横放，刀切去头、蒂，由中央横向下刀一切为二。由横切面以刀轻划入 1/2 深，直切成八片新月形。横刀切则成半月形的水果片，此种不宜挤汁，适宜挂杯装饰。 切法三：头尾端切掉一部分，由上而下直刀一切为二。果肉朝下直刀切成两长条状（四瓣），横放，直刀切成三角形状。		

续表

2. 进行常见装饰物操作	（7）芹菜梗：用前可将芹菜浸泡于冰水中以免变色、发黄或萎缩。首先切掉芹菜根部带泥部分。测量酒杯高度，切除过长部分，过粗的芹菜梗可再中切为两段或三段，可保留小部分菜叶。最后插入杯中装饰或做搅拌使用。 （8）菠萝条（块）：选择成熟的菠萝，把顶端绿叶切掉。菠萝横放，将头尾一小截切掉。摆正后直刀而下，一切为二。果肉朝下，再直刀切成 1/4 块。直立或横着将果心切掉。上端中央点划刀口至半。再横刀切片即成三角形。若以牙签将樱桃与菠萝叉在一起，则成为菠萝旗。 （9）菠萝角：菠萝去皮后切成约 1 厘米厚的圆片，在圆片上切四刀，可分出八等份菠萝角，把菠萝角底部切开口后夹在杯口作为装饰。 （10）樱桃穿橙角：左手拿橙子，右手操刀。切掉橙头部分，纵向将橙子一分为二切开。把每半个橙子斜刀切成三至四块的橙角。每块儿橙角以平刀法从白色果皮处一分为二，切分至橙角 3/4 处，用左手拇指、食指和中指掀起果肉和果皮。第一刀，从橙皮根部外侧切起，切至距橙皮尖 1 厘米处停刀。第二刀，从距橙皮尖 1 厘米处插入刀尖，切至橙皮根部外侧，拿起橙角，将切好的皮向里弯折。被弯折的橙皮不应回弹和断裂。准备腌制樱桃和鸡尾酒签。把鸡尾酒签穿入樱桃中，再从橙角顶部穿入固定，最后挂于杯口装饰。 （11）柠檬皮。第一种：用削皮刀在柠檬上削下任意长度的线。第二种：直接从柠檬上切下长约 5 厘米、宽约 1 厘米的片。第三种：用小刀把整个柠檬皮削下。
实训心得：	

线上学习		
鸡尾酒调制		
拓展知识	案例分析	课后习题
学习心得		

项目 2–7　葡萄酒品鉴服务

葡萄酒品鉴既是一门科学，也是一门艺术。葡萄酒品鉴不仅要了解葡萄酒的历史文化、葡萄的种植和葡萄酒酿造工艺，还需要大量的品酒实践。本项目主要帮助学员了解葡萄酒的基本品种、葡萄酒的品鉴与储藏知识。

思维导图

项目7　葡萄酒品鉴服务

- 1. 葡萄酒基本品种介绍
- 2. 葡萄酒产区介绍
- 3. 葡萄酒品鉴前的服务
- 4. 葡萄酒品鉴过程
- 5. 葡萄酒储藏

线上学习	
葡萄酒品鉴服务	
课前自测	电子教案

任务 2-7-1　葡萄酒基本品种介绍

要点编码	2.7.1	实训要点	葡萄酒的基本品种介绍
要点适用性	通用性	实训方式	课堂教学
实训执行者	学校导师	评价方式	理论
实训步骤	实训主要内容		
1. 初识白葡萄品种——长相思（Sauvignon Blanc）	（1）生长条件：凉爽气候或温和气候，贫瘠、排水性好的土壤。 （2）颜色：一般呈浅黄色，常略带绿色，橡木桶发酵或温暖气候下的长相思颜色会加深。 （3）口感：高酸度，中 – 低酒体，清爽活泼。 （4）气味：香味独特，成熟度从最低到最高会出现的风味：草本植物（青草）、蔬菜（青椒、芦笋、青豆、豌豆）、花香（接骨木花）、柑橘类（柠檬、青柠）、绿色水果（醋栗、西番莲）、核果（桃子）、热带水果（百香果、猕猴桃、蜜瓜）的气味。 （5）原产地：法国波尔多地区。		
2. 初识白葡萄品种——雷司令（Riesling）	（1）生长条件：凉爽，漫长的生长周期。 （2）颜色：浅黄，成熟后出现金色边缘，特别老的雷司令几乎呈琥珀色，窖藏能力强。 （3）口感：高酸，残留糖分覆盖了从“极感到特甜”所有程度，德国大多数雷司令酒精含量较低，法国和新世界的酒精含量属于中等。 （4）气味：在成熟过程中，雷司令的颜色和香味不断变化，年轻时有浓郁的柠檬、青柠、桃、子和鲜明的矿物香气，会伴随着蜂蜡和百花香味，成熟的雷司令会发展成特别的汽油或煤油味。以雷司令为原料的贵妇甜酒一般会带有杏、蜂蜜、葡萄干、烤苹果和桃子的香味，带有典型的汽油味。 （5）原产地：德国，是德国古老的著名酿酒白葡萄品种。德国是雷司令最大生产国，有世界顶尖的雷司令著名产区。		

续表

3.初识白葡萄品种——霞多丽（Chardonnay）	（1）生长条件：可以在各种土壤和气候条件下种植，易栽种，易生长，优秀的霞多丽适合白灰土土壤，富含钙质、排水性好的石灰石土壤。 （2）颜色：浅黄色到金黄色。 （3）口感：高酸度，新鲜的霞多丽没有复杂的结构和浓郁芳香的味道，霞多丽是中高酸度、中等酒体、中等酒精度。适宜在年轻时饮用，不适合窖藏，大多数都没有经过橡木桶的熟化。 （4）气味：凉爽气候下的霞多丽酸度高、有绿色水果（苹果、梨子）、柑橘类（柠檬）、蔬菜（黄瓜）气味；温和气候下有柑橘类、核果（桃子）、热带水果（甜瓜）气味；炎热气候下有热带水果（香蕉、菠萝、桃子、芒果、无花果）气味；经橡木熟发酵的霞多丽，可有香草、烤面包、烟熏味及蜂蜜和奶油糖果中的焦糖香味，及坚果类的杏仁和榛子香。 （5）原产地：法国勃艮第，目前全世界最受欢迎的酿酒葡萄，早熟型。
4.初识红葡萄品种——赤霞珠（Cabernet Sauvignon）	（1）生长条件：温和气候或炎热气候，果皮厚、果粒小，果皮呈蓝黑色，果粒出汁率低。 （2）颜色：较深。 （3）口感：大多数是干型，表现为中高单宁、酸度、酒体和酒精度，浓郁的香气，适合酿造陈年葡萄酒，常被用于橡木桶熟化。 （4）气味：温和气候下散发黑色水果（黑加仑、黑樱桃）和草本植物（薄荷、桉树、青椒）的味道；在炎热气候下出现黑色水果（黑加仑、黑醋栗、黑樱桃、黑梅）的味道；在新橡木桶熟成的葡萄酒会出现烟熏、烤面包、烟草、雪茄盒的香味。 （5）原产地：法国波尔多，是全世界最受欢迎的黑色酿酒葡萄，易生长，适合多种不同气候。
5.初识红葡萄品种——黑皮诺（Pinot Noir）	（1）生长条件：凉爽气候或温和气候，适合在排水量好、深层的土种植。皮薄，适合缓慢成熟期。 （2）颜色：一般比较浅，呈中等宝红色，现代品种和技术下的黑皮诺，特别是新世界的黑皮诺，带有深宝石红边缘。 （3）口感：优雅细腻，口感适中。中等浓郁，中等单宁，中高酸度和中等酒体。大多数颜色较浅的黑皮诺最好在年轻阶段、果味丰富时饮用。

续表

5. 初识红葡萄品种——黑皮诺（Pinot Noir）	（4）气味：气候过于凉爽的时候呈现出植物味（洋白菜、湿树叶）的气味；凉爽气候或温和气候下，出现红色水果（草莓、覆盆子、红樱桃）和植物味、动物味（湿树叶、蘑菇、皮革、野味、肉类）、泥土味；在炎热气候下，会失去优雅的芳香，有过重的果酱味。 （5）原产地：黑皮诺是法国勃艮第产区红葡萄酒的唯一品种。
6. 初识红葡萄品种——西哈/西拉（Syrah/Shiraz）	（1）生长条件：温和气候或炎热气候。 （2）颜色：较深。 （3）口感：单宁中等到高，通常酒体饱满，经常被用于橡木桶熟化。 （4）风味：温和气候下有黑色水果（黑梅）、草本植物、熏肉、香料（黑胡椒）味道；炎热气候有黑色水果（黑梅）、黑巧克力、甘香料（甘草）味道；成熟气味下有动物气味（皮革）和植物的气味。 （5）原产地：法国罗纳河谷，主要集中在北部。
实训心得：	

任务 2-7-2　葡萄酒产区介绍

要点编码	2.7.2	实训要点	葡萄酒产区介绍
要点适用性	通用性	实训方式	课堂教学
实训执行者	学校导师	评价方式	理论
实训步骤	实训主要内容		
1. 法国波尔多产区	（1）波尔多是全世界最大的优质葡萄酒产区，波尔多位于法国西南部，有着得天独厚的气候条件和地理条件，西临大西洋，吉伦德河蜿蜒穿城而过，该地区气候温和湿润，适合葡萄缓慢成熟，有利于酿造风味复杂的葡萄酒。 （2）波尔多主要使用的葡萄品种是赤霞珠和美乐，其葡萄酒强劲有力，善于陈酿。知名的葡萄酒包括世界顶尖的拉菲堡、拉图堡、玛歌堡、木桐堡等。		
2. 法国勃艮第产区	（1）勃艮第位于法国东北部，葡萄种植历史非常悠久。勃艮第葡萄酒历来是精致和优雅的代名词，法国皇帝拿破仑最为欣赏勃艮第产区的香贝丹葡萄酒。 （2）勃艮第产区的葡萄酒以单一葡萄品种黑皮诺为主，是全世界最好的黑皮诺产区，而且，勃艮第每个小产区和葡萄园风格各异，让无数黑皮诺爱好者沉醉其中。虽然产量不及波尔多 1/5，但全世界最昂贵的葡萄酒——罗曼·尼康帝却来自于此。		
3. 法国阿尔萨斯产区	（1）阿尔萨斯产区堪称法国最美丽的葡萄酒乡，位于莱茵河西岸孚日山脉向东延伸的山脉上，风景如画的村庄和令人肃然起敬的大教堂点缀其间，“二战”期间，阿尔萨斯在法德两国间几易其手，使其葡萄酒的风格和酒瓶也融入了德国风情，两种文化的交错为阿尔萨斯葡萄酒打下了独特的烙印。 （2）阿尔萨斯主要酿造单一品种的白葡萄酒。最知名的是雷司令和琼瑶浆品种，该地的葡萄酒，素以清新、细致的花香和果香而闻名，无论是净饮还是搭配食物皆佳，是公认世界上最佳的白葡萄酒产区之一。		
4. 法国香槟产区	香槟产区。香槟来自 Champagn 的音译，香槟是法国境内最北部的葡萄园，寒冷的气候以及较短的生长季节使葡萄的成熟略显缓慢，但葡萄酒的香味和口感更为细致复杂，其他国家或产区很难与之比拟，由于原产地名命名的原因，只有香槟产区生产的起泡葡萄酒才称为“香槟酒”，其他地区出产的此类葡萄酒只能叫起泡葡萄酒。		

续表

5. 法国罗纳河谷产区	（1）罗纳河谷从法国中部一直延伸到地中海附近，长长的罗纳河由北向南贯穿整个河谷地区，注入地中海。罗纳河谷因南北气候和土壤条件不同，分为两大区域，北罗纳河地区气候凉爽，葡萄园多分布在陡峭的河岸山坡上。 （2）西哈葡萄酿造出品质极佳的葡萄酒。在罗纳河地区，阳光充足，气候干燥，土壤里有着大大小小的鹅卵石，土质疏松透气，出产的酒热烈饱满，著名的教皇新堡就在这里。
6. 中国产区	中国地域广阔，适合种植葡萄的产区很多，河北、山东、宁夏和新疆都有大面积的葡萄种植，其中沙城产区、昌黎产区、蓬莱产区和贺兰山东麓产区等为中国的优质认证产区，尤其是贺兰山东麓产区，近年来品种提升十分迅速。
7. 澳大利亚产区	（1）澳大利亚从 18 世纪起就开始出产葡萄酒，但近 20 年才在国际上引起关注，澳大利亚葡萄酒凭果香四溢、口感甜美、品质稳定、价格适中的特色，在全球各地迅速获得广泛认可，可以说澳大利亚葡萄酒在性价比方面极具优势。 （2）澳大利亚最具代表性的葡萄酒品种是西拉子。该品种源自法国北隆河的西哈，后被移民引入到澳大利亚，在澳大利亚热烈温暖的环境下，西拉子表现出热情多汁的黑色水果风味，馥郁饱满，其略有甜味的口感，受到了众多消费者的喜爱，澳大利亚人也自豪地称他们将阳光放入了酒瓶里。除此之外，澳大利亚还种植一些国际著名的葡萄品种，如霞多丽、雷司令和赤霞珠。
8. 美国产区	（1）美国作为新世界葡萄酒的强国，其科学创新和自由精神创造了与澳大利亚、南非、智利截然不同的葡萄酒文化，美国的葡萄酒可以轻易嗅出浓烈的美国特色。 （2）加州位于美国西北部和太平洋东海岸，是美国葡萄酒生产最集中的地区。其中最著名的是加州北部的纳帕谷，自 1973 年纳帕葡萄酒在国际比赛一举夺冠后，当地的葡萄酒价格迅速蹿升，很多优质葡萄酒的价格已经远远超越了法国葡萄酒。 （3）金粉黛是美国重要的红葡萄酒品种，金粉黛是用老龄葡萄树上成熟的葡萄酿造的，可以用来生产中甜并带有水果香气的桃红葡萄酒，但最能体现其优势的还是干红葡萄酒。
实训心得：	

任务 2–7–3　葡萄酒品鉴前的服务

要点编码	2.7.3	实训要点	葡萄酒品鉴前的服务
要点适用性	通用性、个性化	实训方式	课堂教学、校内实训、岗位实践
实训执行者	学校导师、企业导师	评价方式	理论、实操
实训步骤	实训主要内容		
1. 根据客人所点的食物搭配葡萄酒	（1）根据客人所点菜肴搭配酒水：第一，复杂配简单。简单的酒，就用来搭配复杂的食物。食物成分的品质应该与酒的品质相当。第二，清淡的食物最好搭配酒体轻的葡萄酒；肥厚的食物最好搭配酒体重的葡萄酒。第三，搭配高脂肪、高糖分、高盐分的菜肴时，酸味高的酒可使味蕾清新。第四，葡萄酒的酸平衡食物中的高酸度。甜度或酸度高（或者是两者都很高）的葡萄酒最适合搭配较咸的菜肴。第五，甜葡萄酒的甜度必须至少与食物的甜度相当，葡萄酒甜味可以降低食物中的辛辣味和咸味。第六，高单宁葡萄酒适合配耐嚼的、富含脂肪和蛋白质的食物。根据以上的几个搭配原则为客人挑选和推荐适合的酒品。 （2）介绍酒吧或现有葡萄酒的品牌、等级、产地、特点、容量、年份（普通餐酒可以不用）、价格时，要举止大方，热情耐心，只向客人提供参考意见，不可强行推销。 （3）选择葡萄酒需要一些时间，服务人员可以暂时离开，但需时刻留意客人的意向及手势等，等待点酒。 （4）如果客人需要点酒，主动上前接受点酒，并向客人复述酒的品牌、价格、产地、年份等相关的信息。		
2. 葡萄酒品鉴前的服务程序	（1）宾客订完酒后，立即去酒吧取酒，不得超过 5 分钟。 （2）将酒从酒吧或酒窖取出后，服务人员再次确认酒标、年份等具体信息，确定没有拿错。 （3）准备相应的器具、冰桶、醒酒器、酒杯。 （4）参照中餐厅模块 4 酒水员项目 4–2 红葡萄酒、白葡萄酒、香槟酒服务标准服务客人。		
实训心得：			

任务 2-7-4　葡萄酒品鉴过程

要点编码	2.7.4	实训要点	葡萄酒品鉴过程
要点适用性	通用性、个性化	实训方式	课堂教学、校内实训、岗位实践
实训执行者	学校导师、企业导师	评价方式	理论、实操
实训步骤	实训主要内容		
1. 白葡萄酒品鉴中的服务	（1）开始品鉴，根据白葡萄酒的酒体，确定达到最佳侍酒温度。 （2）服务员右手持条状口布包好的酒瓶，商标朝向宾客，从主人右侧倒入 1/5 杯的白葡萄酒，请其品评酒质。		
2. 红葡萄酒品鉴中的服务	（1）开始品鉴，根据红葡萄酒的酒体，确定达到最佳侍酒温度。 （2）服务员用右手拿起酒瓶或醒好的酒，从主人右侧往杯中倒入 1/5 杯红葡萄酒，请其品评酒质。		
3. 香槟酒品鉴中的服务	（1）用口布将瓶口和瓶身上的水迹擦掉，将瓶身用口布包住。 （2）用右手拇指抠住瓶底，其余四指分开，托住瓶身。 （3）向主人杯中注入 1/5 杯的酒，交由主人品尝。		
实训心得：			

任务 2–7–5 葡萄酒储藏

要点编码	2.7.5	实训要点	葡萄酒储藏
要点适用性	通用性、个性化	实训方式	课堂教学
实训执行者	学校导师、企业导师	评价方式	理论、实操
实训步骤	实训主要内容		
1. 零杯服务后的葡萄酒的储藏	（1）实在喝不完的酒，最好把软木塞塞回瓶口，放进恒温酒柜，放置时让瓶身直立，以减少酒液与空气的接触面。 （2）可用抽真空瓶塞取代原有的软木塞。让葡萄酒的风味多保存一两天，但最好尽快饮用完毕，否则其口感会逐渐下降。		
2. 整瓶葡萄酒的储藏	（1）将酒放入酒窖或自动调节的电子储酒柜中。 （2）根据每一种酒要求的不同温度，将温度保持在恒温 10~13℃的低温区间，75%~80% 左右的湿度。 （3）酒窖或电子储酒柜放在阴凉处，不要有任何的光线干扰，远离拥挤嘈杂的地方。同时，要确保酒窖和酒柜里无异味，空气通畅。不要将酒跟其他食物放在一起，酒窖里避免味道比较重的物品，如洋葱大蒜等东西的出现。如无法回避则放在可调节的冰箱里，尽量不要存放太久，避免冰箱的味道渗透到葡萄酒里面。 （4）尽量不要去搬动葡萄酒，储存年份久的葡萄酒更要注意摆放，我们传统的方式是将酒平放，使葡萄酒和软木塞接触，以保持木塞湿润，或是将酒摆呈 45° 角，让瓶塞同时与葡萄酒和空气接触。 （5）用编码系统区分酒，这样一来，寻找葡萄酒便完全不用到处乱翻了。		
实训心得：			

线上学习		
葡萄酒品鉴服务		
拓展知识	案例分析	课后习题
学习心得		

项目 2–8 咖啡制作

咖啡制作需要熟悉咖啡文化、制作方法及技巧。本项目包括咖啡基础知识、咖啡制作、咖啡用具的清洁、咖啡服务等四个学习情境。通过本模块的学习，使学生能懂得咖啡制作的有关知识，并能规范地进行简单的咖啡制作和服务。

<table>
<tr><th colspan="2">思维导图</th></tr>
<tr><td colspan="2">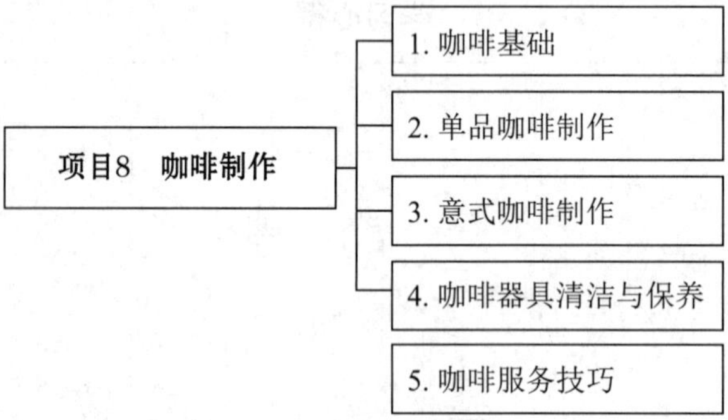
</td></tr>
<tr><th colspan="2">线上学习</th></tr>
<tr><td colspan="2">咖啡制作</td></tr>
<tr><td>课前自测</td><td>电子教案</td></tr>
<tr><td></td><td></td></tr>
</table>

任务 2-8-1　咖啡基础

要点编码	2.8.1	实训要点	品种、烘焙度、研磨
要点适用性	通用性	实训方式	课堂教学
实训执行者	学校导师	评价方式	理论
实训步骤	实训主要内容		
1. 咖啡树品种	（1）阿拉比卡。源于非洲埃塞俄比亚，栽种广泛。其特征为香气细腻、味道丰富、咖啡因含量低。从外形上看，其豆形较小，正面呈长椭圆形，中间裂纹呈 S 形，豆子背面圆弧较平整。代表有铁皮卡、波本等。 （2）罗布斯塔。源于非洲刚果。其特征为抗病虫害能力强，香气弱，苦味重，咖啡因含量高，多用来制速溶咖啡。从外形上看，其豆形较大，正面趋于圆形，背面呈圆凸形，裂纹呈直线形。		
2. 咖啡加工处理	（1）水洗法。大多数精品咖啡采用此法。风味表现干净，酸质明亮。 （2）日晒法。不容易管理和品控，风味表现醇厚复杂、甜度高酸度低。 （3）蜜处理法。处理复杂，小批量使用。风味表现为甜度高。		
3. 咖啡烘焙	（1）浅度烘焙。咖啡豆呈浅棕色，突出咖啡酸质和花果香气。 （2）中度烘焙。咖啡豆呈棕色，酸苦适中，风味均衡。 （3）深度烘焙。咖啡豆呈黑褐色，表面泛油，酸味较弱、苦味强劲、回甘明显、口感醇厚。		
4. 咖啡豆研磨	（1）极细研磨。大小介于盐和面粉之间，适合做意式咖啡和土耳其咖啡。 （2）细度研磨。大小如细砂糖，适用于美式咖啡壶和摩卡壶。 （3）中度研磨。沙砾状，大小在粗白糖与砂糖之间，适合做滴滤咖啡。 （4）粗度研磨。大小如粗白糖，适用于法压壶。		
实训心得：			

任务 2–8–2　单品咖啡制作

要点编码	2.8.2	实训要点	滴滤杯、虹吸壶制作单口咖啡
要点适用性	通用性、个性化	实训方式	课堂教学、校内实训、岗位实践
实训执行者	学校导师、企业导师	评价方式	实操
实训步骤	实训主要内容		
1. 使用滴滤杯制作单品咖啡	（1）器具和材料准备。滴滤杯、滤纸、细嘴壶、新鲜咖啡豆、水温计、计时器、磨豆机、量匙、电子秤、咖啡杯碟匙。 （2）制作方案确定。研磨度、烘焙度、水粉比例、萃取时间等。 （3）折叠滤纸，装入滤杯中。 （4）温壶温杯，湿润滤纸。 （5）投粉，将研磨好的咖啡粉平铺在滤杯内。 （6）焖蒸。将温度计测量好的热水缓慢垂直注入到滤杯中，要求从中心点开始螺旋注水。待咖啡粉全部被浸湿后，停止注水，咖啡粉表面膨胀呈汉堡包状，焖蒸静置 20~40 秒。 （7）第二次注水。再次以螺旋方式垂直注水，让热水浸透咖啡粉层。 （8）第三次注水。注水时机为粉面凹陷、咖啡液全部滴落之前。 （9）结束萃取。移开滴滤杯，将咖啡液倒入预热好的咖啡杯中，至八分满。 （10）服务及清洁。为客人呈上咖啡并配好牛奶、糖包、咖啡匙、餐巾纸等。清洁用具，使用中性无香清洁剂去除油脂，咖啡渣连同滤纸一并弃掉。		
2. 使用虹吸壶制作单品咖啡	（1）器具和材料准备。虹吸壶、酒精灯或光波炉、新鲜咖啡豆、搅拌棒、半湿抹布、计时器、磨豆机、电子秤、咖啡杯碟匙。 （2）制作方案确定。研磨度、烘焙度、水粉比例、萃取时间、搅拌力度、火力大小等。 （3）操作检查。擦干虹吸壶；检查酒精灯或光波炉；温壶温杯；套好滤布，勾好滤芯。 （4）装水。虹吸壶下壶装水，水位至“两杯份”图标标记。		

续表

2. 使用虹吸壶制作单品咖啡	（5）斜插上壶，点火煮水。点燃酒精灯或打开光波炉，将上壶斜插入下壶，铁链浸泡在下壶水中。 （6）扶正上壶。待下壶的水持续冒出鱼眼大小的气泡时，将上壶扶正并稍向下压，上壶橡胶圈紧贴下壶壶嘴。 （7）投粉搅拌。检查上壶是否有大气泡冒出，若有，则用搅拌棒轻压冒泡处。水面平静后投入研磨好的咖啡粉。搅拌两次或三次。如选择两次搅拌，间隔为 40 秒；三次搅拌间隔时间为 30 秒和 20 秒。搅拌时力度适中，促使粉水充分融合，可选择“十”字搅拌或画圈搅拌。 （8）冷却回流。熄灭酒精灯或光波炉，为加快回流速度，可用半干抹布轻轻包住下壶侧面，避免过度萃取。 （9）出品服务。一手握支架手柄，一手握上壶顶端，前后摇动上壶，使上下壶分离，将上壶放置在上盖，下壶咖啡倒入预热好的咖啡杯中。为客人呈上咖啡并配好牛奶、糖包、咖啡匙、餐巾纸等。 （10）清洁器具。待壶具冷却后进行清洁；滤芯弹簧挂钩需拨去，滤布须彻底洗净，避免油污堵塞；滤布清洁后放入清水，冷藏保存，避免氧化。 
实训心得：	

任务 2-8-3 意式咖啡制作

要点编码	2.8.3	实训要点	意式浓缩、热奶泡、拿铁、卡布奇诺的制作
要点适用性	通用性、个性化	实训方式	课堂教学、校内实训、岗位实践
实训执行者	学校导师、企业导师	评价方式	理论、实操
实训步骤	实训主要内容		
1. 意式浓缩咖啡的制作	（1）器具和材料准备，包括半自动意式咖啡机、意式磨豆机、咖啡手柄、粉锤、温热的咖啡杯、渣桶、抹布等，注意调校磨豆机和咖啡机相关参数。 （2）确定制作方案，观察咖啡豆、选择适当的研磨度、确定萃取时间。参考标准：咖啡粉分量（一杯 6.5 ± 1.58 克）、水温（90 ± 5℃）、水压（9 个大气压力）、萃取时间（25 秒左右）、萃取量（30 ± 5 毫升）。 （3）清洁手柄。用洁净干抹布擦拭手柄。 （4）填粉。适量磨粉，用咖啡把手接粉，整理粉面，使咖啡粉平坦均匀地分布。 （5）压粉。用粉锤垂直方向压粉，清洁手柄边缘的残粉。 （6）冲洗冲煮头。按下出水键冲洗冲煮头 3~5 秒。 （7）萃取。挂上手柄，立刻打开冲煮键，快速摆放咖啡杯，等待萃取时间。 （8）敲除粉渣。结束萃取后，将咖啡手柄里的咖啡渣敲击进渣桶，擦拭干净咖啡手柄后，重新挂上冲煮头。 （9）提供服务。将温热的浓缩咖啡、咖啡匙、糖包、餐巾和水迅速呈送给客人。		
2. 热奶泡的制作	（1）器具和材料准备。准备好冷藏的牛奶（6℃的全脂牛奶）、奶缸、温度计、抹布。 （2）装入牛奶。奶缸倒入约一半的牛奶。 （3）打开蒸汽阀。蒸汽阀开到适中位置，排出管内滞留的积水。 （4）调整蒸汽管的角度和深度。蒸汽管喷嘴位置在奶缸中部略靠近奶缸壁处，喷嘴没入奶液面下约 1 厘米。		

续表

2. 热奶泡的制作	（5）牛奶发泡。再次打开蒸汽阀使奶液旋转，拉花缸缓慢下移，牛奶发泡发出“哧哧”声。 （6）奶泡细化。牛奶接近 40 ℃时结束发泡，然后将奶缸缓慢上提，转为翻滚融合动作。奶液温度达到 65~70 ℃时，关闭阀门。 （7）擦拭蒸汽管。开启蒸汽管阀门，用湿抹布包住蒸汽管，擦拭奶渍残留，再次排空蒸汽管中的牛奶和水分。 （8）融合奶液。晃动奶缸，加强奶泡与牛奶之间的融合，迅速使用。
3. 拿铁的制作	（1）制作意式浓缩咖啡。 （2）制作热奶泡。 （3）咖啡牛奶融合。将装有意式浓缩咖啡的杯子倾斜约 30 度角，将热奶泡从杯子中间向外转圈均匀注入咖啡中。 （4）心形拉花造型。当杯中注入液体分量达到 6 分满时，开始左右摇摆拉花缸并缓慢向后移动，至 9 分满后，拉花缸略微抬起，收细奶液向前推送，直至心形尖端出现，结束奶液注入。
4. 卡布奇诺的制作	（1）制作意式浓缩咖啡。 （2）制作热奶泡。 （3）注入奶液。用汤匙隔开奶泡，将热牛奶先倒入浓缩咖啡中，杯中液体达七八分满停止注入。 （4）注入奶泡。用汤匙将剩余奶泡从杯中央缓缓刮入杯中，直至高出杯口约 0.5 厘米。 （5）咖啡装饰。用适量肉桂粉或巧克力粉装饰咖啡表面。
实训心得：	

任务 2-8-4　咖啡器具清洁与保养

要点编码	2.8.4	实训要点	磨豆机、咖啡机清洁与保养
要点适用性	通用性、个性化	实训方式	岗位实践
实训执行者	企业导师	评价方式	实操
实训步骤	实训主要内容		
1. 磨豆机的清洁和保养	（1）豆仓的清洁。清除咖啡豆后，用中性清洁剂清洗、专用抹布擦干，或用专用抹布蘸酒精擦拭干净，待豆仓晾干或酒精完全挥发后使用。 （2）刀盘清洁。刀盘清洁前，确保电源关闭。拆卸刀盘后用毛刷清除咖啡残粉，检查刀盘的磨损程度，决定是否更换刀组。拆除刀盘时，应保管好所有的零件，清洁完毕后重新组装。 （3）粉仓的清洁。拆除粉仓中轴各零部件，取出分量器，用毛刷将出粉口、接粉口、储粉格、粉量叶片等位置的残粉彻底清除，再按照拆除顺序的反向顺序进行安装和调试。		
2. 意式咖啡机的每日清洁保养	（1）咖啡机反冲洗。每日营业结束后，将咖啡手柄套上盲碗（无孔滤碗），装上清洁药粉后，加入少量热水溶解，然后锁上冲煮头。按萃取键 3~5 秒后停止，重复此操作 6~8 次进行反冲洗（如咖啡机自带反冲洗功能，可以设定自动完成，不必手动操作）。卸下咖啡手柄，按萃取键放水清洁。 （2）刷洗冲煮头。用专用清洁刷刷洗冲煮头滤网和凹槽，然后用洁净吸水的抹布擦拭干净。 （3）盛水盘、排水槽清洁。 （4）零部件浸泡清洁。将蒸汽喷嘴、冲煮头滤网、分水板、咖啡手柄和滤碗，置于专用清洁液中浸泡。次日拿出冲洗，并用稀释柠檬水稍微浸泡，即可使用。 （5）机身擦拭。直接用软湿布或使用清洁剂喷于软湿布擦拭机身，注意防止抹布过湿渗入电路造成短路。 （6）咖啡机清洁后，因担心清洁剂残留，故应在次日使用前依照常规萃取流程操作一次，方可进入正常营业使用状态。		
实训心得：			

任务 2-8-5　咖啡服务技巧

要点编码	2.8.5	实训要点	咖啡服务技巧
要点适用性	个性化	实训方式	岗位实践
实训执行者	企业导师	评价方式	理论、实操
实训步骤	实训主要内容		
1. 顾客需求确认	（1）口感偏好。从咖啡类型来看，可分为奶味突出、咖啡味浓郁或咖啡酒精类饮料；单品手冲口感偏好来看，有人喜酸有人嗜苦；香气偏好又分为花果类、坚果类或木质草本类等；甜度偏好一般可分为无糖、半糖和正常三类。 （2）餐食搭配。不同咖啡搭配不同餐食，可根据客人已点餐食如面包、蛋糕、饼干、沙拉等品类合理建议。 （3）饮品温度。除热饮外，冷饮又可分为非冰、少冰、多冰。 （4）杯量大小。小、中、大、特大杯等。		
2. 顾客消费体验	（1）产品信息分享。随着咖啡文化的普及，在咖啡制作过程中可以向有兴趣的客人介绍该款咖啡的相关信息，如：产区文化、咖啡种植、加工处理、咖啡烘焙、制作器具及制作方案等，增加产品的附加值，同时展现咖啡师的专业性。 （2）顾客关注。在客流量较大、排队等候时间较长时，要主动关注客人的情绪，用语言、眼神和微笑安抚等待的客人。单品手冲咖啡制作时间较长，要注意用眼神关注顾客，用微笑安抚顾客，与客人适当交流互动，对兴致盎然的客人，可以邀请其参与部分制作环节。 （3）背景音乐选择。选择符合营业场所和顾客喜好的背景音乐，要注意调试背景音量的大小，提升消费环境品位。 （4）品鉴指引。咖啡呈送给客人后，应礼貌指引客人进行品鉴，全方位提升顾客消费体验。根据不同品类咖啡的不同特色，可以从视觉观赏、香气捕捉、品尝温度、味道平衡度、风味及口感特色、咖啡容器等角度进行专业化指引。指引方式可以通过语言描述和动作示范来完成。		
实训心得：			

线上学习		
咖啡制作		
拓展知识	案例分析	课后习题
学习心得		

模块 3

备餐间服务员

备餐间是预备开餐所需要的场所，是后厨生产与前厅的服务之间相衔接的场所。备餐间的设备包括开水器、盆台连茶叶柜、工作台柜、制冰机连滤水器、紫外线消毒柜等。备餐间服务员的任务主要是负责把做好的菜品传送到餐厅，负责餐前、餐后的工作及清理工作。

思维导图	
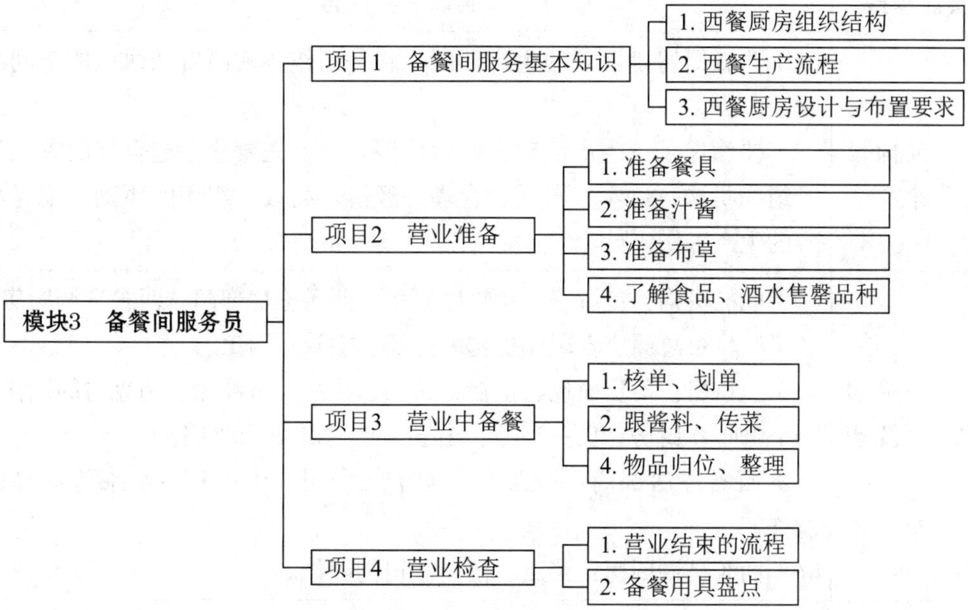	
线上学习	
备餐间服务员	
课前自测	电子教案

项目 3–1 备餐间服务基本知识

任务 3–1–1 西餐厨房组织结构

要点编码	3.1.1	实训要点	西餐厨房组织机构
要点适用性	通用性、个性化	实训方式	课堂教学
实训执行者	学校导师	评价方式	理论
实训步骤	实训主要内容		
1. 西餐厨房组织机构设置原则	(1) 西餐厨房是西餐的生产部门，它是制作各式西餐和西点的车间或加工厂。 (2) 要确保餐饮生产活动正常运作展开，首先要建立起合理的餐饮生产组织机构，并本着科学、合理、经济、高效、实用的原则，配置相应的生产工作人员。		
2. 西餐厨房各部门及职能	(1) 职能机构：包饼房、咖啡厅厨房、西餐冻房部门、西餐烹调厨房。 (2) 岗位：总厨、各职能机构厨师长、主管、厨工。 (3) 包饼房：负责面包、蛋糕、饼团、甜品、黄油雕、巧克力的制作。 (4) 咖啡厅厨房：负责菜品、小吃、西点和快餐的制作。 (5) 西餐冻房部门：冷菜、三明治、寿司、生鱼片、水果等菜品的制作。 (6) 西餐烹调厨房：菜点、汤、沙司的制作。		
实训心得：			

任务 3–1–2　西餐生产流程

要点编码	3.1.2	实训要点	西餐生产流程
要点适用性	通用性、个性化	实训方式	课堂教学
实训执行者	学校导师	评价方式	理论
实训步骤	实训主要内容		
1. 削洗操作	（1）粗加工人员将领回的原料进行加工处理，包括宰杀、腌制、裁剪、清洗等工作。 （2）粗加工后的原料分送到各个加工间和出品间，进一步处理。		
2. 切配工作	粗加工后的原料正式进入出品加工间，由后厨及扒厨砧板岗人员将其精细加工成半成品。		
3. 烹制菜肴	（1）半成品来到后厨及扒厨冷菜岗，冷菜岗人员将负责制作全部餐前（包括自助餐、酒会）的头盘、冷菜等食品，并制作冷菜汁。 （2）半成品来到后厨及扒厨热菜加工间，加工间内炒炉岗人员将根据菜单标准及客人要求，通过炒、蒸、焗 、炸、煮等制作方法，制作完成各种热菜。除此之外，该岗位人员还将负责全部热菜需用的汁水和汤的熬制。		
4. 出品菜肴	制作完一道菜后，冷热菜加工间的厨师装饰成品、上碟，由传菜员将菜送至餐厅。		
实训心得：			

任务 3–1–3　西餐厨房设计与布置要求

要点编码	3.1.3	实训要点	西餐厨房设计与布置要求
要点适用性	通用性、个性化	实训方式	课堂教学
实训执行者	学校导师	评价方式	理论
实训步骤	实训主要内容		
1. 西餐厨房设计的基本原则	（1）西餐厨房出品应程序化，同时尽可能做到生产线路最短，以保证西餐厨房加工、生产出品流程的连续畅通。 （2）西餐厨房应尽量安排在同一楼层平面，并力求靠近或相邻营业场所，最好呈辐射状布局。 （3）厨房功能区域、作业点安排应紧凑，菜肴生产线、餐具洗涤线应平行，不可交叉或重复，以满足西餐厅高效率生产的需求和省时省力的需求，设备应尽量可套用、可兼用，优化组合，集中热源设备。 （4）厨房设备的配置安装必须合理，便于清洁、维修和保养。其布局必须符合西餐厅整体的卫生、消防和安全标准，并便于监控。餐饮原料入口、垃圾污物出口、餐饮成品出口、餐后用具入口应分别设立不同的通道。		
2. 西厨房设计与布置要求	（1）厨房与餐厅在同一楼层，厨房布局紧凑，满足经营者需求，设计应遵循生产工艺流程，做到功能间内外的工作流程不会产生交叉，节省员工劳动，员工工作效率高。 （2）厨房内冷热、生熟、脏净原料均无交叉污染，备餐间和凉菜间要设置单间，以确保卫生。 （3）西餐厅厨房油烟相对中餐厅厨房要少一些，因此配置排烟风机时排烟量的取值会比中餐厨房略小。 （4）西餐厅通常为明厨设置，因此要注意厨房设备的配置，既要齐全，又要讲究美观。明厨的油烟和噪声不能窜入客厅，污染客厅内的环境。 （5）厨房设备满足使用要求，实用、耐用、安全易操作，符合通常的使用习惯。		
实训心得：			

项目 3–2　营业准备

任务 3–2–1　准备餐具

要点编码	3.2.1	**实训要点**	准备餐具
要点适用性	通用性、个性化	**实训方式**	课堂教学、岗位实践
实训执行者	学校导师、企业导师	**评价方式**	理论、实操
实训步骤	**实训主要内容**		
1. 钢制餐具	糕饼叉、鱼叉、甜点叉、黄油刀、鱼刀、甜点刀、餐刀、肉排刀、冰茶匙、服务匙、甜点匙、牛肉清汤匙、咖啡匙和小杯咖啡。 		
2. 瓷制餐具	各种型号的餐盘、汤盆、咖啡杯、茶杯、垫盘、小咖啡杯和碟子、奶壶、糖缸、咖啡壶和茶壶等。 		
3. 玻璃杯	啤酒杯、饮料杯、红葡萄酒杯、白葡萄酒杯、香槟酒杯、白兰地酒杯和利口杯等。 		
4. 服务用具	龙虾签、龙虾叉、蜗牛叉、蚝叉、蜗牛夹、糖夹、冰夹、通心面夹、糕饼夹、蛋糕刀、蛋糕托匙、台刷、切肉叉、切肉刀、暖锅、汤锅、食物盘盖、酒篮、冰桶、冰桶架、花瓶、调料架等。 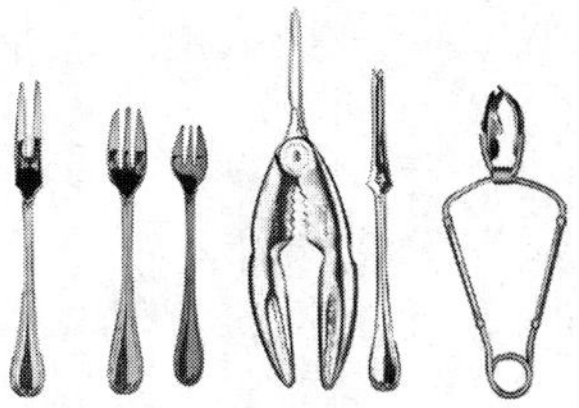		
5. 清洁要求	表面光洁，无污渍、水迹和指印，分类整齐码放在餐具盒内，确保开餐使用方便。		
实训心得：			

任务 3-2-2　准备酱汁

要点编码	3.2.2	实训要点	准备酱汁
要点适用性	通用性、个性化	实训方式	课堂教学、岗位实践
实训执行者	学校导师、企业导师	评价方式	理论、实操
实训步骤	实训主要内容		
1. 器皿清洁	保持盛装酱汁的酱汁盅及勺子干净卫生。		
2. 备好各种酱汁	（1）备好常用的番茄酱、蛋黄酱、法汁、罗佛汁、千岛汁、肉菜汁等。 （2）确保各种酱汁的口感、颜色和分量无误。 （3）将酱汁盛装在规定的容器里。		
3. 及时补充	根据使用情况，及时补充酱汁，也应尽量避免浪费。		
实训心得：			

任务 3–2–3　准备布草

要点编码	3.2.3	**实训要点**	准备布草
要点适用性	通用性、个性化	**实训方式**	课堂教学、岗位实践
实训执行者	学校导师、企业导师	**评价方式**	理论、实操
实训步骤	**实训主要内容**		
1. 领取布草	按照餐厅布草调换要求，更换每日脏布草。领用后的布草按不同种类进行存放，并做到干净整洁。		
2. 准备布草	准备开餐时需用的各类布草，如口布、台布、桌布、椅套、西餐垫、托盘垫、桌裙、擦杯布及杯垫等。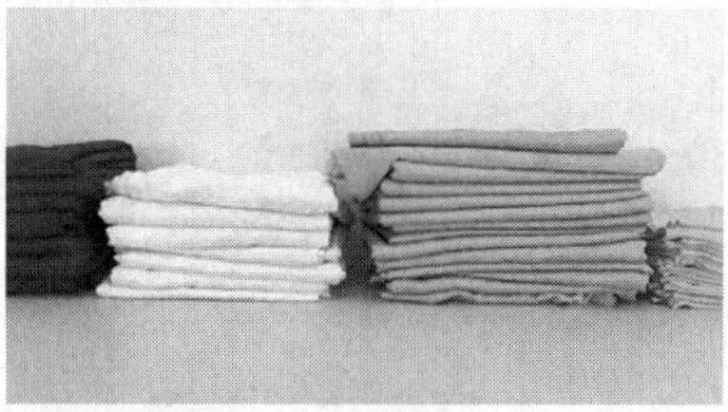		
3. 检查布草	有破损、有污渍及变形的布草不能使用，破损严重的要进行报损登记。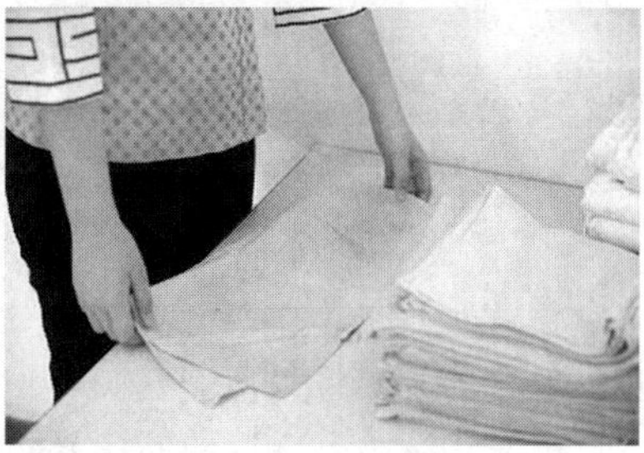		
实训心得：			

任务 3-2-4　了解食品、酒水售罄品种

要点编码	3.2.4	实训要点	了解食品、酒水售罄品种
要点适用性	通用性、个性化	实训方式	课堂教学、岗位实践
实训执行者	学校导师、企业导师	评价方式	理论、实操
实训步骤	实训主要内容		
1. 了解情况	（1）开餐前与厨房联系，了解当日食品供应情况、厨师长特选及当日不能提供的菜品和酒水的情况，并做好记录。 （2）了解当日特别菜单、急推菜品、套餐品种等。		
2. 通知楼面	将所掌握的情况转告楼面服务人员，方便其开展服务工作。		
实训心得：			

项目 3–3　营业中备餐

任务 3–3–1　核单、划单

要点编码	3.3.1	实训要点	核单、划单
要点适用性	通用性、个性化	实训方式	课堂教学、岗位实践
实训执行者	学校导师	评价方式	理论、实操
实训步骤	实训主要内容		
1. 核对账单	（1）接单后，每上一道菜都要认真核对。把好菜品质量关，不出现规格不符、造型不好、温度不宜的菜品。 （2）核单时要核对名称、数量，及客人的特殊要求。		
2. 划单	出菜时要核对桌号，按出菜的菜名划单，每传一道菜，要在订单上注销这道菜，走完的订单要复核一遍，避免出差错。		
实训心得：			

任务 3–3–2　跟酱料、传菜

要点编码	3.3.2	实训要点	跟酱料、传菜
要点适用性	通用性、个性化	实训方式	课堂教学、岗位实践
实训执行者	学校导师、企业导师	评价方式	理论、实操
实训步骤	实训主要内容		
1. 跟酱料	（1）所出的菜品需跟配相应的酱汁及配料。 （2）传菜员要熟悉了解餐牌内容，熟悉各种汁酱的搭配，以及各种器皿的搭配。 （3）沙拉常用的沙拉汁有蛋黄酱、法汁、千岛汁等。羊排配薄荷汁、薄荷啫喱；牛排配贝耐汁、培西汁、胡椒汁；猪排配勃朗汁、苹果汁；鸡肉配车沙汁、番茄汁；鱼类配奶油汁、荷兰汁。    		
2. 传菜服务	（1）接单后，按照前台要求的时间，迅速将订单送至厨房相关部门（冷菜间、热菜厨房、面点房、水果房等），按照先后顺序进行传菜服务。 （2）当接到特殊菜肴出品服务需求时，务必提前准备好整套餐具和用具。 （3）菜肴递给服务员时须报菜名，收回脏的餐盘和刀叉，撤走厅面用过的餐具，送至洗碗机间清洗，并保持传菜台整齐清洁。 （4）及时向厨师长反馈楼面服务人员提供的宾客意见。		
3. 掌握节奏	（1）掌握上菜顺序、程序及节奏，遵循先点先出、催菜优先原则。 （2）当传菜员手中有几张订单，同时为几桌宾客送菜时，要特别记住订单的先后顺序，做到先来的宾客先服务、后到的宾客后服务。 （3）传菜员在为一桌四五位宾客传菜时，要按照餐位编号一一为宾客传菜，同时注意把握宾客所点主菜全部同时上桌这一原则。		
实训心得：			

任务 3–3–3　物品归位、整理

<table>
<tr><td>要点编码</td><td>3.3.3</td><td>实训要点</td><td>物品归位、整理</td></tr>
<tr><td>要点适用性</td><td>通用性、个性化</td><td>实训方式</td><td>课堂教学、岗位实践</td></tr>
<tr><td>实训执行者</td><td>学校导师、企业导师</td><td>评价方式</td><td>理论、实操</td></tr>
<tr><td>实训步骤</td><td colspan="3">实训主要内容</td></tr>
<tr><td>1. 餐用具回收及清洁</td><td colspan="3">（1）将用过的餐具全部清洗入柜。做到分类摆放，轻拿轻放，避免破损。
（2）用过的餐具刮清残菜，分类叠放整齐；各类饮料杯、水杯、酒杯分类倒置放入筐架栏内；各类餐具分类排放好；不锈钢餐具分类放入筐中，送洗涤间清洗后立即取回擦净，并放在规定的地方妥善保存。急需的先运往洗涤间洗涤消毒。
</td></tr>
<tr><td>2. 物品归位、整理要求</td><td colspan="3">（1）传菜员要及时填写当班工作日志和物品交接表。
（2）整理各种酱料、调料，做到不串味，存放环境安全卫生。
（3）确保所有餐具、器皿清洁明亮、无缺口。
（4）将所有设备、柜子擦拭一遍，保持卫生清洁。
</td></tr>
<tr><td colspan="4">实训心得：</td></tr>
</table>

项目 3–4　营业检查

任务 3–4–1　营业结束的流程

要点编码	3.4.1	实训要点	营业结束的流程
要点适用性	通用性、个性化	实训方式	课堂教学、岗位实践
实训执行者	学校导师、企业导师	评价方式	理论、实操
实训步骤	实训主要内容		
1. 清洁卫生工作	（1）打扫后台卫生、地面、水池、工作台、工作柜。 （2）从洗碗机房收回已清洁好的餐具、托盘、餐车等餐厅用品，清点后分类入柜，如有损耗要做好记录。 （3）垃圾桶清倒后，清洗干净放回原处。  		
2. 其他工作	（1）将剩下的调味品封好，整齐地放回调味柜，防止细菌污染。 （2）将各类台布、小毛巾、口布等布草抖净杂物，整齐扎放好、点数后，填写清洗单，送布草房清洗，并按领取数目交回干净的棉织品。 （3）检查看第二天的订餐情况，并了解是否有特别注意事项。		
3. 安全防患工作	（1）关闭气阀、水掣，切断备餐间的照明及其他用电器的电源。 （2）除员工出入口门外，关闭所有门窗并上锁。 （3）将易燃易爆的物品存入指定的仓库。 （4）当班负责人检查可能引起火灾的危险部位和重点防范部位的安全情况，查看是否存在不安全因素和隐患。如存在问题，要及时处理，必要时向值班经理及保卫科汇报。		
实训心得：			

任务 3–4–2　备餐用具盘点

<table>
<tr><td>要点编码</td><td>3.4.2</td><td>实训要点</td><td>备餐用具盘点</td></tr>
<tr><td>要点适用性</td><td>通用性、个性化</td><td>实训方式</td><td>课堂教学、岗位实践</td></tr>
<tr><td>实训执行者</td><td>学校导师、企业导师</td><td>评价方式</td><td>理论、实操</td></tr>
<tr><td>实训步骤</td><td colspan="3">实训主要内容</td></tr>
<tr><td>备餐用具盘点</td><td colspan="3">（1）分类堆放好各种餐具。每种餐具都要标明品种、型号和存放时间。
（2）清点各类餐具的数目，用点数纸条夹在已点好的餐具上。
（3）由管事人员和财务人员对餐具进行复点，有差错立刻更改。
（4）统计盘点纸条，核对名称和数字。
（5）填写每月餐具的部门盘点表。
餐饮用具、用品盘点明细表内容提要
<table>
<tr><th rowspan="2">品名</th><th rowspan="2">单位</th><th rowspan="2">单价</th><th colspan="2">上期结存</th><th colspan="2">本期领用</th><th colspan="2">实地盘点</th></tr>
<tr><th>数量</th><th>金额</th><th>数量</th><th>金额</th><th>数量</th><th>金额</th></tr>
<tr><td></td><td></td><td></td><td></td><td></td><td></td><td></td><td></td><td></td></tr>
<tr><td></td><td></td><td></td><td></td><td></td><td></td><td></td><td></td><td></td></tr>
<tr><td></td><td></td><td></td><td></td><td></td><td></td><td></td><td></td><td></td></tr>
<tr><td></td><td></td><td></td><td></td><td></td><td></td><td></td><td></td><td></td></tr>
<tr><td></td><td></td><td></td><td></td><td></td><td></td><td></td><td></td><td></td></tr>
<tr><td></td><td></td><td></td><td></td><td></td><td></td><td></td><td></td><td></td></tr>
</table>
（6）每次盘点后的数据表都要保管好，下一次盘点作为参考基数，每一次的盘点的结果都应复印一份递送给餐饮部总监。</td></tr>
<tr><td colspan="4">实训心得：</td></tr>
</table>

线上学习		
备餐间服务员		
拓展知识	案例分析	课后习题
学习心得		

模块 4 客房送餐员

客房送餐服务（Room service）是饭店为便利住店宾客、减轻餐厅压力、增加自身收入的餐饮服务形式。客房送餐服务是高档饭店的重要标志。通过本模块的学习，学生要能懂得客房送餐服务的有关知识，并能快速规范地完成客房送餐工作。

思维导图

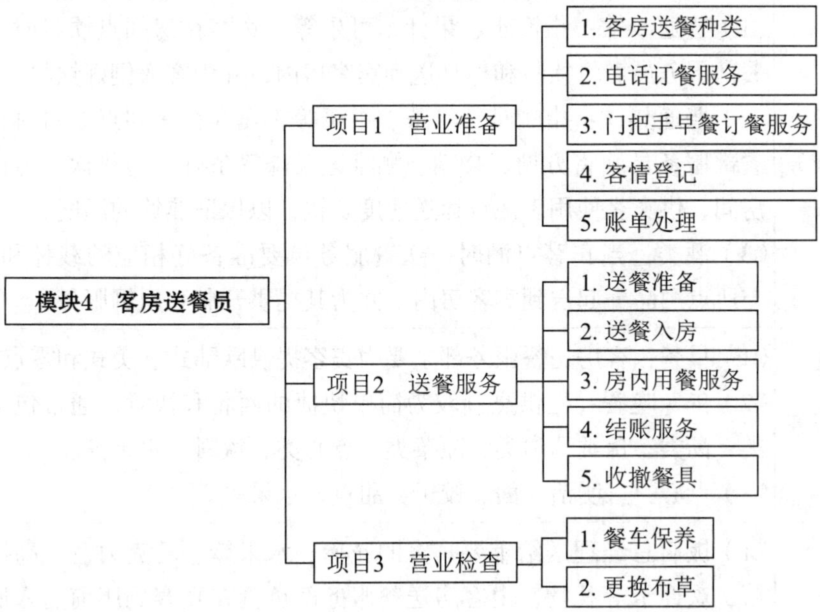

线上学习

客房送餐员

课前自测	电子教案

项目 4–1　营业准备

任务 4–1–1　客房送餐种类

要点编码	4.1.1	实训要点	客房送餐种类
要点适用性	通用性	实训方式	课堂教学
实训执行者	学校导师	评价方式	理论
实训步骤	实训主要内容		
1. 饮料服务	（1）普通冷饮：指汽水、果汁、可乐等。宾客在房间点饮料时，客房送餐部服务员需将饮料和杯具送到宾客房内，并为客人倒好饮料。 （2）普通热饮：指咖啡、红茶、牛奶等。宾客在房间点饮料时，客房送餐部服务员须将方糖、袋糖、咖啡匙及碟等备好，与热饮一道送至宾客房间，供宾客使用。注意运送速度要快，以保证热饮的温度。 （3）酒类：当宾客点酒时，送餐服务员要准备好相应的载杯和开瓶器，与所点酒品一起送到宾客房内，并为其提供开瓶和斟倒服务。		
2. 食品服务	（1）早餐：客房送餐服务部主要为宾客提供欧陆式、美式和零点式早餐。 （2）午、晚餐：提供烹制较为简单快捷的西餐和快餐，通常包括开胃菜类、汤类、鱼类、肉类、凉菜类、点心类、饮料、水果等。 （3）点心：三明治、面、饺子、甜点、水果等。		
3. 特别服务	（1）饭店总经理送给重要宾客的花篮、水果篮、巧克力篮、高档礼品书籍、欢迎卡等礼物，由客房送餐服务部负责在宾客到店前送入房间，并按规范放置在适当的位置。 （2）送给重要宾客生日礼物，如鲜花、蛋糕、酒品、礼物等，由客房送餐部派人送入房内。 （3）为住店宾客承办房间酒会，如生日酒会、庆祝酒会、欢迎酒会、饯行酒会等。 （4）与酒水部员工协作，共同做好行政楼层、贵宾酒廊的接待服务工作。 （5）与客房服务员配合，照顾生病客人。		
实训心得：			

任务 4-1-2　电话订餐服务

要点编码	4.1.2	实训要点	电话订餐服务
要点适用性	通用性、个性化	实训方式	课堂教学、校内实训、岗位实践
实训执行者	学校导师、企业导师	评价方式	理论、实操
实训步骤	实训主要内容		
1. 了解当天送餐菜单	（1）致电餐饮部了解当日菜品供应情况。 （2）准确记录菜单上当日有变动的情况。 （3）将变动信息告知送餐部的每一位员工。		
2. 电话订餐服务	（1）订餐员要在铃响三声内接听电话，礼貌报出所在部门。 （2）聆听客人预订要求，准确、快速填写订单（房号、姓名、时间、所点菜式、数量及特殊要求），并适当为客人介绍、推荐菜品。 （3）重复并确认预订内容。 （4）得到客人确认后，告知预计送餐时间。 （5）向客人致谢，待客人挂断电话后，方可放下电话。 （6）下单给厨房订餐，并交领班，做好相关记录。		
实训心得：			

任务 4-1-3　门把手早餐订餐服务

要点编码	4.1.3	实训要点	门把手早餐订餐服务
要点适用性	通用性、个性化	实训方式	课堂教学、校内实训、岗位实践
实训执行者	学校导师、企业导师	评价方式	理论、实操
实训步骤	实训主要内容		
1. 了解当天送餐菜单	（1）致电餐饮部了解当日菜品供应情况。 （2）准确记录菜单上当日有变动的情况。 （3）将变动信息告知送餐部的每一位员工。		
2. 门把手早餐订餐服务	（1）客人将填写好的门把手早餐菜单挂在客房门外侧的门把手上（需在前一晚 12 点前）。 （2）送餐部夜间服务员 / 保安部巡查员在指定时间按顺序收集订菜单，核对并排列好，交客房送餐部。 （3）订餐员核对记录并汇总，提前打印账单，按送餐时间先后和楼层排序，交接给当班领班，向厨房下单订餐。	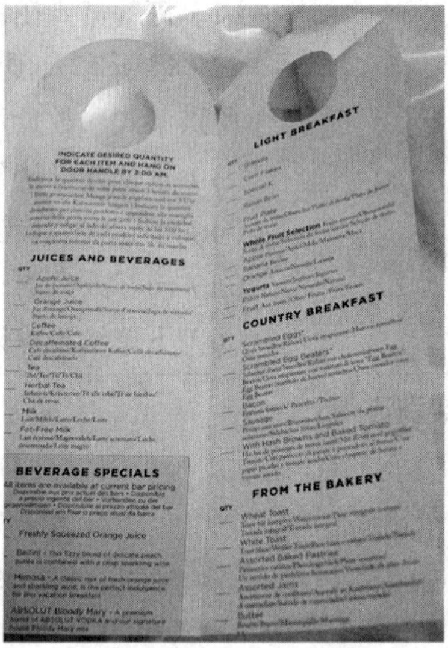	
实训心得：			

任务 4–1–4　客情登记

要点编码	4.1.4	实训要点	客情登记
要点适用性	通用性、个性化	实训方式	课堂教学、校内实训、岗位实践
实训执行者	学校导师、企业导师	评价方式	理论、实操
实训步骤	实训主要内容		
1. 填写送餐单并记录	（1）送餐单一式四联：一厨房，二冷菜间，三收款台，四酒吧。 （2）送餐员按照头盘、汤、主盘、甜食、咖啡和茶的顺序，将客人所订食品依次填写在送餐单上。 （3）若客人需要特殊食品或有特殊要求，需附文字说明，连同送餐单一同迅速送往厨房，必要时，向厨师长当面说明。		
2. 客情登记	在送餐服务记录本上，记录客人订餐情况，包括订餐人房间号码、订餐内容、订餐时间、服务员姓名、账单号码。		
实训心得：			

任务 4–1–5 账单处理

<table>
<tr><td>要点编码</td><td>4.1.5</td><td>实训要点</td><td>账单处理</td></tr>
<tr><td>要点适用性</td><td>通用性、个性化</td><td>实训方式</td><td>课堂教学、校内实训、岗位实践</td></tr>
<tr><td>实训执行者</td><td>学校导师、企业导师</td><td>评价方式</td><td>理论、实操</td></tr>
<tr><td>实训步骤</td><td colspan="3">实训主要内容</td></tr>
<tr><td>1. 打印账单</td><td colspan="3">按规范打印账单。</td></tr>
<tr><td>2. 检查账单</td><td colspan="3">（1）是否打印清楚。
（2）检查账目价钱是否正确。
（3）有无多打或漏打情况。
（4）账单须干净无破损痕迹。</td></tr>
<tr><td>3. 签单准备</td><td colspan="3">（1）提前与前台确认送餐房间的有效签单人名字和客人签字挂账的权限。
（2）账单须配备书写良好的签字笔。取干净无破损的账单夹，将账单放在账单夹里。

</td></tr>
<tr><td>4. 整理账单</td><td colspan="3">账单按时间、房号顺序归类整理。</td></tr>
<tr><td colspan="4">实训心得：</td></tr>
</table>

项目 4–2　送餐服务

任务 4–2–1　送餐准备

要点编码	4.2.1	实训要点	送餐准备
要点适用性	通用性、个性化	实训方式	课堂教学、校内实训、岗位实践
实训执行者	学校导师、企业导师	评价方式	理论、实操
实训步骤	实训主要内容		
1. 物品准备	（1）根据就餐人数准备干净的送餐用具，如送餐车、托盘、保温箱、保温盖、餐具、口布、开瓶器、花瓶、面包篮、胡椒 / 盐瓶及其他调味品、账单、零钱、签字笔、计算器等。 （2）在送餐车上铺上干净的台布。 （3）从厨房取出菜肴，检查菜肴的质量、温度，确定无误后，盖上保温盖或放在送餐车的保温箱中，如是冷菜要用保温盖盖住放到送餐车上。 （4）从吧台提取宾客所点的酒水，根据酒水准备相应的酒杯和用具。		
2. 摆台	（1）摆放送餐必需品：花瓶、椒盐瓶、收餐卡、餐巾纸等。 （2）摆放相应的餐具，保温箱插电预热。 （3）取出客人预订的菜肴和饮料，配备调味品。注意热菜一定要放在保温箱里。 （4）将食品和饮品放在托盘或餐车上，配备调味品及各种汁酱。 （5）送餐车摆台标准应根据宾客人数和食物品种合理安排。		
3. 核对检查	（1）检查核对菜品内容、质量标准、餐具、送餐时间、送餐员仪表仪容、账单内容等。 （2）根据餐具使用情况填好餐具清单，送餐前交由客房服务员签字。		
实训心得：			

任务 4–2–2　送餐入房

要点编码	4.2.2	实训要点	送餐入房
要点适用性	通用性、个性化	实训方式	课堂教学、校内实训、岗位实践
实训执行者	学校导师、企业导师	评价方式	理论、实操
实训步骤	实训主要内容		
1. 送餐路线	（1）送餐按规定路线行走，路遇客人礼貌打招呼，并为客人让路。 （2）使用酒店规定的通道或电梯送餐，通道内遇到宾客需避让并问候，运送垃圾和食物时不得同时搭乘一部电梯。		
2. 平稳送餐	送餐途中，要保持送餐用具的平稳，避免菜品汤汁或饮品溢出，杯装饮料需使用杯盖盖好。		
3. 核对敲门	（1）送餐员到客房门口，核对房号。 （2）查看“请勿打扰”指示灯是否亮起，如未亮起，可熄灭或关掉送餐车上的热源，重新调整餐具，按门铃或轻轻敲门，自报身份：“您好，客房送餐。”然后站在距房门约 1 步处，等候客人开门。如果“请勿打扰”指示灯亮起，则使用楼层电话询问宾客是否可以提供送餐，得到宾客同意后按以上方法操作。 （3）如按以上标准敲了两次门以后，宾客仍未开门，再等候 5 分钟左右后将送餐车推回餐厅，汇报上级进行处理。		
实训心得：			

任务 4–2–3　房内用餐服务

要点编码	4.2.3	实训要点	房内用餐服务
要点适用性	通用性、个性化	实训方式	课堂教学、校内实训、岗位实践
实训执行者	学校导师、企业导师	评价方式	理论、实操
实训步骤	实训主要内容		
1. 入房致谢	送餐员礼貌问好（带客人姓氏称呼客人），征得客人同意后方可进入房间，并应向客人致谢。		
2. 用餐摆台	（1）使用托盘将菜品与饮料送入房间时，征求客人的意见，把托盘放在合适的位置。 （2）如果要将送餐车推入客房内，在征求客人的意见后，将送餐车放在客房内合适的位置上，固定送餐车车轮，布置好送餐车的台面，并从保温箱中取出食品，按用餐规格摆放。		
3. 就餐服务	（1）及时向客人介绍菜名。 （2）若客人点了酒水饮料，主动询问客人是否需要开启。 （3）根据各类酒水的不同服务方式为客人服务。 （4）询问客人是否还有其他要求，若有，在能力范围内尽量满足客人的需要。		
实训心得：			

任务 4–2–4　结账服务

<table>
<tr><td>要点编码</td><td>4.2.4</td><td>实训要点</td><td>结账服务</td></tr>
<tr><td>要点适用性</td><td>通用性、个性化</td><td>实训方式</td><td>课堂教学、校内实训、岗位实践</td></tr>
<tr><td>实训执行者</td><td>学校导师、企业导师</td><td>评价方式</td><td>理论、实操</td></tr>
<tr><td>实训步骤</td><td colspan="3">实训主要内容</td></tr>
<tr><td>1. 结账服务</td><td colspan="3">（1）询问客人有无其他需要，若无，双手持账单夹上端递给客人，将笔备好，手持下端递给客人，请客人结账。在没有特别要求下，不收现金。
①客人签单结账：送餐员打开账单夹，准备好笔，从客人右侧双手呈递，礼貌请客人签上姓名和房号，并核对签名、房号。
②客人用现金结账：收取客人的款项时要点清，正确找零后，将客人的账单或发票与零钱等叠整齐，用账单夹夹好，再送还给客人。
③客人用外币结账：送餐员告知客人当日的汇率，将应付人民币准确折算成客人所支付的外币。
（2）收款时唱收，客人结完账后，向客人致谢。</td></tr>
<tr><td>2. 送餐结束</td><td colspan="3">（1）询问客人是否还有其他要求，若客人提出其他要求，尽量满足。
（2）询问客人收餐时间。
（3）祝客人用餐愉快，面向客人退步转身，退出房间，面向客人轻轻转动把手关门。
（4）送餐完毕，将宾客签过字的账单或现金交至收银台，在“客房送餐预订记录册”上准确登记房号、出发时间、返回时间，并签名。</td></tr>
<tr><td colspan="4">实训心得：

</td></tr>
</table>

任务 4-2-5 收撤餐具

要点编码	4.2.5	实训要点	收撤餐具
要点适用性	通用性、个性化	实训方式	课堂教学、校内实训、岗位实践
实训执行者	学校导师、企业导师	评价方式	理论、实操
实训步骤	实训主要内容		
1. 收餐时机	（1）若客人未来电要求收餐，则早餐在 30 分钟后，正餐为 60 分钟后打电话征询客人是否需要收餐。 （2）客人来电话要求收餐，则应征询客人用餐意见，及时去客房收取餐具。当客人不在房间时，请楼层服务员开门，及时收取餐具；若客人在房间，收餐完毕，具体要求与进房送餐程序相同。		
2. 收餐检验	（1）检查客人用餐情况，若发现食品剩余一半以上，要了解原因，做好记录，及时反馈给上级。如是质量问题，需向客人致歉并反馈上级，设法补救。 （2）收取餐具时，若宾客在房间，动作要轻，速度要快，并要迅速检查餐具有否遗失；当宾客不在客房内时，请楼层管家部开门，及时将送餐车、托盘、餐盘等用具撤出，注意合理摆放撤出的物品。 （3）保持客房内的清洁卫生。 （4）清点餐具，检查有无破损。 （5）巡视楼层中是否有餐具，以便及时收回。		
3. 结束工作	（1）将餐具送回管事部清洗并登记。 （2）清洁送餐车、保温箱、托盘等用品用具。		
实训心得：			

项目 4–3 营业检查

任务 4–3–1 餐车保养

要点编码	4.3.1	实训要点	餐车保养
要点适用性	通用性、个性化	实训方式	岗位实践
实训执行者	企业导师	评价方式	实操
实训步骤	实训主要内容		
1. 保养时机	（1）每天清理送餐车，保持干净整洁，无油腻，确保车轮转动灵活，推动方便，无噪声。 （2）根据酒店餐车保养制度，定期保养。		
2. 餐车保养	（1）日常擦拭餐车桌面、车架、车轮，用不锈钢光亮剂擦拭餐车不锈钢部分。 （2）取出保温箱隔断，清洁隔板、保温箱内壁、外壁，用不锈钢光亮剂擦拭保温箱外壁。 （3）定期给车轮加润滑油。		
实训心得：			

任务 4–3–2　更换布草

要点编码	4.3.2	实训要点	更换布草
要点适用性	通用性、个性化	实训方式	课堂教学、校内实训、岗位实践
实训执行者	学校导师、企业导师	评价方式	理论、实操
实训步骤	实训主要内容		
1. 更换时机	根据酒店布草更换时间更换，一般是每天结束营业之后。		
2. 更换流程	（1）清点脏布草，分类型，十条一捆扎起来，分别在布草本上记录，签名，写上日期。 （2）换回的干净的布草必须核对数量，分类记录在布草本上。有欠缺的在备注一栏里特别注明，并且须布草房经手人签名。领回后锁入布草柜中保管。 （3）定期盘点布草，破损的与干净的布草要分开存放，以防破损布草再次流通使用，并列表上报。		
实训心得：			

线上学习		
客房送餐员		
拓展知识	案例分析	课后习题
学习心得		

主要参考书目

［1］教育部．中等职业学校专业教学标准（试行）旅游服务类（第一辑）．北京：高等教育出版社，2014.

［2］邓敏．餐饮服务与管理［M］．广州：广东旅游出版社，2009.

［3］邓敏．餐饮服务与管理（第二版）［M］．北京：旅游教育出版社，2017.

［4］张翠菊．餐饮服务与管理．北京：化学工业出版社，2007.

［5］程新造．星级饭店餐饮服务案例选析（第二版）．北京：旅游教育出版社，2005.

［6］中国旅游报社．饭店服务管理案例精选．北京：中国旅游出版社，2006.

［7］叶伯平．宴会设计与管理（第 5 版）北京：清华大学出版社，2017.

［8］王珑．宴会设计（第 2 版）．上海：上海交通大学出版社，2013.

［9］樊平，李琦．餐饮服务与管理（第 3 版）北京：高等教育出版社，2012.

［10］童启庆．生活茶艺［M］．北京：金盾出版社，2000：50–63.

［11］张众．餐饮服务实训教程［M］．北京：中国轻工业出版社，2014：193–195.

［12］汪京强，蔡加珍．旅游饭店中西餐饮服务实训教程．［M］．福州：福建人民出版社，2009：97–99.

［13］国家旅游局人事劳动教育司．餐饮服务与管理．［M］．北京：旅游教育出版社，2010：329–331.

［14］李倩春．会议实务［M］．北京：对外经济贸易大学出版社，2011.

［15］张杨莉．会议服务［M］．北京：中国人民大学出版社，2007.

［16］刘有千．会议营销与服务［M］．北京：中国劳动社会保障出版社，2007.

［17］梁剑峰．会议服务［M］．北京：机械工业出版社，2013.

［18］高永荣．会议服务［M］．北京：清华大学出版社，2019.

［19］汪珊珊．西餐与服务．清华大学出版社，2016.

［20］刘宝丽．饭店西餐服务员精细化操作手册．北京：人民邮电出版社，2012.

［21］党春艳，王仕魁．西餐服务与管理［M］．杭州：浙江大学出版社.2016：125–136.